ACCESO GRATIS *a la Lectura en la Nube*

Para visualizar el libro electrónico en la nube de lectura envíe junto a su nombre y apellidos una fotografía del código de barras situado en la contraportada del libro y otra del ticket de compra a la dirección:

ebooktirant@tirant.com

En un máximo de 72 horas laborables le enviaremos el código de acceso con sus instrucciones.

DERECHO DE HUELGA Y ESQUIROLAJE
PROPUESTAS DESDE EL ANÁLISIS CONCEPTUAL

Procedimiento de selección de originales, ver página web:
www.tirant.net/index.php/editorial/procedimiento-de-seleccion-de-originales

DERECHO DE HUELGA Y ESQUIROLAJE

PROPUESTAS DESDE EL ANÁLISIS CONCEPTUAL

Francisco Agustín Rodrigo Sanbartolomé
Universitat de València

tirant lo blanch
Valencia, 2025

En caso de erratas y actualizaciones, la Editorial Tirant lo Blanch publicará la pertinente corrección en la página web www.tirant.com.

© TIRANT LO BLANCH
EDITA: TIRANT LO BLANCH
C/ Artes Gráficas, 14 - 46010 - Valencia
TELFS.: 96/361 00 48 - 50
FAX: 96/369 41 51
Email:tlb@tirant.com
www.tirant.com
Librería virtual: www.tirant.es
DEPÓSITO LEGAL: V-4497-2025
ISBN: 979-13-7010-208-1
MAQUETA: Tink Factoría de Color

Si tiene alguna queja o sugerencia, envíenos un mail a: *atencioncliente@tirant.com*. En caso de no ser atendida su sugerencia, por favor, lea en *www.tirant.net/index.php/empresa/politicas-de-empresa* nuestro procedimiento de quejas.

Responsabilidad Social Corporativa: http://www.tirant.net/Docs/RSCTirant.pdf

Un granjero y su esposa se encuentran con que una de sus gallinas pone huevos de oro. No contentos con esperar a la puesta de la gallina, deciden matarla pensando que tiene oro en su interior. Cuando descubren que no es así, caen en la cuenta de que mejor les habría valido conservar lo que tenían.

(Fábula de la Gallina de los Huevos de Oro,
atribuida a Esopo, S. VI a. C.)

Índice

Abreviaturas principales **13**

1. Introducción **15**

1.1. Enfoque 15
1.2. Situación de partida 16
1.3. Derecho comparado y otros modelos precedentes.... 23
1.4. Planteamiento 26

2. Sobre el concepto (estricto) de huelga **31**

2.1. La huelga desde la perspectiva de la teoría económica 32
2.2. Noción de huelga derivada del estudio historiográfico de su regulación originaria 43
2.3. El derecho de huelga en la Constitución 50
2.4. ¿Qué no es huelga en sentido estricto? 54
2.4.1. Derechos de reunión-manifestación y libertad de expresión: exteriorización de la huelga en los medios y apariencia de normalidad 58

3. Libertad de empresa **63**

3.1. Contexto económico competitivo y globalizado 63
3.2. Elementos que integran la libertad de empresa y eventuales limitaciones por la huelga 66
3.3. Manifestaciones excluidas de la libertad empresa 70
3.3.1. Cierre patronal ofensivo 70
3.3.2. Conductas antisindicales, en general, y esquirolaje en sentido estricto: externo (art. 6.5 RDLRT) 73

4. Equilibrio entre los derechos constitucionales **77**

4.1. Garantías de los derechos fundamentales como principal implicación de su ubicación privilegiada.... 77
4.2. Aplicación del principio de proporcionalidad sin que unos derechos puedan rebasar el contenido esencial de otros 79

4.3. Paralelismo entre los efectos de la doctrina de la abusividad de las huelgas de la STC 11/1981 y los potenciales resultados sobre el alcance de la prohibición de esquirolaje 83

5. Propuesta lege ferenda de tratamiento jurídico del esquirolaje 89

5.1. Conductas ilícitas o fraudulentas: sustitución externa al ámbito de la huelga (incluida la preventiva conectada con el inicio de la conflictividad) 92
5.2. Conductas abusivas y/o fraudulentas con relación al tiempo de trabajo 95
5.3. Conductas lícitas 97
5.3.1. Movilidad interna no abusiva 97
5.3.2. La presunción *iuris tantum* del empleo de los medios tecnológicos disponibles como ejercicio lícito de la libertad de empresa 102
5.3.3. Contratación mercantil externa lícita, con excepciones en el seno de grupos de empresas o estructuras empresariales reticulares ("especial vinculación") y salvo prueba del ánimo de represalia contra la huelga 106

6. Análisis del tratamiento jurídico vigente mediante su confrontación con las soluciones propuestas 113

6.1. Valoración crítica de la jurisprudencia y doctrina sobre movilidad interna durante la huelga 114
6.1.1. Análisis de la doctrina del Tribunal Constitucional 114
6.1.2. Desarrollo jurisprudencial por parte del Tribunal Supremo 123
6.1.3. Aportación doctrinal 125
6.1.3.a. Valoración de la STC 66/2002 y su aplicabilidad a la movilidad interna . 128
6.2. Comentarios sobre el tratamiento del llamado esquirolaje tecnológico o virtual 130
6.2.1. Síntesis de la evolución jurisprudencial 130
6.2.2. La efectividad de la huelga entendida como repercusión pública 133
6.2.3. Exégesis de la jurisprudencia del Tribunal Supremo 136
6.2.4. La STC 17/2017, de 2 de febrero 147

6.2.5. ¿Se trata, verdaderamente, de un problema nuevo? 153
6.3. Reflexiones sobre la pluralidad de situaciones (muy distintas cualitativamente) que actualmente reciben tratamiento unitario bajo el denominado esquirolaje comercial u organizativo 163
6.3.1. Recontratación por el comitente o empresario principal 164
6.3.1.a. Supuestos específicos de existencia de vinculaciones especiales, grupos de empresas o empresas red 186
6.3.1.b. Comunicación de la responsabilidad de la empresa comitente (o terceros involucrados) en la lesión del derecho fundamental de huelga de los trabajadores de la contratista a ésta.. 200
6.3.2. Subcontratación por la empresa contratista en huelga 211
6.3.2.a. Desvío de clientes a otras empresas.. 215
6.3.2.b. Desvío de la producción a empresas vinculadas 218

7. Régimen sancionador del esquirolaje 223

7.1. Marco normativo 224
7.2. Variantes de esquirolaje subsumibles en el supuesto de hecho tipificado en el art. 8.10 LISOS 228
7.3. La controvertida aplicación del régimen sancionador general a los supuestos del llamado esquirolaje organizativo o comercial 229
7.3.1. La empresa en huelga (en su caso, contratista) subcontrata con otros 230
7.3.2. La empresa principal no está vinculada a la contratista en huelga de ningún modo y recurre a otras contratistas 233
7.3.3. La empresa principal y contratista forman parte de un mismo grupo empresarial, red o mantienen vinculaciones especiales 233
7.4. Algunos pronunciamientos judiciales relevantes sobre estas materias 236
7.4.1. STSJ (Comunidad Valenciana) de 12 de diciembre de 2017 (Rec. 18/2017) 237

7.4.2. Sentencia del Juzgado de lo Social N.º 1 de Toledo, de 4 de octubre de 2021 (Sentencia 515/2021) 240
7.4.3. STSJ (Comunidad Valenciana) de 23 de mayo de 2023 (Rec. 330/2023) 252
7.4.4. STSJ Andalucía (Contencioso-administrativo) de 29 de febrero de 2000 (Rec. 2762/1997) .. 254
7.4.5. STS (Sala 3ª) de 18 de septiembre de 1997 (Rec. 12078/1991) 255
7.5. Algunas reflexiones críticas sobre el régimen sancionador del esquirolaje 258

8. Consideraciones finales 261

Bibliografía 271

Abreviaturas principales

AA.VV.:	Autores varios
AN:	Audiencia Nacional
BCE:	Banco Central Europeo
CC:	Código Civil
CP:	Código Penal
CE:	Constitución Española
ERE:	Expediente de Regulación de Empleo
ERTE:	Expediente de Regulación Temporal de Empleo
ET:	Estatuto de los Trabajadores
ETT:	Empresa de Trabajo Temporal
ITSS:	Inspección de Trabajo y Seguridad Social
LGSS:	Ley General de Seguridad Social
LISOS:	Ley de Infracciones y Sanciones en el Orden Social
LOLS:	Ley Orgánica de Libertad Sindical
LPRL:	Ley de Prevención de Riesgos Laborales
LRJS:	Ley reguladora de la Jurisdicción Social
OIT:	Organización Internacional del Trabajo
RD:	Real Decreto
RDL:	Real Decreto Ley
RDLeg.:	Real Decreto Legislativo
RDLRT:	Real Decreto Ley 17/1977, de 4 de marzo, de relaciones de trabajo.
SAN:	Sentencia de la Audiencia Nacional
STC:	Sentencia del Tribunal Constitucional
STJCE/STJUE:	Sentencia del Tribunal de Justicia de las Comunidades Europeas/Unión Europea
STS:	Sentencia del Tribunal Supremo
STSJ:	Sentencia del Tribunal Superior de Justicia
STC:	Sentencia del Tribunal Constitucional
TC:	Tribunal Constitucional
TJCE/STJUE:	Tribunal de Justicia de las Comunidades Europeas/Unión Europea

TS:	Tribunal Supremo
TSJ:	Tribunal Superior de Justicia
UE:	Unión Europea

1. Introducción

1.1. ENFOQUE

El presente estudio pretende adoptar un enfoque de ensayo cuyo objetivo principal radica en aportar elementos de razonamiento jurídico para tratar de ofrecer una perspectiva original en el tratamiento de las cuestiones relacionadas con el denominado esquirolaje[1] y, en cualquier caso, estimular el debate doctrinal sobre este particular.

Por ello, me parece más adecuado comenzar por el final. Es decir, en este capítulo introductorio, como punto de partida, se tratará de sintetizar el estado actual resultante de la evolución jurídica (legal, jurisprudencial y doctrinal) de la materia —en orden inverso al habitual en la mayor parte de estudios tradicionales—, resaltando los aspectos más controvertidos de la misma, a modo de planteamiento general de los problemas a resolver. A continuación, el grueso del trabajo restante se dedicará a construir, *lege ferenda*, una elaboración doctrinal comprensiva de una propuesta regulatoria con un enfoque singular, basado en el estudio del concepto original de huelga y su interrelación con los demás derechos constitucionales, que tratará de proporcionar una solución global y unitaria a los problemas que el tratamiento jurídico actual de esta cuestión suscita. Finalmente, en un análisis más detenido, se abordará el examen de los criterios doctrinales y jurisprudenciales que gozan de mayor vigencia en la actualidad, con la fina-

---

1 Curiosamente, como apunta Grau Pineda (2021, p. 72), siguiendo a Luján (1994, p. 31), parece que la etimología del término *esquirol* —y su derivado *esquirolaje*— está relacionada con una huelga en una fábrica textil de Manlleu en 1852, donde fueron reclutados por la empresa, como sustituyentes en masa de los huelguistas, gran cantidad de obreros procedentes de la población conocida como l´Esquirol ("la ardilla", en castellano), si bien hasta 2014 se denominaba oficialmente como Santa María de Corcó.

lidad de confrontarlos con los propuestos en la presente obra, acompañando, por último, un estudio en profundidad del régimen sancionador aplicable en este ámbito.

1.2. SITUACIÓN DE PARTIDA

El art. 6.5 RDLRT establece la prohibición de sustitución de los trabajadores huelguistas por otros no vinculados a la empresa en el momento de iniciarse la misma (esquirolaje externo), salvo en caso de incumplimiento de los servicios de seguridad y mantenimiento (o, por analogía, de los servicios mínimos en servicios esenciales para la comunidad). Si bien no especifica si es posible la sustitución por trabajadores adscritos a centros de trabajo distintos, la LISOS (cuyo Texto Refundido vigente fue aprobado por RDLeg. 5/2000, de 4 de agosto) ha servido tradicionalmente de apoyo para clarificar, en sentido negativo, la cuestión y así, en su actual art. 8.10, considera constitutivos de infracción muy grave: "Los actos del empresario lesivos del derecho de huelga de los trabajadores consistentes en la sustitución de los trabajadores en huelga por otros no vinculados al centro de trabajo al tiempo de su ejercicio, salvo en los casos justificados por el ordenamiento".

Por lo demás, cabe referirse a la extensión de la prohibición de esquirolaje a otras variantes posibles de recurso a trabajadores externos, como ocurre con la interdicción de los contratos de puesta a disposición formalizados por las empresas usuarias en huelga con ETTs que se contiene, expresamente, en el art. 8a) de la Ley 14/1994, de 1 de junio, por la que se regulan las ETT, y cuyo incumplimiento viene tipificado como infracción muy grave de la empresa usuaria en el art. 19.3.a) de la LISOS. La doctrina (Goerlich Peset, 2018, pp. 10 y 16; Ramírez Martínez, 2014, pp. 3-4) se ha ocupado no sólo de la prohibición de sustitución de los trabajadores de la empresa usuaria en huelga mediante contratos de puesta a disposición, sino que la ha entendido también aplicable a la sustitución de los propios trabajadores cedidos por la ETT que ejerciten el derecho de huelga en solidaridad con los de la usuaria. En el caso de que los trabajadores cedidos por la ETT ejerciten el derecho de huelga por reivindicaciones propias frente a esta y no frente a la empresa usuaria, se admite —con cierta analogía con la solución que más adelante se estudiará respecto a las contratas— que esta última pueda recurrir a otras ETT.

Junto al esquirolaje externo referido en el art. 6.5 RDL-RT es necesario detenerse en el análisis de otras manifestaciones o versiones de esquirolaje más controvertidas:

a) Esquirolaje interno:

Frente a la literalidad de la norma vigente (art. 6.5 RDL-RT) que circunscribe el esquirolaje prohibido a la sustitución de los huelguistas por trabajadores no vinculados a la empresa al iniciarse la huelga (esquirolaje externo), la jurisprudencia, desde antiguo, ha extendido la prohibición a todos los supuestos en que el trabajador no huelguista desarrolla tareas distintas de las habituales para suplir la ausencia del trabajador huelguista (STS de 6 de junio de 2014, Recs. 191/2013), comprendiendo los supuestos de utilización de trabajadores de otros centros de trabajo (SSTS de 18 de marzo de 2016 y de 20 de julio de 2016, Recs. 78/2015 y 22/2016) o del mismo centro de trabajo, de distinta categoría profesional (SSTS de 8 de mayo de 1995, Rec. 1319/1994; de 11 de febrero de 2015, Rec. 95/2014) e, incluso, de la misma categoría profesional y funciones, pero de distinto turno y programas (STS de 30 de abril de 2014, Rec. 213/2013).

Por su parte, la doctrina del TC (SSTC 123/1992, de 28 de septiembre y 33/2011, de 28 de marzo) se ha venido aceptando generalmente como clara en el sentido de considerar que la *sustitución interna* de huelguistas durante la medida de conflicto constituye un ejercicio abusivo del *ius variandi* empresarial que corresponde al empresario en situaciones normales pero que, en un contexto de huelga, anula o aminora la presión ejercida legítimamente por los huelguistas. Asimismo, el TS (SSTS de 8 de junio de 2011,

Rec. 144/2010, 13 de enero de 2020, Rec. 138/2018 y 27 de enero de 2021, Rec.140/2019, entre otras) ha seguido la doctrina del TC sobre este particular y, por ello, se considera que ni el empresario puede imponer a los trabajadores no huelguistas la realización de las tareas que corresponden a los que secundaron la convocatoria, ni los trabajadores que libremente decidieron no secundarla pueden sustituir el trabajo de sus compañeros, con las salvedades impuestas por la necesidad de aseguramiento de los servicios esenciales para la comunidad (art. 10.2 RDLRT) y las previsiones sobre los servicios de seguridad y de mantenimiento en la empresa contempladas en el art. 6.7 del RDLRT. Tal esquirolaje prohibido concurre incluso en el caso de que la sustitución resulte de la iniciativa de los propios trabajadores no huelguistas[2] y aunque sean mermas reducidas o incluso insignificantes sobre la efectividad de la huelga (STS de 3 de febrero de 2021, Rec. 36/2019).

b) Sobre el denominado esquirolaje tecnológico o virtual:

La STS de 16 de marzo de 1998 (Rec. 1884/1997) consideró que vulneraba el derecho de huelga que la programación (automática o no) en medios de comunicación se extienda más allá de los informativos, pues este es el único tipo de contenido que podría exceptuarse, en virtud del límite que el art. 20.1, d) CE (derecho a comunicar o recibir libremente información veraz por cualquier medio de difusión) impone válidamente a la hora de delimitar el contenido esencial de aquel derecho. Por su parte, la STS de 27 de septiembre de 1999 (Rec. 1825/1998), también en el sector audiovisual, consideró que no podía considerarse esquirolaje prohibido la emisión de un partido de fútbol por *TELEVISIÓ DE CATALUNYA, S.A.*, sin emplear trabajadores externos ni personal alguno (se emitió sin comentarios), pero sí algunos medios técnicos propios y ajenos, preexistentes a la huelga.

---

[2] SSTS de 5 de mayo de 2021 (Recs. 4969/2018, 4972/2018, 4976/2018, 4981/2018, 4984/2018 y 4985/2018) y 6 de mayo de 2021 (Recs. 4975/2018 y 4978/2018).

Las SSTS de 4 de julio de 2000 (Rec. 75/2000), 9 de diciembre de 2003 (Rec. 41/2003) y 15 de abril de 2005 (Rec. 133/2004) se mostraron, asimismo, favorables al uso de medios tecnológicos por las empresas durante la huelga, al entender que no se impone al empresario el deber u obligación de colaboración con los huelguistas en el logro de sus propósitos. Se entendía, pues, que lo que se veta es la sustitución de los trabajadores huelguistas por trabajadores externos e, incluso, se restringe el uso de las facultades de organización que son propias del empresario, en orden a exigir la movilidad funcional (STC 123/1992, de 28 septiembre y SSTS de 24 de octubre de 1989 y 8 de mayo de 1995), pero sin que exista ningún precepto que prohíba al empresario usar los medios técnicos de los que habitualmente dispone en la empresa, para atenuar las consecuencias de la huelga. En definitiva, se consideraba que lo que se garantiza es el derecho de los trabajadores a desarrollar la huelga sin ser sancionados por ello, pero no la consecución de sus objetivos pretendidos, ni el cese total de la actividad empresarial. Por su parte, la STS de 9 de diciembre de 2003 (Rec.41/2003) concretó que cuando la programación automatizada por la empresa audiovisual consiste en la emisión de publicidad, la propia característica de esta "pone de relieve la ausencia de la actividad propia de una cadena de televisión y compatibiliza el derecho fundamental de huelga".

La irrupción posterior de un grupo de sentencias del TC (183/2006, 184/2006, 191/2006 y 193/2006, de 19 de junio) —cuyo contenido incide tangencialmente en esta materia— parece que influyó decisivamente para un cambio de criterio en tratamiento de esta cuestión por parte de la doctrina del TS.

Si bien el primer pronunciamiento posterior del TS (STS de 11 de junio de 2012, Rec. 110/2011) todavía se ajustaba al criterio precedente, contenía un voto particular que sirvió de referencia para una nueva perspectiva sobre esta cuestión en la siguiente STS de 5 de diciembre de 2012 (Rec. 265/2011). Esta última sentencia —con múltiples votos particulares— entendió que se lesiona el derecho de huelga cuando una empresa del sector de radiodifusión sonora y televisión emite programación o publicidad por medios automáticos, si con ello se vacía el contenido esencial de este derecho. Se advirtió, asimismo, que no cabe acudir al derecho de libertad de empresa como justificación, pues este no incluye facultades de reacción frente a la cesación del trabajo amparada por el derecho de huelga. Si bien se concluyó que es preciso probar, en cada caso, que mediante este tipo de actuaciones empresariales se está minando, realmente, la efectividad del derecho de huelga y, por ello, estimó el recurso empresarial al entender que esto no se producía en el supuesto que se examinaba.

Finalmente, la STC 17/2017, de 2 de febrero, constituye un hito fundamental en este debate sobre el esquirolaje tecnológico, por tratarse del único pronunciamiento con que contamos hasta la fecha en que el TC aborda frontalmente esta cuestión y que vino a corregir el sentido de la última tendencia en la doctrina del TS. La sentencia valoró, por un lado, la inexistencia de esquirolaje interno en la retransmisión de un partido de fútbol de *Champions League* por *TELEMADRID*, rehusando la alegación de desarrollo de tareas materiales de ejecución impropias de un trabajador no huelguista al que correspondían funciones de coordinación y, por otro lado, consideró que tampoco concurría esquirolaje tecnológico por la utilización de medios técnicos preexistentes, aunque de uso no habitual.

c) Esquirolaje en el ámbito de las contratas (llamado esquirolaje comercial u organizativo):

Desde un primer momento, partiendo de la noción del derecho de huelga contemplada por la STC 123/1992, de 28 de septiembre, para la que no se circunscribe a garantizar la ausencia de sanción para los que deciden secundar el paro sino que —con base, a su vez, en la STC 41/1984— "también resulta esencial la consecución de una cierta eficacia", se contempló como una variante más de esquirolaje prohibido la formalización de contratas por las empresas que sufren la huelga con el fin de suplir los déficits en las prestaciones de servicios (o en la producción) originados por los trabajadores huelguistas de la propia empresa contratista (STS de 25 de enero de 2010, Rec. 40/2009: "no es lícito emplear en los servicios mínimos a los huelguistas y a otras personas en atender el resto de los servicios, ni, menos aún, contratar con otras empresas que presten servicios de refuerzo para cubrir aquellos que no se pueden atender").

Del mismo modo, se consideró inaceptable la irresponsabilidad de la empresa principal por actuaciones contrarias al derecho de huelga (incluidas las resoluciones de las contratas correspondientes que pudieran implicar la extinción de los contratos de trabajo de los trabajadores afectados por la empresa contratista), so pretexto de una pretendida ajenidad respecto a la relación laboral que sólo une a la persona trabajadora y la empresa contratista. En efecto, se entendió lógico que difícilmente se pueda considerar la huelga de los trabajadores de la empresa contratista como una situación ajena al empresario principal pues "es sobre quien habrán de recaer en última instancia los efectos económicos lesivos de la huelga y quien, por tanto, podrá estar igual o más interesado que el contratista en combatirla" (SSTC 75/2010 y 76/2010, de 19 de octubre, así como la serie de sentencias de 98/2010 a 112/2010, de 16 de noviembre, *SAMOA*[3]).

Sin embargo, se ha admitido el recurso por la empresa principal a nuevas contratas para suplir los déficits de actividad de la contratista en huelga, salvo en los supuestos en que exista especial vinculación entre ésta y aquélla, como en los casos de grupos de empresas (SSTS de 11 de febrero de 2015, Rec. 95/2014, *GRUPO PRISA*; de 20 de

---

[3] Ello no obstante, la obligación de negociar durante la huelga para llegar a un acuerdo que ponga fin al conflicto que impone el art. 8.2 del RDLRT 17/1977, de 4 de marzo, no incumbe a la empresa principal comitente, sino a las empresas contratistas a cuya plantilla pertenezcan los trabajadores en huelga (STS de 23 de enero de 2017, Rec. 60/2016).

abril de 2015, Rec. 354/2014, *COCA COLA*; de 3 de octubre de 2018, Rec. 1147/2017, *GRUPO VOCENTO* y Rec. 3365/2016, *GRUPO ZETA*).

Así, como regla general, se considera que la prohibición legal de esquirolaje no impide que los clientes de empresas contratistas en huelga puedan utilizar los servicios de otras (STS de 16 de noviembre de 2016, Rec. 59/2016, *ALTRAD RODISOLA*), sin perjuicio de las prevenciones advertidas con relación a los supuestos de grupos de empresas y demás casos en que concurra una "*vinculación especial*" entre las empresas principales y contratistas; siendo admisible, asimismo, el redireccionamiento de los usuarios de la empresa en huelga a otras que se encuentren en plena actividad (STS de 11 de mayo de 2001, Rec. 3609/2000). En este sentido, la STS de 13 de julio de 2017 (Rec. 25/2017, *INDRA*) consideró que no existe este tipo de esquirolaje (ni tampoco tecnológico) cuando la empresa principal, contratante del servicio de telefonía (atención de llamadas telefónicas y resolución de averías), utiliza, como es habitual, un dispositivo automático para redistribuir entre los demás contratistas del servicio los requerimientos de llamadas cuando se producen picos de demanda.

La admisión jurisprudencial comentada del recurso a nuevas contratas por parte de las empresas comitentes para suplir las carencias de actividad de las contratistas afectadas por la huelga (salvo en supuestos de especial vinculación, como cuando la empresa principal y la contratista que sufre la huelga pertenecen a un mismo grupo de empresas) ha llevado a la doctrina a plantearse si, de este modo, a la vista de la generalizada expansión del fenómeno de la descentralización productiva, podría llegar a anularse *de facto* la efectividad y, por ende, a medio plazo, la existencia misma de las huelgas (Escribano Gutiérrez, 2011, p. 197[4]) o

---

[4] El autor afirma lo siguiente: "(…) se llegaría a la conformación de espacios de imposibilidad práctica de huelgas e, incluso, de empresas en las que no caben huelgas. Piénsese, por ejemplo, en el supuesto de empresas cuyo proceso de producción esté totalmente externalizado.

ser utilizada como arma anti-huelga (Goerlich Peset, 2018, p. 9). Valgan estos trascendentes interrogantes planteados por significados autores de la doctrina como ejemplo del gran interés científico-jurídico que ofrece el abordaje de un trabajo de estas características —como el que aquí se pretende— con relación a estas materias.

Pues, en efecto, los vaivenes jurisprudenciales descritos, la enorme complejidad y diversidad de matices en los criterios que se aplican —derivada de la multiplicidad misma de las situaciones problemáticas a resolver—, así como los enormes retos (jurídicos y político-sociales) que siguen planteando estas cuestiones —como los recién mencionados y otros que se irán aportando en el discurrir del estudio—, justifican y ponen de relieve la oportunidad de un acercamiento doctrinal como este, en el que, con un enfoque *lege ferenda*, se pretenden ofrecer nuevas ideas o criterios de solución, acompañando, a su vez, un análisis —lo más riguroso posible— del tratamiento jurídico actual de estos temas.

1.3. DERECHO COMPARADO Y OTROS MODELOS PRECEDENTES

Desde una perspectiva de Derecho comparado, es posible obtener diversos modelos de tratamiento jurídico,

---

Al no tener trabajadores directamente contratados por ella, es inmune a las posibles huelgas que estos pudieran convocar, por cuanto que ante tales convocatorias siempre le cabrían la posibilidad de extinguir los correspondientes contratos mercantiles, con lo que nunca asumirían un riesgo siempre presente en las empresas que contratan directamente a sus trabajadores". A mi juicio, si no se discute la licitud la descentralización productiva misma como fórmula organizativa, el hecho de que ésta propicie la existencia de empresas comitentes sin trabajadores tiene como implicación lógica (y lícita) que no sufrirá huelgas pues éstas las dirigen los trabajadores frente a sus empleadores directos, pero si aquélla tiene su actividad totalmente externalizada, existirán contratistas vinculados a dicha actividad con trabajadores a su servicio, que sí podrán sufrir huelgas, y es en este ámbito en el que, en su caso, procede valorar las cuestiones de efectividad del derecho.

con muy distinto cariz, que revelan las dificultades que esta materia ofrece en aras a la obtención de un paradigma regulatorio que, basado en una lógica jurídica uniforme, sea apto para proporcionar cierto consenso. Pero, a su vez, esta misma diversidad de enfoque a nivel internacional favorece la adopción de una postura flexible —o de *mente abierta*— que supere dogmas e ideas preconcebidas en nuestro país, sin perjuicio de los condicionantes de orden constitucional que, en nuestro sistema de relaciones laborales, delimitan el abanico de posibilidades disponibles y excluye directamente determinadas opciones.

Así, los distintos países abordan esta cuestión con muy diferentes respuestas entre los que es posible ejemplificar, frente a la tradicional prohibición española de esquirolaje externo, la opuesta hiperlaxitud permisiva propia de los EE.UU[5]., pasando por la regulación intermedia francesa que prohíbe expresamente la contratación temporal mientras dure la huelga, pero no la indefinida y que admite ejercer la movilidad funcional con los trabajadores no temporales que no hayan secundado la huelga. En Italia, desde el Estatuto de los Trabajadores de 1970, que reguló aspectos aislados tales como las conductas antisindicales por parte del empresario motivadas por la huelga, parte de la doctrina y jurisprudencia se mostró contraria al esquirolaje, por considerarlo práctica antisindical (Domínguez

---

5 La Ley nacional de relaciones laborales y derecho a ir a la huelga, estableció que, si el objetivo de una huelga es obtener del empleador alguna concesión económica, tales como salarios más altos, horarios más cortos o mejores condiciones de trabajo, los empleados en huelga son considerados huelguistas de carácter económico. Estos conservarán su condición de empleados y no pueden ser despedidos, pero pueden ser reemplazados por su empleador. Si el empleador ha contratado reemplazos permanentes que se hallan ocupando los trabajos de los huelguistas de carácter económico, cuando los huelguistas solicitan incondicionalmente volver a trabajar, los huelguistas no tienen derecho a la reincorporación en ese momento. Sin embargo, si los huelguistas no obtienen un empleo regular y sustancialmente equivalente, podrían tener derecho a ser llamados para trabajos para los que estén calificados cuando aparezcan vacantes.

Bautista, 1993, p. 19), si bien hubo que esperar hasta la Ley 196/1997, de 24 de junio, sobre normas en materia de promoción de la ocupación (art. 1.4.b), para poder disponer, por vez primera, de una referencia legal expresa a la prohibición de la sustitución de trabajadores que ejerzan el derecho de huelga, si bien circunscrita a la contratación mediante ETTs (Bécares Guerra, 2013, p. 41-52[6]).

En nuestro país, históricamente, también es posible encontrar algunos ejemplos regulatorios relativamente recientes, como el frustrado Proyecto de Ley Orgánica de Huelga de 1993[7], si bien lo cierto es que la redacción de su art. 18.2[8] seguía manteniendo una línea similar a la conte-

---

6 El autor citado se refiere, asimismo, a algunas normas posteriores que fueron ampliando la tan concreta prohibición expresa inicial comentada para abarcar otros supuestos, como el Decreto Legislativo 368/2001, de 6 de septiembre, de trasposición de la Directiva 1999/70/CE, relativa al Acuerdo Marco sobre el trabajo a tiempo determinado, que estableció en su art. 3.1.a) que "la indicación de un término en la duración de un contrato de trabajo subordinado no será admitida para la sustitución de los trabajadores que ejerzan el derecho de huelga", evitando el uso de tales modalidades contractuales con la manifiesta intención de vulnerar el ejercicio de este derecho fundamental. Por último, el autor citado se refiere al Decreto Legislativo 276/2003, de 10 de diciembre, de actuación en materia de ocupación y mercado de trabajo, dictado en desarrollo de la Ley 30/2003, 14 de febrero, que "aclaró que tanto el contrato de suministro como el intermitente quedaban prohibidos para la sustitución de trabajadores que ejerzan el derecho de huelga [arts. 20.5.a) y 34.3.a)]".

7 Con anterioridad, en junio de 1992, ya había sido aprobado un Proyecto de Ley Orgánica de Huelga en el Congreso de los Diputados, pero, en noviembre del mismo año, se pactó con las organizaciones sindicales más representativas, UGT y CC.OO., un nuevo texto con importantes modificaciones, que no contó con el beneplácito de CEOE. Finalmente, tras haber sido aprobado ya por el pleno del Senado, este nuevo intento también quedó frustrado, por la disolución anticipada de las Cortes Generales en 1993, pocos días antes de la fecha en que estaba prevista la votación definitiva en el Congreso de los Diputados.

8 El art. 18.2 del citado Proyecto decía: "En tanto dure la huelga, los trabajadores que participen en ella no podrán ser sustituidos por otros trabajadores no vinculados a la empresa en la fecha de declaración de la huelga, sin perjuicio de lo previsto en los artículos 8 y

nida en la regulación vigente (art. 6.5 RDLRT), en cuanto a la prohibición de sustitución de los trabajadores huelguistas por otros no vinculados a la empresa en el momento de iniciarse la misma (esquirolaje externo), salvo en caso de incumplimiento de los servicios de seguridad y mantenimiento o de los servicios mínimos. Por lo demás, en aquel texto tampoco se especificaba si era posible la sustitución por trabajadores adscritos a centros de trabajo distintos y otras cuestiones más modernas, como el llamado esquirolaje tecnológico o el organizativo/comercial, quedaban desatendidas.

1.4. PLANTEAMIENTO

De cualquier modo, bajo mi punto de vista, partiendo de la regulación vigente, de los modelos descritos y, especialmente, a la vista de la evolución del tratamiento jurisprudencial más reciente analizada en el apartado anterior, resulta posible obtener ya en una primera aproximación al tema dos premisas básicas —sin perjuicio de las distintas cuestiones específicas que serán analizadas a lo largo de este estudio— que podrían servir de base en lo sucesivo:

-Emerge así, en primer lugar, un criterio general que podría ser válido como punto de partida en el tratamiento del esquirolaje, cualquiera que sea su modalidad (ya sea de trabajadores —interno o externo—, tecnológico o por medio de contratas) que consistiría en partir de una diferenciación fundamental, basada en analizar si la adopción de los cambios en la plantilla, organización o estructura de la empresa se produce, simultáneamente o con posterioridad a la convocatoria de huelga o, incluso, previa y preventivamente, pero con motivo y para contrarrestar los efectos de la huelga.

16 de esta Ley". (Estos dos últimos artículos se referían a servicios de mantenimiento y al incumplimiento de servicios mínimos esenciales para la comunidad).

Por ello, la prohibición de esquirolaje debería estar basada, como primer paso, en la valoración de si estos cambios implican una transformación sustancial respecto a la situación de partida preexistente a la huelga. De este modo, si en la empresa no hay reacción frente a la huelga, en el sentido de contratación de trabajadores, adopción de nuevos medios tecnológicos, o formalización de nuevas contratas con posterioridad al inicio de la huelga (o, más bien, para evitar fraudes, al momento de nacimiento del conflicto), en general, parece que debería presumirse que las actuaciones en el seno de la empresa durante la huelga constituyen mera continuidad de la actividad empresarial en ejercicio de la libertad de empresa y no conductas vulneradoras del derecho fundamental de huelga que tratan de atacarlo o contrarrestarlo[9].

Entiendo, pues, en un primer acercamiento al tema, que si no hay modificación de la situación previa al inicio a la huelga debería presumirse, salvo prueba en contrario, la licitud de la continuación de la actividad empresarial con los medios (humanos, técnicos y contratas habituales) disponibles, puesto que, si no hay reconfiguración de la situación inicial, difícilmente puede entenderse que hay una "reacción" frente a la huelga, sino mera continuidad de la actividad empresarial con los medios habituales disponibles. Por ello, de entrada, aparece ya como criterio fundamental la necesidad de verificar si se mantiene la situación previa preexistente a la convocatoria de la huelga (o, más bien, al nacimiento del conflicto colectivo). Por exclusión, serán los supuestos en que el empleador, tras la convocatoria de la huelga —o antes, en previsión de esta—, introduz-

---

9 En este sentido, como hemos visto, incluso la STS de 5 de diciembre de 2012 (Rec. 265/2011) —que suele citarse como ejemplo de cambio de criterio jurisprudencial en favor de la prohibición de medios tecnológicos durante la huelga— entendió que, efectivamente, el derecho de libertad de empresa no incluye facultades de reacción frente a la huelga, pero concluyó que es preciso probar, en cada caso, que las actuaciones en cuestión están enfocadas a tales fines relacionados con minar la efectividad del derecho de huelga.

ca cambios que traten de reconfigurar la situación preexistente, los que planteen mayores y más fundadas dudas y los que deberán focalizar principalmente la atención de este estudio a la hora de proporcionar criterios concretos en aras a dilucidar si se está vulnerando el derecho de huelga al contrarrestar sus efectos por la introducción de nuevos elementos que rompen el equilibro de partida[10].

– Asimismo, en segundo lugar, considero que deberá sobrevolar de manera constante en el tratamiento y acercamiento a cada una de las cuestiones jurídicas implicadas un principio básico que subyace, también, en la diferenciación anterior y que debería estar presente, con carácter fundamental, en toda la regulación de la huelga (y no sólo del esquirolaje). Esto es, la consideración como conducta empresarial lesiva del derecho de huelga (con independencia de que los actos en cuestión puedan reputarse o no constitutivos de esquirolaje *strictu sensu*) de la utilización abusiva o coactiva de las facultades directivas o disciplinarias del empresario, con el fin o propósito de impedir o limitar el ejercicio del derecho de huelga. Surge aquí, de este modo,

---

[10] Para Cordero Gordillo (2019, p. 350), respecto al llamado esquirolaje tecnológico, cuando el empresario adquiere medios con ocasión de la huelga, para neutralizar o minimizar sus efectos, queda fuera de toda duda la vulneración del derecho de huelga (en un sentido parecido se pronuncia Tascón López, 2020, p. 97-98), por analogía con el art. 6.5 RDLRT, así como *sensu contrario* del argumento de la propia STC 17/2017 al rechazar dicha vulneración porque "los medios técnicos ya existían —no fueron adquiridos expresamente para hacer frente a los efectos de la huelga—" (F.J.7). Sin embargo, cuando los medios ya existían, la autora no presume la licitud de la conducta empresarial, sino que diferencia entre cuando sea necesario el concurso de trabajadores para su funcionamiento y/o supervisión (en que habría que aplicar, en su caso, criterios de esquirolaje interno) y cuando la máquina funciona autónomamente, en que habría de valorarse, caso por caso, la posible concurrencia de esquirolaje tecnológico. Por otro lado, la autora entiende que también es preciso verificar si los medios empleados, aun preexistentes, no son los habituales, en cuyo caso, considera —contra el criterio de la STC 17/2017 que comenta— que se estaría vulnerando el derecho de huelga, aplicando analógicamente a los medios técnicos el mismo criterio de cambio de funciones proscrito en el esquirolaje interno por humanos.

la necesidad de introducir una *diferenciación importante entre eficacia del derecho de huelga y efectividad de la huelga*, que será desarrollada y ponderada con más detalle en distintos momentos y para diferentes supuestos en este estudio. Pues, la garantía constitucional de la eficacia del derecho de huelga proscribe las conductas empresariales coactivas o conminatorias sobre los trabajadores huelguistas (y no huelguistas) que impidan el libre ejercicio y desarrollo del derecho de huelga, así como las medidas empresariales con finalidad represiva o penalizadora y, en general, cualesquiera actos de contenido antisindical. Pero, a mi modo de ver, constituye una cuestión totalmente distinta que dicha garantía deba alcanzar el aseguramiento la efectividad misma de la huelga, entendida como producción del máximo daño posible a la empresa, paralización total de la actividad empresarial o, incluso, como logro de los objetivos pretendidos, el cual debe resultar, en su caso, del libre juego de las fuerzas enfrentadas, bajo unas garantías que aseguren unas condiciones justas *(fair play)*, pero no del intervencionismo estatal en favor de cualquiera de las partes[11].

Sobre la base de las consideraciones anteriores, en lo que sigue trataré de elaborar una construcción doctrinal que, intentando aislar el razonamiento jurídico de los vaivenes y contradicciones jurisprudenciales arriba descritos, enfoque el análisis en la génesis y esencia de las nociones de huelga y libertad de empresa, bajo la premisa del principio de proporcionalidad y de la conciliación de todos los derechos constitucionales. Se tratará, así, de reconstruir, desde la base, el tratamiento jurídico de esta materia, sin perjuicio del necesario apoyo —cuando proceda— en soluciones ya vigentes y de la indiscutible utilidad del recurso a criterios y elementos —en muchos casos muy relevantes y valiosos— aportados por la doctrina judicial y científica.

---

11 Con relación a la diferenciación entre eficacia y efectividad de la huelga, véase Escribano Gutiérrez, 2017, pp. 196-198.

2. *Sobre el concepto (estricto) de huelga*

Como podrá comprobarse a lo largo de las páginas de este estudio, del análisis del tratamiento jurisprudencial y doctrinal que esta materia ha recibido se desprende cierta evolución extensiva del concepto de huelga, que ha redundado —a su vez— en una tendencia general hacia la admisibilidad de cierto efecto ampliatorio de la prohibición legal de esquirolaje del art. 6.5 RDLRT.

Así, frente a una noción estricta de la huelga que la circunscribiría al *reducido ámbito del juego de la oferta y la demanda de mano de obra* (que, a mi juicio, es la visión que se corresponde más exactamente con el sentido histórico de este fenómeno), paulatinamente, se han ido abriendo paso nuevas concepciones que se fundamentan en la consideración de la huelga *como instrumento apto para producir daño,* no sólo a los intereses estrictamente económicos de la empresa, sino también a su imagen. En este último sentido, dando un paso más allá, parece que se viene aceptando bastante ampliamente que la huelga no debería reducirse al estricto ámbito propio de un medio de presión que patentiza una lucha entre empresa y trabajadores huelguistas y, de este modo, se pasa a considerar necesario asegurar, como elemento esencial de la misma, su *repercusión pública,* la cual justificará que afecte y se irroguen perjuicios también sobre terceros (ya sean trabajadores no huelguistas, clientes, usuarios y consumidores, o la organización social en general). La consecuencia de todo ello sobre el esquirolaje será —como veremos— que permanecerá latente en muchos de los planteamientos jurisprudenciales y doctrinales sobre esta cuestión la equiparación de la garantía de la efectividad de la huelga con la consecución, en la medida de lo posible, de un objetivo —considerado legítimo— de *paralización total de la actividad empresarial.* En consecuencia, el mantenimiento de la actividad de la empresa, aun parcial, pasará a ser considerado, con cierto automatismo —y un tanto indiscriminadamente—, como contrarrestador de los efectos de la huelga y, por ende, lesivo del derecho fundamental a su ejercicio.

Frente a ello, mi planteamiento, ante esta tendencia conceptual extensiva muy generalizada —y, por lo general, bastante indiscutida—, es que está justificado hacer un alto en el camino y detenerse en un análisis que trate de esclarecer cuál es la noción auténtica u originaria de huelga, para a continuación plantearse si existe apoyo jurídico[12] —en especial, constitucional— que fundamente dicha evolución, acompañando una valoración sobre el eventual desbordamiento que, bajo dichas concepciones expansivas, puede producirse de los límites del contenido del derecho de huelga. Pues lo anterior, consiguientemente, llevaría aparejado cierto riesgo de invasión del ámbito del contenido esencial de otros derechos constitucionales concomitantes que podrían resultar lesionados como consecuencia de tal ampliación del espectro de la noción de huelga y del alcance de sus efectos.

2.1. LA HUELGA DESDE LA PERSPECTIVA DE LA TEORÍA ECONÓMICA

Al igual que ocurre en el marco de otros mercados que puedan contemplarse (de bienes y servicios, valores, materias primas, etc.), desde la perspectiva de la ciencia económica, el mercado de mano de obra está sujeto a la

---

12 Miñarro Yanini (2018, p. 212) se refiere como fundamento de la flexibilización de la noción de esquirolaje a que "esta concepción del esquirolaje adoptó un perfil más laxo a través de una interpretación finalista —a la que obliga el art. 3.1 CC—, cuya idea central es que lo esencial para que se estime la concurrencia de esquirolaje es que se produzca una sustitución del trabajo de los huelguistas que neutralice los efectos de la huelga".

archiconocida ley de la oferta y la demanda[13]. Así, también en el caso del mercado laboral, el punto de equilibrio entre la oferta de mano de obra que proveen los trabajadores y la demanda solicitada por los empresarios es el precio (entendido, en este ámbito, en sentido estricto, como salario o como condiciones retributivas y de trabajo, en sentido amplio).

En un hipotético marco de libre mercado de competencia perfecta (sin el necesario intervencionismo normativo/administrativo de reequilibrio y sin acción sindical/huelgas), *ceteris paribus*, el tradicional (e histórico) exceso general de oferta de fuerza de trabajo respecto a la demanda de mano de obra solicitada por las empresas (que conduce a la presencia de tasas desempleo involuntario) se corresponde con un punto de equilibrio bajo de las curvas de la oferta y demanda, es decir, con salarios y condiciones de trabajo precarias. Baste para ello recordar la situación de la clase obrera, desde la revolución industrial, durante el siglo XIX y gran parte del siglo XX[14].

---

13 Como subrayan Torres López y Montero Soler (2005, p. 6), el capitalismo supuso principalmente la generalización de los mercados y la conversión de todos los recursos productivos (incluido el trabajo) en mercancías: «El paso crucial fue que la tierra y el trabajo se convirtieron en mercancías, es decir, se trataron como si hubieran sido creados para la venta. Por supuesto, no eran mercancías, ya que no habían sido producidos (como la tierra), y de ser así, no podían estar en venta (como el trabajo)» (Polanyi, 1994, p. 82).

14 En el marco de los economistas clásicos, los planteamientos de la corriente del marginalismo implicaban (Torres López, Montero Soler, 2005, p. 8) que: a) El trabajo es una mercancía y la cantidad en que va a ser contratado depende, como en los demás casos, de la oferta y la demanda que de él exista en el mercado. b) El mercado de trabajo es, o puede lograrse que sea si se establece un orden legal adecuado, de competencia perfecta. c) El funcionamiento del mercado de trabajo bajo esas condiciones lleva automáticamente al pleno empleo del factor trabajo en el punto correspondiente al salario que equilibra la oferta y la demanda del mismo.
Si bien, no parecía repararse en que dicho punto de equilibrio, aun siendo el justo para una mercancía, podría ser insuficiente entendido como medio de vida y sustento de las personas trabajadoras.

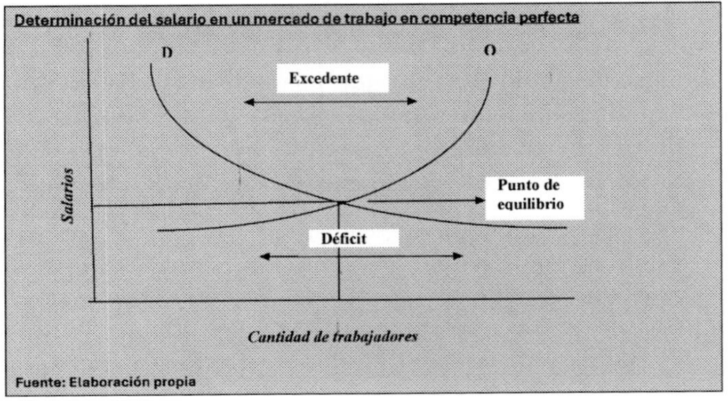

Por el contrario, cuando con carácter general o en concretos sectores en que, según países y momentos históricos, la demanda de un tipo mano de obra específica puede llegar a exceder la oferta de trabajadores disponibles, el precio (salario y condiciones de trabajo) tiende, de manera natural, a ser más elevado.

Esta situaciones —muy excepcionales— de exceso de demanda de trabajo pueden responder a varias causas: insuficiencia de la fuerza de trabajo disponible cuantitativamente (por déficits demográficos: caída de la natalidad, despoblación por emigración, etc.) o cualitativamente cuando, en principio, sí que existen personas trabajadoras disponibles, pero no tienen las características requeridas por exigencias de tipo formativo (v. gr., puestos de trabajo tecnológicos o sanitarios muy cualificados) o habilidades personales (por ejemplo, futbolistas de nivel de primera división o similares). Dichos desequilibrios también pueden responder, incluso, a razones de coste de oportunidad,

Bajo la premisa de la libre formación del punto de equilibrio del precio se llegaba a concluir, así, que intentos de incrementar la demanda de trabajo por otra vía que no sea la disminución del salario estarán condenados al fracaso y que la existencia de población desocupada sólo puede ser el resultado de que los trabajadores voluntariamente rechacen ser empleados a salarios más reducidos.

como cuando se deben a que la mano de obra potencialmente disponible cuenta con otras opciones laborales más ventajosas o con mejores incentivos para trabajar en otros ámbitos.

Como consecuencia del planteamiento anterior, según la ley de la demanda, un salario más alto y, en general, unas mejores condiciones de trabajo deberían conducir a una disminución en la cantidad de mano de obra demandada por los empleadores, y viceversa (LawBirdie, 2024).

Sin embargo, hay que tener en cuenta que la demanda de mano de obra no sólo depende del precio, sino, incluso más directamente, de la propia demanda de los bienes o servicios que produce o presta la empresa, puesto que, si esta otra demanda es suficientemente consistente, el coste salarial puede ser repercutido en el precio de aquéllos.

En efecto, a partir de la obra de Keynes (1956) se reconsideró la idea del modelo neoclásico que partía de que el desempleo era voluntario (por no estar dispuestos los trabajadores a aceptar un precio de equilibrio bajo y optar por el ocio) en el bien entendido que, de ningún modo, se podía considerar que los salarios llegaran a tener el grado de flexibilidad como para que pudieran alcanzarse situaciones de equilibrio de pleno empleo. Por el contrario, se pasó a considerar que el nivel de empleo no viene determinado únicamente por el mercado de trabajo sino, especialmente, por el de bienes y servicios, incidiendo sobre él, de forma decisiva, las variaciones que se produzcan en la demanda efectiva[15].

---

[15] Así, pues pueden darse situaciones de equilibrio que impliquen desempleo, siendo éste involuntario si se parte de considerar los salarios como rígidos a la baja (v. gr. por la fijación de salarios mínimos interprofesionales por normas estatales o para empresas o sectores concretos por normas convencionales). A partir de este punto surgen las conocidas políticas keynesianas que tratan conseguir aumentar el empleo en situaciones de paro a través de incrementos inducidos en la demanda efectiva, lo que significa que las intervenciones exógenas al mercado no sólo no se perciben como negativas, sino

Por el lado de la ley de la oferta, en el mercado laboral, también un precio más alto pagado por el trabajo debería repercutir en una mayor cantidad de mano de obra suministrada y, a la inversa, un precio más bajo, reduciría la oferta de fuerza de trabajo. Sin embargo, a nivel global, el perenne exceso de mano de obra, con carácter general, ha demostrado históricamente que, incluso, en condiciones de salarios y condiciones de trabajo precarias (salvo en determinados países y/o en sectores muy específicos y momentos históricos muy concretos) el arraigado fenómeno del desempleo involuntario y el exceso de mano de obra persisten, revelando cierta inelasticidad prototípica de la oferta de trabajo. De ahí, que el devenir histórico-social terminara por propiciar, con cierta espontaneidad, la creación de un instrumento (la huelga) que permite la elevación del precio de equilibrio, mediante la contracción forzada de dicha oferta de mano de obra.

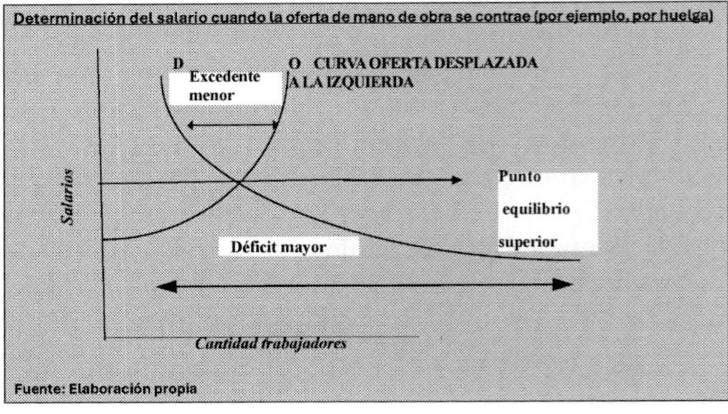

Así, desde esta perspectiva económica, la huelga podría ser entendida como una contracción forzada de la oferta de trabajo decidida, por tiempo predeterminado o indefinido, de forma concertada por los titulares de la mano de

que son imprescindibles para alcanzar el pleno empleo (Torres López, Montero Soler, 2005, p. 10).

obra, con el fin de propiciar una elevación del punto de equilibrio entre la oferta de trabajo (que quedará más o menos reducida en función del grado de adhesión/seguimiento de la huelga) y la demanda empresarial de trabajo. Este mecanismo que, de entrada, podría valorarse, desde una perspectiva pura de libre mercado, como un artificio pernicioso que pervierte la libre formación de los precios —de hecho, así fue entendido inicialmente, como veremos en el apartado siguiente— ha sido objeto, históricamente, de un progresivo tratamiento jurídico favorable que terminó por apoyarlo, reconocerlo y garantizarlo, incluso constitucionalmente, bajo la premisa básica de que, en este caso, la elevación "artificiosa" del precio no está referida a un producto o servicio cualquiera, sino al bien que constituye el medio fundamental de vida y el sustento (salario) de las personas que integran la clase social más numerosa: la trabajadora.

Bajo este enfoque, toda actividad empresarial destinada a desvirtuar dicha contracción de la oferta de trabajo en el ámbito correspondiente, como la consistente en la contratación de mano de obra adicional nueva que la compense (esquirolaje), queda proscrita al entenderse vulneradora del efecto querido por los legítimos titulares de la fuerza de trabajo en dicho ámbito. En efecto, desde este punto de vista, si por clase trabajadora o proletariado por antonomasia, debe entenderse aquella cuyos individuos son únicamente titulares de su fuerza de trabajo, por contraposición a la patronal que es titular de la empresa, entendida, a la vez, como negocio, actividad empresarial y conjunto de medios de producción, habrá de reconocerse, lógica y necesariamente, la libertad de cada una de estas partes enfrentadas —pero a su vez interdependientes— para gestionar y decidir libremente sobre los medios de los que cada una de ellas son titulares, sin interferencias indebidas por la otra parte.

En definitiva, el conjunto de los trabajadores titulares de la fuerza de trabajo, en un ámbito concreto, deben poder decidir libremente si ofertan al mercado (o siguen ofertando), o no, en un momento determinado, la prestación de sus servicios personales, sin que sean admisibles conductas que procuren desvirtuar el libre ejercicio de estas decisiones legitimas, tratando de incidir sobre dicho elemento "fuerza de trabajo" por la contraparte que no es titular del mismo. Pero, en idéntica lógica, también el titular de los medios de producción debe tener reconocida y garantizada la libertad de organizarlos y ofertar su producto del modo de que estime más conveniente, sin que el ejercicio de este derecho (de libertad de empresa) por su titular pueda ser limitado ni por la contraparte trabajadora que no es titular de los mismos (prohibición de huelgas abusivas, etc.) ni por la intervención normativa (o su interpretación) so pretexto de perjudicar o vulnerar el interés de la contraparte. (Ello siempre que —realmente— nos encontremos ante actuaciones de autogestión de los medios de producción y de la organización empresarial de la que el empleador es propietario —o legítimo usuario— y no de que se trate de incidir, directa o indirectamente, sobre la libertad de gestión de la fuerza de trabajo de las que sus empleados/trabajadores son titulares).

En este sentido, si bien no son admisibles prácticas como el esquirolaje en sentido estricto, sí deben ser respetadas, de entrada, en un sistema de economía de mercado, estas otras actuaciones que son manifestación de la libertad de gestión y organización de los medios de los que la empresa es titular, tales como el uso de medios tecnológicos o la articulación de su producción por medio del recurso a la contratación externa con otras empresas colaboradoras (externalización).

Así ocurre, en particular, con el recurso empresarial al uso de medios tecnológicos que, aun cuando es habitual leer referencias al mismo con tratamiento de fenómeno reciente y novedoso, adquirió protagonismo ya desde los albores de la revolución industrial (si bien más en su versión más básica y elemental: maquinaria). Aunque es cierto —desde esta perspectiva económica que aquí se adopta ahora— que la tecnología repercute negativamente en la demanda de mano de obra de los trabajadores no cualificados y, por tanto, en sus salarios y condiciones de trabajo, no es menos cierto que, correlativamente, también ha implicado justamente el efecto contrario respecto de los trabajadores cualificados. Ni que decir tiene —aunque no sea del todo pertinente en este espacio—, sin perjuicio de las demás consecuencias negativas de tipo ambiental, psicosocial, etc. que puedan advertirse, que son innumerables las ventajas (desde el punto de vista de la eficacia y eficiencia de los procesos, de la seguridad y salud en el trabajo, de la ampliación de los nichos de negocio y tipologías de actividades empresariales —con la consiguiente generación de empleo— y, en general, sobre la elevación de la calidad de vida) que del progreso tecnológico se han derivado para el desarrollo de las economías y de las sociedades modernas.

En última instancia, como he desarrollado más arriba, la continuidad de la actividad empresarial asegura el mantenimiento de una demanda de mano de obra constante que —como también se ha subrayado antes— no depende sólo del precio, sino muy preponderantemente de la existencia de pedidos o encargos (demanda de los productos que la empresa ofrece en el mercado de bienes y servicios). En conclusión, bajo la ley de la oferta y la demanda, de poco sirve conseguir la contracción de la oferta de trabajo mediante la huelga, si por limitar la actividad empresarial durante la misma, la demanda también decrece, pues en estas circunstancias el punto de cruce de las curvas de la oferta y la demanda (desplazándose ambas hacia la izquierda del gráfico) seguirá siendo bajo.

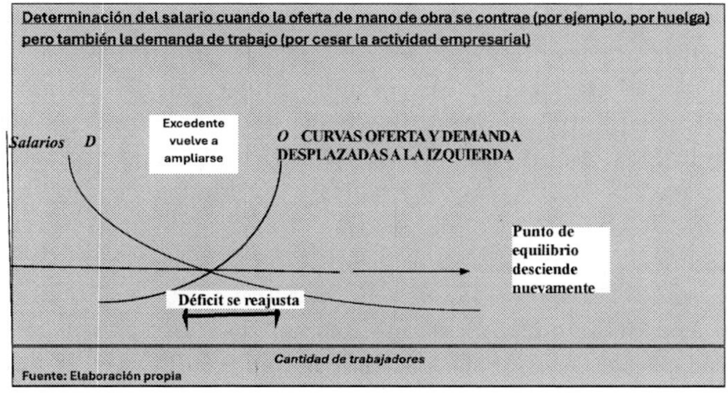

Si bien podría objetarse que la contracción de la oferta de trabajo, cuando es consecuencia de la huelga, tiene carácter temporal o transitorio y no modifica, por tanto, la correlación real de factores del mercado de trabajo en un determinado ámbito, lo cierto es que dadas las dinámicas de funcionamiento de los sistemas de relaciones laborales y de la negociación colectiva no es necesario que la nueva correlación de oferta-demanda de trabajo sea estructural o permanente. En efecto, basta con que, mientras dure el proceso huelguístico (que, además, existiendo huelgas indefinidas puede extenderse tanto como lo posibilite la capacidad de resistencia de ambas partes), la contracción de la oferta de mano de obra sea lo más intensa y efectiva posible durante el tiempo que sea preciso para conseguir el alumbramiento de un acuerdo o convenio colectivo que, este sí, fijará unas condiciones de trabajo y salarios con vocación de permanencia y por períodos relativamente largos, con independencia de la correlación de fuerzas real del mercado de trabajo subyacente.

Dicho en otras palabras, la huelga desde esta perspectiva, en su estado más puro, incluso entendida como medio de presión, pretende forzar al empresario a la conclusión de un acuerdo más favorable a los intereses de los trabajadores lo antes posible. La presión consiste en que aquél se ve privado, en mayor o menor medida —en función del grado de seguimiento de la convocatoria de huelga— de la disponibilidad amplia de mano de obra con la que habitualmente cuenta y que necesita para la continuidad de su actividad empresarial. Así, el mero transcurso del tiempo y la incertidumbre (aunque sea previsible que la duración de la huelga, incluso siendo indefinida, tendrá una duración limitada —tanto como lo sea la capacidad de resistencia de los trabajadores huelguistas—) supone una presión económica y psicológica sobre los intereses de la empresa que se ve forzada o condicionada a la adopción de una actitud más proclive a la concesión de acuerdos sobre las reivindicaciones de los trabajadores que la que resultaría en condiciones de normalidad. Este es, en mi opinión, el verdadero concepto esencial de huelga (que, a su vez, por tanto, es el que ha de concentrar y delimitar el alcance de la prohibición de esquirolaje)[16].

En efecto, es bajo este prisma cuando cobra sentido especialmente la prohibición de esquirolaje, pues con ella se trata de garantizar que la disminución de la oferta de trabajo acordada por los trabajadores en el ámbito del conflicto se vea desvirtuada/compensada por la introducción por empleador de mano de obra nueva (de más oferta) procedente de ámbitos distintos. Sin embargo, de acuerdo con la teoría económica que acabo de describir en este capítulo, pretender extender dicha prohibición de esquirolaje hasta el punto de entenderla —bajo una concepción más cercana a la noción de medio de presión=producción de daños— como equivalente a la consecución, en lo posible, de la paralización total de la actividad empresarial de la empresa o empresas afectadas y de las demás colaboradoras en proceso productivo o de prestación servicios (así como, de sus consumidores y de los usuarios, en general), aun cuando con ello se pudiera pretender una mayor efectividad de la huelga, en realidad, produciría el efecto contrario, pues afectará negativamente a la demanda de bienes, factores y servicios y, por ello —como ha sido explicado— conducirá a un

---

16 Junto con este mecanismo consistente en incidir temporalmente sobre el equilibrio de la oferta/demanda de trabajo —como veremos más adelante— pueden superponerse otras medidas de refuerzo, como la información pacífica (piquetes), difusión en medios (repercusión pública), manifestaciones, etc., que son instrumentos complementarios que pueden coadyuvar y estar íntimamente ligados a las dinámicas de los procesos huelguísticos, pero —a mi modo de ver— no deberían identificarse con el núcleo o esencia del concepto de huelga. También estas otras posibilidades han de ser respetadas y garantizadas, pero como lo que en realidad son: manifestaciones de otros derechos fundamentales concomitantes (libertad de expresión, art. 20 CE; reunión-manifestación, art. 21 CE); pero sin que para su protección sea procedente la aplicación del tratamiento jurídico propio del esquirolaje, pues conceptualmente pertenecen a un ámbito distinto.

desplazamiento hacia la izquierda —reduciéndola— de la curva de la demanda de mano de obra con una correlativa repercusión en el abaratamiento del precio de equilibrio de los salarios y demás condiciones laborales[17].

Así pues, ya desde la perspectiva del análisis puramente económico, encontramos un primer apoyo para mantener una tesis contraria a la extensión a ultranza del alcance de la prohibición de esquirolaje, incluso —contrariamente a lo que *prima facie* pudiera parecer— si el enfoque con el que se propugna dicha extensión es el de favorecer los intereses de los trabajadores, pues, paradójicamente, en realidad, se contribuye al efecto justamente contrario.

Esta misma tesis contraria a la extensión de la prohibición del esquirolaje, más a allá de los justos términos necesarios para garantizar la eficacia de la modificación operada por la huelga en la correlación de la oferta y demanda de trabajo, se confirmará —como veremos— y será abordada en los siguientes capítulos, si bien adoptando ya en estos una perspectiva histórica y jurídica.

---

17 Este efecto viene confirmado por las modernas teorías económicas que, analizando el conflicto desde la perspectiva del coste de oportunidad, entienden que la empresa podrá resistir más intensamente a las exigencias del sindicato cuanto más elástica sea la demanda de trabajo que ejerce (Mcconnell, Brue, & Macpherson, 2007, p. 328). Pues la estructura de las concesiones de las empresas en el proceso de negociación está estrechamente relacionada con el ciclo económico, de modo que éstas suelen tener una menor capacidad para hacer frente a huelgas cuanto mejor sea la posición del ciclo, pues ello incrementa la competencia en el mercado de bienes y factores, e incrementa el coste de oportunidad de parar la producción; además de que la capacidad de realizar concesiones será mayor, cuanto mayor sea el nivel de beneficios que la empresa podría haber obtenido. Así pues, curiosamente, en un entorno económico *paralizado* la capacidad de presión y de obtención de concesiones en la negociación con la empresa disminuye porque es menor también el coste de oportunidad tanto en el mercado de bienes y factores como desde la perspectiva del beneficio frustrado.

2.2. NOCIÓN DE HUELGA DERIVADA DEL ESTUDIO HISTORIOGRÁFICO DE SU REGULACIÓN ORIGINARIA

Desde los albores de la revolución industrial y del movimiento obrero, el sindicalismo y la huelga recibieron un tratamiento en línea con la noción económica esbozada en el apartado anterior. Así, los códigos penales de la época, plasmando, en el ámbito penal, los principios propios del Derecho civil de corte liberal surgido de las revoluciones burguesas, y con cierta confusión latente con el papel que en el pasado habían desempeñado los gremios, penalizaron la acción sindical y la huelga en cuanto maquinaciones para interferir en la libre fijación del precio del trabajo. Así, en España, el Decreto de 8 de junio de 1813, del Conde de Toreno, prohibió las asociaciones profesionales (no sólo los gremios, sino también los sindicatos de trabajadores) afirmando, así, el principio de libertad de contratación en el ámbito del trabajo, mientras que el art. 461 del Código Penal de 1848 tipificó las huelgas, insertas en el capítulo V: "De las maquinaciones para alterar el precio de las cosas", como coligaciones dirigidas a encarecer o abaratar abusivamente el precio del trabajo (Sala Franco, 1997, p. 57).

Paralelamente, la asociación sindical fue tipificada, asimismo, como delito de asociación ilícita o conspiración. De un lado, el liberalismo político impedía la existencia de sociedades intermedias entre el Estado (emanado de la soberana voluntad popular bajo la idea del contrato social) y los individuos libres y formalmente iguales. De otro lado, el liberalismo económico, defendía la propiedad privada y el libre encuentro entre las distintas fuerzas económicas que no podía ser limitado por *corporaciones* (Ley Le Chapelier de 1791), como los antiguos gremios, que tratasen de interferir limitando la libertad de fijación de los precios, de organización y de producción, de contratación, de trabajo y de acceso a la profesión, etc. En palabras de García Murcia (1985, p. 29): "(...) es notorio que la época se caracterizaba por la defensa y los intentos de consolidación de las reglas del mercado, dentro de una concepción bastante próxima al más puro liberalismo. La trascendencia más relevante de estas posiciones, al menos a nuestros efectos, fue la supresión de todas las corporaciones, grupos o «cuerpos intermedios». Solamente el Estado y los individuos estaban legitimados para intervenir y tomar decisiones en la vida económica. El papel del Estado, además, prácticamente debía quedar reducido a vigilar y garantizar el libre juego dentro del mercado".

El siguiente paso evolutivo lleva al denominado por los anglosajones *double standard*, por virtud del cual se pasaron a tolerar inicialmente las reuniones de empleadores, informales —a diferencia de las obreras más llamativas, por más numerosas, que obligaba a convocarlas formalmente— y que no se consideraban nocivas para el progreso económico. El avance hacia la permisividad de asociaciones de tipo de obrero se inició, precisamente, por aquellas (de tipo mutualista, cooperativo o filantrópico) que se estimaba que no tenían potencialidad para afectar a la determinación del precio de la mano de obra (Sala Franco y Albiol Montesinos, 1994, p. 59). En nuestro país, cabe citar la pionera Real Orden Circular de 28 de febrero de 1839 con relación a las denominadas sociedades de socorros mutuos.

Sin embargo, aunque las Constituciones liberales de 1869 y 1876 contemplaron el derecho de reunión y de asociación (ya introducidos antes, respectivamente, por el Decreto-ley de 1 de noviembre de 1868 y el Decreto-ley de 20 de noviembre de 1868 y desarrollados pocos años después por sendas Leyes de reunión y asociación de 1880 y 1887), no llegó a reconocerse expresamente el derecho de asociación sindical y en el art. 556 del Código Penal de 1870 se mantuvo la penalización de la conducta de los que «coligaren con el fin de encarecer o abaratar abusivamente el precio del trabajo o regular sus condiciones» (García Murcia, 1985, p. 33; Sala Franco, 1997, p. 58-59).

El último paso hacia el reconocimiento del derecho de libertad sindical es progresivo —y variable según países— pero encuentra un notable impulso normativo internacional en 1919, tras la primera guerra mundial y la revolución rusa (1917), con la creación de la OIT (Tratado de Versalles) y en sus posteriores Convenios 87 y 98, así como, tras la segunda guerra mundial, en la Declaración Universal de Derechos Humanos de 1948, en la Convención Europea de Derechos Humanos y Libertades Fundamentales de 1950 y en el Pacto Internacional de Derechos Civiles y Políticos de 1966.

En España, estando vigente la Ley *de Huelgas y Coligaciones* de 27 de abril de 1909[18], que había derogado el men-

---

18 García Murcia (1985, p. 33) describe, como en los años previos, incluso cuando todavía se mantenía vigente el citado art. 556 de la norma penal de 1870, la posición de las autoridades del momento (Circular del Ministerio de la Gobernación de 21 de junio de 1902, Gaceta de 22 de junio) frente a la huelga se fue suavizando, siguiendo los criterios de la Fiscalía del Tribunal Supremo contenidos en la Circular de 20 de junio de 1902, en la que se clarificaba el significado del término «abusivamente» de citado precepto penal, que antes no había sido definido. La Circular de 1902 ofrece tres tipos de consideraciones: En primer lugar, señala que la cesación en el trabajo por parte de los obreros para regular ventajosamente su contrato de arrendamiento de servicios es un derecho natural, según «opinión común», inherente a la personalidad del individuo, cuyo ejercicio pacífico no admite trabas ni limitaciones. Es una manifestación de la libertad humana a la luz de los principios de la ciencia jurídica. En segundo lugar, pone de manifiesto que la asociación de obreros creada al amparo del artículo 13 de la Constitución y de la Ley de 1887 para mejorar las condiciones de trabajo es lícita. Y, por último, *encuadra la decisión de cesar en la prestación de servicios, como medida de presión laboral, en el juego de la oferta y la demanda propio del mercado*. La conclusión de todo ello es que la coligación y la huelga efectuada para obtener ventajas en las condiciones de trabajo y mejoras en la cuantía de la remuneración no constituyen delito si se desarrollan de forma pacífica. Para la Fiscalía del Tribunal Supremo, en definitiva, el artículo 556 CP castiga esos hechos únicamente cuando existe «abuso». Este término significa aquí el ejercicio de aquellas medidas mediante coacción o violencia. No es abusiva, y, por tanto, es lícita, la coligación o la huelga que se realiza pacíficamente. Incluso se añade otra matización de importancia: si la adopción de una medida como la huelga produce la falta de luz o de agua en una población, suspende el funcionamiento de los ferrocarriles o priva de la asistencia a los enfermos o asilados en un establecimiento de beneficencia, sin que se haya preavisado para evitar la desatención de esos servicios, la autoridad competente estará legitimada para requerir a los huelguistas para que atiendan los trabajos en los que han cesado, por razones

cionado art. 556 del CP de 1870 —despenalizando la huelga, pero todavía sin reconocerla como derecho sino como mera libertad («sin perjuicio de los derechos que dimanen de los contratos que hayan celebrado»)—, el Código Penal de 1928 (dictadura de Primo de Rivera), suprimió la tipificación penal de las huelgas en su acepción estrictamente económica, penalizando únicamente sus posibles manifestaciones de cariz político. En este sentido, el art. 289.3 tipificaba como delito de sedición: «suspender o paralizar un servicio público de interés general del Estado, de la Provincia o del Municipio». Muy significativamente, el art. 290 consideraba, asimismo, delito de sedición: «(...) las coligaciones de patronos que tengan por objeto paralizar el trabajo y las huelgas de obreros cuando unas y otras, por su extensión y finalidad, no puedan ser calificadas de paros o huelgas encaminados a obtener ventajas puramente económicas en la industria o en el trabajo respectivos sino que tiendan a combatir los Poderes públicos o a realizar cualesquiera clase de actos comprendidos en los delitos de rebelión o en el artículo anterior»[19].

---

de orden público y humanidad. La oposición o desobediencia a ese requerimiento constituirá un hecho criminal y generará la responsabilidad consiguiente. Como García Murcia (1985, p. 33) subraya "estamos ya ante una primera delimitación de lo que son servicios esenciales o necesarios para la comunidad y ante la consagración de un principio que será una constante en la regulación de la huelga y el conflicto colectivo de trabajo: el de la restricción del ejercicio de esos derechos como mecanismo de salvaguarda de los intereses generales de la sociedad o como garantía para el mantenimiento del orden público y de las instituciones políticas".

19 El art. 737 del Código Penal de 1928 seguía manteniendo dentro de la rúbrica de los «delitos de maquinación para alterar el precio de las cosas», a los que atentaren, mediando violencia o amenazas, contra la libertad de comercio, industria o trabajo, impidiendo con ello el aprovisionamiento de fábricas, establecimientos o naves, o el abastecimiento de poblaciones, u ocasionaran la suspensión o interrupción de una obra o servicio, todo ello «con el fin de ejercer algún acto de odio o de venganza, de imponer determinadas condiciones o de conseguir trabajo o aumento de salarios». Se reproducía en este precepto la antigua prohibición de las coligaciones para alterar el libre funcionamiento del mercado de trabajo, pero con la importante

Este último precepto en especial, juntamente con el tratamiento jurídico previo de la huelga descrito, sin perjuicio del evidente juicio de valor negativo que corresponde hacer a su contenido represivo de la huelga, ofrecen, no obstante, a nivel conceptual, una diferenciación de enorme interés para la tesis de este estudio. Pues, confirman que, desde sus mismos orígenes, el tratamiento jurídico de la huelga partió de su consideración como un instrumento fundamentalmente económico de reequilibrio en la conformación del precio del trabajo, en el sentido descrito en el apartado anterior de este trabajo. Así, primero con la malsana intención de reprimirla y penalizarla y, posteriormente, con el objetivo de permitirla y diferenciarla de otras manifestaciones cualitativamente distintas (*no encaminadas a obtener ventajas en la industria o en el trabajo respectivos sino a combatir los poderes públicos u otros actos propios del delito de rebelión*), prevaleció una noción jurídica de huelga en la que predominaba su esencia de mecanismo para afectar al precio de las cosas o, más concretamente, para encarecer el precio del trabajo.

Llama la atención, asimismo, en el último precepto citado, que la potencialidad para producir estas otras consecuencias o manifestaciones de tipo político se atribuyesen no sólo a las "huelgas de obreros" sino, incluso en primer lugar, a las "coligaciones de patronos que tengan por objeto paralizar el trabajo", poniendo en evidencia que estos otros aspectos políticos no son exclusivos de las huelgas y, por tanto, escapan de su concepto esencial.

Tras el breve paréntesis de la II República, la dictadura franquista, especialmente en sus primeras etapas (art. 222 del Código Penal de 1944), retomó el tono represivo de las eventuales supuestas manifestaciones sediciosas de las huelgas. En la actualidad, aunque del vigente RDLRT se puede derivar la prohibición de las huelgas políticas puras,

---

matización de que era necesario el elemento violencia o amenaza para la concurrencia del tipo delictivo (García Murcia,1985, p. 49).

sean o no revolucionarias o insurreccionales (no discutida por la STC 11/1981, de 8 de abril), lo cierto es que la jurisprudencia viene admitiendo, tradicionalmente, las huelgas de imposición económico-política o mixtas, en que están presentes motivos políticos y reivindicaciones laborales simultáneamente (tales como empleo, protección social, situación económica general, etc.), como en buena lógica debe desprenderse del papel o *vis* política que el art. 7 CE (situado estratégicamente en el título preliminar) atribuye al sindicato (STC 36/1993, 8 febrero). Pero, no cabe obviar que también dicho artículo 7 CE se refiere a que «las asociaciones empresariales contribuyen a la defensa y promoción de los intereses económicos y sociales que les son propios» de modo que, siendo esta participación de tipo político-social parte fundamental de la configuración de las bases del Estado Social y Democrático de Derecho que en el título preliminar de la Constitución se proyecta, no puede entenderse exclusiva del lado sindical, ni, por tanto, un aspecto esencial, exclusivo y excluyente, de las huelgas.

En otras palabras, el aspecto de participación político-social y aquellas otras manifestaciones del conflicto colectivo (el derecho a adoptar medidas de conflicto colectivo viene reconocido en el art. 37.2 CE tanto a trabajadores como a empresarios), incluidas las complementarias que derivan de otros derechos fundamentales (como los de libertad de expresión, art. 20.1 d) CE, y de reunión y manifestación, art. 21 CE) deben ser promovidas, tuteladas y garantizadas en un Estado democrático, pero —a mi modo de ver— no forman parte del concepto estricto —mecanismo de reequilibrio económico— de lo que por huelga deba entenderse, como evidencia el enfoque —analizado en la páginas anteriores— que de la teoría económica y de su tratamiento jurídico histórico se deriva.

En efecto, aunque evidentemente la huelga, en sentido amplio, es un fenómeno de tipo político y social, en la medida en que surge y alcanza su razón de ser en el marco de las relaciones entre las dos clases sociales que se convirtieron en protagonistas/antagonistas (patronos *versus* trabajadores) tras las revoluciones burguesa e industrial, lo cierto es que, en sentido estricto, la huelga es, histórica y conceptualmente, un mecanismo de presión sobre el empresario para la mejora de las condiciones económicas y de trabajo de la parte obrera que consiste en una cesación concertada de la prestación laboral para incidir sobre el juego de la oferta y la demanda del mercado de mano de obra. Esta noción estricta, evidentemente, va a tener importantes implicaciones para la resolución de la cuestión principal de este estudio destinado a delimitar con precisión los contornos de la prohibición de esquirolaje que, a mi juicio, debe partir de algunas ideas básicas:

Los trabajadores sólo son titulares, fundamentalmente, de su fuerza de trabajo (esta es la noción germinal histórica del concepto de proletariado), mientras que los empresarios son titulares del capital y de los instrumentos de producción (ajenidad en los medios). Los trabajadores tienen derecho a la huelga, es decir, a gestionar libremente el uso y, en su caso, paralización del elemento *mano de obra* del que son titulares. Pero, los empresarios también pueden ejercer las facultades de uso y disposición de los medios de producción (incluidos los tecnológicos) derivados de su derecho de propiedad, así como decidir libremente la configuración organizativa de aquéllos, y concertar y mantener libremente relaciones comerciales con terceros (empresas proveedoras o clientes, y también particulares, consumidores y usuarios).

Las únicas conductas empresariales que deberían vedarse, por tanto, son las que, directa o indirectamente, pretendan incidir sobre el factor trabajo del que no son titulares (salvo que se trate de garantizar la mera continuidad del trabajo de los no huelguistas, de los servicios de seguridad y mantenimiento o los mínimos en servicios esenciales), en la medida en que con ellas se pretenda mitigar o suprimir el efecto de contracción de la oferta de trabajo que sus titulares han acordado, ya sea mediante la contratación de nuevos trabajadores o a través de la ampliación del tiempo de trabajo de los no huelguistas.

Como también, del lado de los huelguistas —y de los propios operadores jurídicos (en su labor interpretativa/ aplicativa de las normas)— deben evitarse actuaciones o interpretaciones abusivas que, con pretendido amparo en el ejercicio (o garantía) del derecho de huelga, terminen por sobrepasar los límites e invadir el contenido esencial de otros derechos constitucionales concurrentes, toda vez que todos los derechos reconocidos por la Constitución deben ser conciliados bajo criterios de proporcionalidad.

A estas cuestiones me dedicaré a continuación, dejando ya de lado el análisis económico e histórico, con miras a profundizar en el análisis propiamente jurídico de la cuestión que, no obstante, tomará como base —e hilo conductor— el concepto descrito derivado del estudio de aquellas materias, que denominaré *noción estricta económica y originaria (o primigenia) de huelga.*

2.3. EL DERECHO DE HUELGA EN LA CONSTITUCIÓN

La jurisprudencia constitucional ha entendido, desde la conocida STC 11/1981, de 8 de abril, que "el contenido esencial del derecho de huelga consiste en una cesación del trabajo, en cualquiera de las manifestaciones o modalidades que puede revestir" (F.J.10).

Ante la dicotomía doctrinal (García Murcia, 2014, p. 83) sobre si la finalidad de la huelga es la cesación en el trabajo con ánimo de presión a la empresa o, más bien, la producción de un daño a la misma para hacer valer esa capacidad de presión[20], la opción de este estudio, con base en

---

20 García Murcia (2014, p. 106) analiza esta segunda concepción (amplia) de huelga al referirse a las opiniones de autores, entre los que cita a Baylos Grau (2005, p. 89 y ss.) para los que la huelga quiere verse como instrumento de trastorno o perturbación en la correspondiente actividad productiva, más allá del simple efecto del cese en el trabajo. Por su parte, Grau Pineda (2021, p. 55) defiende que

las perspectivas económica e histórica adoptadas hasta el momento, es clara en favor de la primera de estas posibilidades. Pero, también desde el punto de vista jurídico, pese a la indefinición de la fórmula literal del art. 28.2 CE, parece que la configuración constitucional de este derecho, como puede derivarse del contenido esencial atribuido al mismo por el TC, de su ubicación en el texto constitucional y, sobre todo, de las exigencias derivadas de su interrelación ordenada con otros derechos constitucionales, lleva a adoptar la opción estricta en el sentido de cesación de la prestación laboral como método de presión a la empresa, sin alcanzar la finalidad de maximización de los daños para procurar su efectividad.

El art. 28.2 CE reconoce la huelga como un derecho subjetivo fundamental y constitucional (STC 11/1981, de 8 de abril, F.J. 9)[21], superando el tratamiento como mera

---

el derecho de huelga es un derecho subjetivo por su contenido, fundamental por su protección e instrumental, cuya esencia —más allá de la paralización de labores— consiste en la producción de un daño en la contraparte con el fin de someterla a presión psicológica con el fin de obtener un acuerdo favorable a quienes la ejercen.

21 STC 11/1981, de 8 de abril (F.J. 9):"La huelga se consagra como un derecho constitucional, lo que es coherente con la idea del Estado social y democrático de Derecho establecido por el artículo 1.1 de la Constitución, que, entre otras significaciones, tiene la de legitimar medios de defensa a los intereses de grupos y estratos de la población socialmente dependientes, y entre los que se cuenta el de otorgar reconocimiento constitucional a un instrumento de presión que la experiencia secular ha mostrado ser necesario para la afirmación de los intereses de los trabajadores en los conflictos socioeconómicos, conflictos que el Estado social no puede excluir, pero a los que sí puede y debe proporcionar los adecuados cauces institucionales; lo es también con el derecho reconocido a los sindicatos en el artículo 7.° de la Constitución, ya que un sindicato sin derecho al ejercicio de la huelga quedaría, en una sociedad democrática, vaciado prácticamente de contenido, y lo es, en fin, con la promoción de las condiciones para que la libertad y la igualdad de los individuos y grupos sociales sean reales y efectivas (art. 9.2 de la Constitución)". En el mismo sentido cabe citar la STC 123/1992 reconociendo el carácter de "derecho subjetivo del trabajador que simultáneamente se configura como un derecho fundamental constitucionalmente protegido".

libertad de huelga que significaría la ausencia de prohibiciones, pero sin una función de garantía del Estado que permanecería neutral sin impedir la aplicación de las reglas del Derecho privado sobre incumplimiento de contratos[22]. Por contraposición, el sistema de «derecho de huelga» reconocido en la CE implica "colocar el contrato de trabajo en una fase de suspensión y de ese modo limitar la libertad del empresario, a quien se le veda contratar otros trabajadores y llevar a cabo arbitrariamente el cierre de la empresa".

Así pues, al tratarse de un derecho de huelga —no mera libertad de huelga—, la relación jurídica de trabajo se mantiene, quedando en suspenso, y permitiéndose a los huelguistas colocarse provisionalmente fuera del marco del contrato de trabajo, desligándose temporalmente de sus obligaciones jurídico-contractuales, con la correlativa suspensión de su derecho al salario. Además, la eficacia del derecho de huelga se garantiza mediante la prohibición al empresario de sustituir a los huelguistas por otros trabajadores (art. 6.5 RDLRT) y la limitación del poder de cierre patronal. El derecho de los huelguistas es, así, un derecho a incumplir transitoriamente el contrato, pero es también un derecho a limitar, en estos aspectos, la libertad del empresario (STC 11/1981, de 8 de abril, F.J. 10).

Según Vivero Serrano (2002, p. 284), es posible reconocer en el derecho de huelga aspectos propios de los derechos de libertad (por el modo en que se ejercita el derecho de huelga), de los derechos de participación (porque tiene como finalidad incrementar el peso político de los trabajadores), pero, principalmente, de los derechos sociales (por su conexión funcional con la consecución de la igualdad material).

22 Es tradicional, desde antaño (Calamandrei, 1954, p. 222 y ss.), la distinción de tres formas históricas de abordar el fenómeno huelguístico, partiendo de su tipificación como delito, pasando por su consideración como libertad (con las consecuencias que, eventualmente, pudieran derivarse de su consideración como incumplimiento contractual), hasta su reconocimiento como derecho, incluso, como en nuestro país, a nivel constitucional y, más concretamente, como derecho fundamental.

Para la STC 11/1981, de 8 de abril (F.J.8), desde el punto de vista constitucional, además, es cuestión clave determinar el contenido esencial de los derechos, entendiendo por tal aquella parte del contenido del derecho que es absolutamente necesaria para que los intereses jurídicamente protegibles, que dan vida al derecho, resulten real, concreta y efectivamente protegidos. De este modo, se rebasa o se desconoce el contenido esencial cuando el derecho queda sometido a limitaciones que lo hacen impracticable, lo dificultan más allá de lo razonable o lo despojan de la necesaria protección. Por ello, ningún derecho constitucional puede ser ilimitado[23] y también el de huelga ha de respetar los límites que se derivan de su eventual interrelación con otros derechos y bienes constitucionalmente protegidos, pudiendo el legislador introducir limitaciones o condiciones de ejercicio del derecho siempre que con ello no rebase su contenido esencial. Ello implica que la huelga exige una proporcionalidad y unos sacrificios mutuos que hacen que, cuando tales exigencias no se observen, las huelgas puedan considerarse abusivas (STC 11/1981, de 8 de abril, F.J.10), como también puede ocurrir con determinadas conductas empresariales durante la misma.

Por ello, una vez analizada la noción de huelga, es preciso deslindar cuáles son aquellos aspectos que no forman parte del contenido esencial del derecho de huelga en sentido estricto, así como realizar esta misma operación con relación a los demás derechos constitucionales intercurrentes, para poder culminar estableciendo las claves que han de guiar el proceso de conciliación entre los distintos derechos y bienes constitucionales implicados, conforme a criterios de proporcionalidad. De modo que se asegure tanto que el contenido esencial del derecho de huelga no resulta invadido, como que el ejercicio abusivo de este derecho (o la aplicación extensiva de las prohibiciones previstas para

---

23 Salvo el derecho del art. 15 CE a la vida y a la integridad física y moral, así como a no sufrir torturas, tratos inhumanos o degradantes (STC 34/2008, F.J. 5).

su tutela) no pueda llegar a desvirtuar el contenido esencial y ejercicio legítimo de estos otros derechos. A esta tarea dedicaré el siguiente apartado y los capítulos 3 y 4.

2.4. ¿QUÉ NO ES HUELGA EN SENTIDO ESTRICTO?

Como ha subrayado la doctrina (Vivero Serrano, 2002, p. 266), la referencia constitucional al derecho de huelga en un precepto distinto (art. 28.2), con una ubicación estratégica preferente respecto del resto de medidas de conflicto colectivo (art. 37.2), llevó inicialmente a la doctrina a una agria disputa en torno a si el derecho de huelga se debía entender exclusivamente reconocido en el primero de los preceptos o bien dicho reconocimiento se duplicaba y, por tanto, se comprendía en ambos, simultáneamente. Sin embargo, la cuestión quedó zanjada por la STC 11/1981, de 8 de abril (F.J. 22) que optó por la primera de las opciones, rechazando que la Constitución Española y, por consiguiente, el ordenamiento jurídico de nuestro país, se fundase en el principio que, con expresión alemana, se conoce como de la *Waffengleichheit*, también llamado de la *Kampfparitat* (igualdad de armas o paridad en la lucha), esto es, de la igualdad de trato entre las medidas de conflicto nacidas en el campo obrero y las que tienen su origen en el sector empresarial.

Así, el TC entendió que la distinta colocación sistemática tiene evidentes repercusiones en cuanto al diferente régimen jurídico aplicable al derecho de huelga del artículo 28.2 CE (sección 1ª del capítulo II del título I) y el de adopción de medidas de conflicto colectivo del artículo 37 CE (sección 2ª del capítulo II del título I). Además de las consecuencias que ello supone a nivel de las garantías de estos derechos previstas en el art. 53 CE, implica que el constituyente quiso configurar la huelga, en cuanto mecanismo específico, como uno de los derechos fundamentales, mientras que el genérico derecho a la adopción de medidas de conflicto no goza de tal categoría. De ello se desprende, como subraya el TC, "(...) que debe rechazarse la tesis de la reiteración parcial y que hay que propugnar la separación entre ambos preceptos, que se produce, con claridad, desde el punto de vista de los trabajadores y consiste básicamente en que: a) el artículo 37 les faculta para otras medidas de conflicto distintas de la huelga, de manera que la huelga no es la única medida de conflicto, y b) el artículo 28 no liga necesariamente la huelga con el conflicto colectivo. Es verdad que toda huelga se encuentra muy estrechamente unida a un conflicto colectivo, pero en la configuración del artículo 28 la huelga no es un derecho derivado del conflicto colectivo, sino que es un derecho de carácter autónomo. Además, las limitaciones que el artículo 37 permite son mayores que las que permite el artículo 28, ya que literalmente menciona las limitaciones que la Ley puede establecer"[24].

---

24 Para García Murcia (2014, pp. 84-89) la relación entre huelga y medidas de conflicto colectivo es la típica entre la especie (la huelga) y el género (las medidas de conflicto colectivo), pues la huelga es, en definitiva, una de las posibles medidas de conflicto colectivo, aunque sea la de mayor potencia y fuerza atractiva. Ambos derechos se orientan en buena parte hacia la actividad sindical y la negociación colectiva (incluso el derecho a la adopción de medidas de conflicto colectivo convive con esta última dentro del mismo artículo 37 CE). El derecho de huelga remite a una actividad muy definida que reduce la capacidad reguladora del legislador, mientras que el derecho a adoptar medidas de conflicto colectivo amplia las posibilidades de una tarea posterior de especificación de las medidas admisibles ("cláusula marco"). En realidad, la principal función del art. 37.2 CE es la "constitucionalización" del conflicto, y con base en el mismo pueden utilizarse también medidas contempladas por el sistema constitucional o legal a otros efectos (como la libertad de expresión y de crítica, o los derechos de manifestación y reunión). La titularidad del derecho de conflicto colectivo se atribuye tanto a trabajadores como a empresarios y si bien, en general, los intereses de los primeros están ligados a sus condiciones de empleo y de trabajo, por lo que cabría entender amparada por el artículo 37.2 CE cualquier acción lícita encaminada a la tutela y promoción de dichos intereses, los de los empresarios no siempre están ligados a las relaciones de trabajo, sino que suelen estar asociados también a sus relaciones con proveedores,

En efecto, las argumentaciones anteriores del TC, a las que cabría añadir el hecho de que el constituyente refiera el derecho de huelga únicamente a los trabajadores en el art. 28. 2 CE, mientras que en el art. 37. 2 CE atribuye también a los empresarios la capacidad de adopción de medidas de conflicto colectivo, viene a corroborar la noción estricta de huelga como mecanismo de presión sobre el juego de la oferta y la demanda de trabajo que se está tratando de delimitar en este estudio. Dicha noción estricta es cualitativamente distinta de otras manifestaciones más generales que pueden asociarse y derivarse también del conflicto colectivo y del ejercicio aplicado de otros derechos constitucionales (como el de libertad de expresión o el de reunión y manifestación) que, asimismo, deben ser protegidas y respetadas, más aun si cabe, a la vista del papel que en la participación en el Estado social y democrático de Derecho debe reconocerse a los agentes sociales (art. 7 CE), pero que no son exclusivas de la huelga ni de los trabajadores.

Bajo mi punto de vista, concretando lo anterior a los efectos del objeto de este estudio, es preciso distinguir, adicionalmente, dos conceptos distintos, pero que se suelen confundir: la efectividad de la huelga en sentido propio (entendida, incluso, como daños colaterales que derivan del ejercicio de presión huelguística sobre la empresa: falta de producción y/o prestación de servicios con la consiguiente pérdida de ingresos y rentabilidad, costes adicionales, incumplimiento de contratos con los clientes e indemnizaciones asociadas a satisfacer) con lo relativo a la apariencia externa o de normalidad (daños en la imagen de la empresa por la percepción negativa de los clientes, presión social mediante la información y publicidad de la huelga a través de los medios de comunicación y redes sociales, etc.).

---

con entidades financieras o con clientes. Para actuar a favor de esos otros intereses habrán de servirse de mecanismos distintos de los que se protegen o promueven a través del artículo 37.2 CE.

Este otro aspecto, aunque, evidentemente, puede acompañar a la huelga *stricto sensu* (entendida como presión ejercida sobre la empresa mediante la cesación colectivamente acordada en la prestación laboral) deriva del ejercicio de otros derechos fundamentales, como el de libertad de expresión y, en su caso, reunión o manifestación.

Obviamente, no por ello puede ser impedido por el empresario el ejercicio de tales derechos fundamentales, sino que, al contrario, deben respetarse por éste las manifestaciones que de tales derechos puedan ejercitarse por los trabajadores huelguistas, tales como: actividades de los piquetes informativos no violentos ni coactivos, reuniones, manifestaciones o publicidad en los medios de comunicación o redes sociales, con sujeción a las normas que regulan los requisitos y límites para el ejercicio de tales derechos.

Pero nada tienen que ver directamente estas cuestiones con el esquirolaje, que obedece a la necesidad que la huelga en sentido estricto (y no estas otras manifestaciones) no sea saboteada por la empresa mediante la contratación de nuevos trabajadores. Que la continuidad de la actividad de la empresa con los medios disponibles implique que externamente se perciba cierta normalidad no es esquirolaje, sino que, más bien, constituye una muestra de que la huelga, en este aspecto de imagen exterior, no está siendo suficientemente efectiva, bien por el tipo o sector de actividad de que se trate (por ejemplo, en el sector audiovisual —como evidencia la abundante casuística judicial—, la empresa tiene más facilidad para conseguir modalidades alternativas que den continuidad a su actividad, lo cual no implica necesariamente que la diferencia no sea percibida por sus usuarios, ni que no se estén irrogando perjuicios y presión sobre la empresa) o bien por falta de seguimiento suficiente de la huelga, pues si hubiera contado con mayor grado de adhesión, ni siquiera dicha apariencia externa hubiera sido posible, al no contar siquiera con los medios humanos mínimos e imprescindibles necesarios para la activación o mantenimiento de sistemas automáticos u otras potenciales alternativas para dar continuidad a la actividad empresarial.

2.4.1. *Derechos de reunión-manifestación y libertad de expresión: exteriorización de la huelga en los medios y apariencia de normalidad*

Como es bien sabido, la diferencia fundamental entre cualesquiera asociaciones lícitas (art. 22 CE) y las organizaciones sindicales en sentido estricto (arts. 7 y 28.1 CE) radica en que sólo estas últimas (art. 2.2.d LOLS) son titulares del derecho de huelga (art. 28.2 CE) y de negociación colectiva (art. 37.1 CE), en cuanto tales. Pues, en efecto, aun tratándose de colectivos no titulares del derecho de huelga (trabajadores autónomos, estudiantes, desempleados, etc.), por todos son conocidos múltiples ejemplos que la realidad social nacional y europea ha deparado en forma de paros, reuniones, manifestaciones y comunicaciones e informaciones de sus reivindicaciones político-sociales o profesionales a través de los medios de comunicación y de las redes sociales, si bien estas otras manifestaciones no tienen las características ni pueden dar lugar a las garantías propias del derecho de huelga, como tampoco originar negociación colectiva en sentido propio.

En este sentido, la STC 11/1981, de 8 de abril (F.J. 12), especificó que "(...) el art. 28.2 CE, al reconocer el derecho de huelga como derecho fundamental, lo hace en favor de los trabajadores y para la defensa de sus intereses. Hay que entender, por ello, que el derecho constitucionalmente protegido es el que se atribuye a las personas que prestan en favor de otros un trabajo retribuido, cuando tal derecho se ejercita frente a los patronos o empresarios (...)". "(...) La conclusión que de ello se extrae es que no nos encontramos ante el fenómeno de huelga protegido por el artículo 28 de la Constitución cuando se producen perturbaciones en la producción de bienes y de servicios o en el normal funcionamiento de estos últimos que se introducen con el fin de presionar sobre la Administración Pública o sobre los órganos del Estado para conseguir que se adopten medidas gubernativas o que se introduzca una nueva normativa más favorable para los intereses de una categoría (por ejemplo, de empresarios, de concesionarios de servicios, etc.)", ni "(...) lo que en algún momento se ha podido llamar huelga de trabajadores independientes, de auto patronos o de profesionales, que, aunque en un sentido amplio sean trabajadores, no son trabajadores por cuenta ajena ligados por un contrato de trabajo retribuido. La cesación en la actividad de este tipo de personas, si la actividad empresarial o profesional es libre, se podrá realizar sin necesidad de que ninguna norma les conceda ningún derecho, aunque sin perjuicio de las consecuencias que haya que arrostrar por las perturbaciones que se introduzcan".

De ello se deriva —una vez más— una conclusión adicional: el derecho de huelga en sentido estricto se reduce al efecto de paralización concertada de la fuerza de trabajo de la que son titulares los trabajadores, que no pueden ser penalizados ni sancionados por el ejercicio lícito de este derecho fundamental, y que resulta respaldado por las garantías constitucionales previstas en los arts. 53.1 y 2 CE. Sin embargo, aunque dicha paralización puede y suele complementarse con otros elementos (manifestaciones, informaciones y comunicaciones sobre el conflicto laboral), estos aspectos no son exclusivos y excluyentes del derecho de huelga, pues son concreción de otros derechos fundamentales (a comunicar y recibir libremente información veraz, art. 20.1 d) CE; de reunión y manifestación, art. 21 CE) de los que son titulares todos los ciudadanos y, en su caso, las organizaciones o asociaciones en las que colectivicen sus intereses.

Evidentemente, que tales derechos no sean exclusivos del derecho fundamental de huelga, no implica que no deban quedar garantizados y respetados en su condición de derechos fundamentales que también comparten y que, incluso, como ha señalado el TC (STC 11/1981, de 8 de abril), determinadas manifestaciones concretas de tales derechos (derecho a informar pacíficamente sobre las reivindicaciones y objetivos de la huelga e incluso a recaudar fondos sin coacción), pueda entenderse que forman parte del contenido esencial del derecho de huelga.

Pero, aunque las garantías sean las mismas, a mi juicio, la diferencia radica en que, por los efectos que sobre la exteriorización del conflicto pueda tener, el desarrollo de la actividad empresarial misma (salvo, claro está, que se trate de atentados directos que impidan o traten de impedir expresar o difundir información a los huelguistas) no puede entenderse lesivo del derecho de huelga en sí mismo.

Son múltiples las interpretaciones doctrinales y las referencias que en la jurisprudencia recaída en materia de esquirolaje se formulan en el sentido de que la continuidad de la actividad de la empresa puede llegar a vulnerar —o vulnera— el derecho de huelga si consigue apariencia de normalidad. Sin embargo, a mi juicio, la violación del derecho de huelga puede derivar de conductas empresariales (o de terceros), directas o indirectas, de represión de la libertad de expresión, información y/o comunicación, reunión y manifestación de los huelguistas, en cuanto estos otros derechos son complementos necesarios para su ejercicio eficaz y, en esa medida, pueden integrar también su contenido esencial. Pero si estos otros derechos no son huelga en sentido estricto —sino que en puridad son manifestaciones de otros derechos de los que son titulares todos los ciudadanos—, sus vulneraciones, pudiendo serlo —por su carácter complementario necesario— también del derecho de huelga, no obstante, no pueden ser consideradas esquirolaje. Es más, con independencia de que no son esquirolaje (el cual debe quedar reducido a la noción de sustitución del elemento fuerza de trabajo), tampoco puede ser considerado vulnerador de derecho de huelga (salvo si trata de impedir el libre ejercicio de estos otros derechos fundamentales de los ciudadanos —y también de los huelguistas—) el mero ejercicio del derecho de libertad de empresa que pueda conducir, total o parcialmente, a la continuidad normal de la actividad empresarial. Mientras que las conductas empresariales no alcancen la represión de la libertad expresión, manifestación, etc. de los huelguistas, ni hay esquirolaje, ni hay vulneración del derecho de huelga.

Ejemplificaré: en supuestos —como los que son objeto de las sentencias sobre el que se suele denominar esquirolaje tecnológico— en que la empresa, mediante el uso de medios técnicos de los que es titular, prosigue su actividad consiguiendo, en cierta medida, la continuidad de la programación, no hay sino ejercicio lícito del derecho a la libertad de empresa, por cuanto el uso legítimo de los medios de producción y humanos disponibles, ni es esquirolaje (pues no modifica la correlación oferta-demanda de mano de obra en el ámbito de la huelga), ni impide que los trabajadores huelguistas puedan difundir la existencia del conflicto y comunicar e informar sobre sus reivindicaciones libremente a través de cualesquiera medios.

En definitiva, una cuestión es que la efectividad de la huelga no sea la deseada por sus convocantes como consecuencia de la continuidad de la actividad empresarial y otra, muy distinta —que tiene que ver con otro tipo de actuaciones que pueden o no concurrir simultáneamente con dicho mantenimiento de la actividad, pero que son totalmente independientes—, es que la eficacia del derecho de huelga y el respeto de los demás derechos fundamentales vinculados se hayan impedido.

3. *Libertad de empresa*

3.1. CONTEXTO ECONÓMICO COMPETITIVO Y GLOBALIZADO

El marco económico y la estructura de mercado en que las empresas desarrollan su actividad ha ido evolucionado en los últimos tiempos hacia un contexto de globalización y extrema competitividad, tanto en calidad como, especialmente, en costes (deslocalización y *dumping social*). En efecto, se ha desarrollado y consolidado una progresiva internacionalización de la economía, en la que países que en el pasado quedaban al margen, ahora, han asumido gran protagonismo (v. gr. *BRICS*), ensombreciendo el predominio económico tradicional de los países occidentales.

En el ámbito de nuestro país, caracterizado secularmente por altas tasas de desempleo, especialmente en las fases recesivas del ciclo económico, la dependencia de los mercados financieros de deuda pública internacionales —y la necesidad de apoyo de la UE y del BCE, puesta de manifiesto en la crisis de deuda de 2012—, así como las exigencias de convergencia económica en el contexto europeo y la aceleración del proceso de innovación tecnológica, nos sitúan en una tesitura complicada, a la vista de que el impulso emprendedor y el crecimiento económico es históricamente muy endeble en España como también su repercusión en términos de empleo.

Adicionalmente, la configuración constitucional del modelo de Estado y de relaciones laborales, así como el consenso político nacional y comunitario europeo, aseguran el respeto de los elementos diferenciadores de la cultura política y social europea, que se expresa en términos de libertad sindical, derecho de huelga, negociación colectiva y protección social. Aspiramos como sociedad, por tanto, a la ambiciosa tarea de proseguir la mejora de la competitividad y el crecimiento económico y del empleo en este complejo contexto globalizado, preservando, a su vez, estos valores.

Todo ello exige la protección política y jurídica del *valor empresa,* entendido más allá de su noción antitética en el marco de la lucha de clases, como un instrumento de generación de riqueza, de progreso económico y de creación de empleo, que a todos interesa.

Asimismo, el mantenimiento del empleo (y el principio de estabilidad en el empleo, en sentido amplio, esto es, entendido como derecho a la permanencia en el empleo y al mantenimiento de las condiciones laborales pactadas) exige, pues, un esfuerzo de conciliación con el fin productivo de la empresa que trate de evitar, en definitiva, que la rigidez absoluta del sistema garantista de protección de derechos laborales individuales y colectivos (derecho de libertad sindical y de huelga) derive en situaciones de bloqueo y de crisis con los consiguientes efectos negativos sobre la existencia de las propias empresas y el empleo (directo e indirecto) que generan, así como para la economía en general.

Bajo este enfoque, la aplicación de las medidas de presión legítimas sobre la empresa exigen un denominador común: evitar que la abusividad en su implementación pueda degenerar en la asfixia de un tejido empresarial que ya, por sí mismo, se mueve y opera en una complicada coyuntura, debiendo atemperarse la aplicación e interpretación de los criterios jurídicos de resolución de los conflictos que la materia objeto de este estudio origina para la consecución de un fin que a todos conviene: la protección y salvaguarda de la empresa.

Es por ello que la CE incluye el derecho de libertad de empresa (art. 38) entre los derechos y libertades del capítulo II del título I y lo dota de las garantías previstas en el art. 53.1 CE (aplicabilidad directa e inmediata, reserva de Ley que debe respetar su contenido esencial y recurso/cuestión de inconstitucionalidad), en el bien entendido que la protección de la salvaguarda de la empresa, coadyuva también, en sentido amplio, con los tradicionales fines tuitivos del derecho laboral, mediante la protección indirecta del trabajador considerado en su conjunto, a través del mantenimiento del volumen de empleo. La persecución de dicho fin constituiría también un beneficio para la sociedad y la economía en general (dentro de cuya estructura el *valor empresa* es considerado como básico y esencial), recibiendo, así, del constituyente un tratamiento especial y, por ello, ha de recibirlo también del legislador, que en todo caso ha de respetar su contenido esencial (art. 53.1 CE). Esta idea se corresponde con la defensa de la productividad que se expresa en el art. 38 CE cuya garantía y protección, según el mismo propio precepto constitucional, implica también a todos los poderes públicos.

Lo arriba expuesto no implica desconocer la posición de contraposición natural y enfrentamiento de los intereses de empresarios y trabajadores, así como el desequilibrio de partida entre dichas posiciones. Por ello mismo son muy necesarios los mecanismos jurídicos de tutela de la parte laboral, así como de garantía de sus instrumentos de reivindicación y presión en defensa de sus intereses y del progreso en sus condiciones de vida y trabajo. En este sentido, la evidencia histórica ha mostrado que la libertad sindical y la huelga, han sido y seguirán siendo claves para forzar el intervencionismo estatal y la negociación colectiva en aras a la consecución de estos fines legítimos y deseables.

Pero, lo que, en síntesis, se trata de defender en estas líneas es la idea de que cuando el ejercicio de estos mecanismos e instrumentos de tutela (y, en su caso, la interpretación extensiva del sistema jurídico garantista de los mismos) resulta exorbitado y pone en riesgo la pervivencia de la empresa y del empleo en la misma, están en juego no sólo los intereses en conflicto entre los trabajadores huelguistas y el concreto empresario afectado, sino también los de los trabajadores no huelguistas, los de los clientes de la empresa (ya sean otras empresas o sus usuarios o consumidores), el empleo, directo e indirecto, que su negocio y su actividad generan, e —incluso más allá de todo ello— uno de los objetivos clave (la protección del tejido empresarial, la productividad y competitividad) que como sociedad nos hemos fijado, incluso constitucionalmente (art. 38 CE), en un entorno, además, especialmente dificultoso por el contexto global internacional competitivo y la necesaria preservación simultánea de los valores ya comentados.

3.2. ELEMENTOS QUE INTEGRAN LA LIBERTAD DE EMPRESA Y EVENTUALES LIMITACIONES POR LA HUELGA

Como ha sido oportunamente subrayado (García-Perrote Escartín, 2005, pp. 17-18), no son habituales los planteamientos doctrinales que enfrenten el derecho de huelga (art. 28.2 CE) con la libertad de empresa (art. 38 CE), tal vez por el hecho de que el texto constitucional optó, en el primero de los preceptos, por enfatizar la necesidad de mantenimiento de los servicios esenciales, otorgado así protagonismo al análisis del binomio derecho de huelga-derechos de la comunidad.

Tradicionalmente, se entiende que forman parte de la libertad de empresa reconocida en el art. 38 CE: la libertad de creación o constitución de empresa, la libertad de elección del objeto social, la libertad de autoorganización (ya sea por medios exclusivamente tecnológicos, predominantemente humanos, o mediante fórmulas mixtas) y externalización, la libertad de contratación (mercantil y/o laboral) y la libertad de cese de actividades (temporal o definitivo), entre otras.

Asimismo, como es bien sabido, en el ámbito de la Unión Europea (UE), basada desde sus orígenes en los principios de libre circulación de personas, mercancías y capitales, se reconoce actualmente en los arts. 15 y 16 de la Carta de Derechos Fundamentales de la UE (CDFUE), dentro del Capítulo II "Libertades", el derecho de todo ciudadano de la UE a buscar un empleo, a trabajar, a establecerse o prestar servicios en cualquier Estado miembro, así como la libertad de empresa de conformidad con el Derecho de la Unión y con las legislaciones y prácticas nacionales. Por su parte, los art. 49 y ss. del Tratado de Funcionamiento de la UE (TFUE) desarrolla lo relativo a los mencionados derechos de establecimiento y libre prestación de servicios.

Como es posible vislumbrar, en el ámbito UE, el derecho a trabajar y la libertad de establecimiento y de prestación de servicios aparecen reguladas muy próximas, como es lógica consecuencia de que lo económico y lo social son dos fines esenciales de la Unión Europea que deben "sopesarse" adecuadamente, con ayuda del principio de proporcionalidad, cuando entran en liza (García Murcia, 2014, p. 122)[25]. Así, las SSTJCE de 11 de diciembre de 2007, *Asunto VIKING LINE ABP* (C-438/05) y de 18 de diciembre de 2007, *Asunto Laval* (C-341/05), otorgaron eficacia horizontal a las citadas libertades económicas y de establecimiento reconocidas por el Derecho comunitario y, de este modo, entendieron que pueden ser vulneradas tanto por sujetos públicos como por sujetos privados (tales como representaciones colectivas de trabajadores o empresarios). Dichas libertades, a juicio del TJCE, sólo pueden ser restringidas por razones de interés general o derivadas de la concurrencia de otros derechos fundamentales, pero para que el ejercicio del derecho de huelga resulte justificado ha de estar sujeto al principio de proporcionalidad, lo cual se entendió que no se respetaba en el primer caso al apreciarse una puesta en peligro de los puestos de trabajo y, en el segundo caso, por tratar de imponerse condiciones superiores a las pactadas o establecidas en el ámbito de referencia.

A mi modo de ver, aun cuando la STC 11/1981, de 8 de abril, dijera genéricamente —o en abstracto— que la

---

25 «Esa necesidad de articulación de principios e intereses aflora, por ejemplo, en el Reglamento CE 2679/1998, de 7 de diciembre, que tiene por objeto garantizar la libre circulación de mercancías en el espacio comunitario frente a eventuales obstáculos nacionales, y que deja a salvo en todo caso el ejercicio "de los derechos fundamentales reconocidos en los Estados miembros, incluido el derecho o libertad de huelga" (art. 2).»

huelga es "también un derecho a limitar la libertad del empresario" (F.J.10), en consonancia con la noción estricta de huelga descrita en este trabajo, sólo la libertad contratación laboral (no la mercantil, salvo que —por medio de ETT— tenga por objeto la contratación indirecta de trabajadores sustitutos) y la de cese temporal (si resulta constitutivo de cierre patronal no justificado) pueden quedar limitadas ante el ejercicio del derecho de huelga con el fin de conciliar ambos derechos. Obviamente, se sobreentiende que, dada la necesaria garantía de indemnidad del trabajador huelguista, también deberá quedar limitado el ejercicio del poder disciplinario y sancionador (particularmente, el despido) y, en general, cualesquiera actuaciones empresariales que tengan por fin la "retorsión" (término de la STC 11/1981) como represalia frente al ejercicio del derecho fundamental de huelga. Pero ir más allá de estas limitaciones necesarias para garantizar la eficacia del derecho de huelga, supondría limitar el contenido esencial del derecho de libertad de empresa sin que lo justifique ni la idoneidad, ni la necesidad ni la proporcionalidad.

Sin embargo, hay que reconocer que, en sentido contrario, existen cualificadas y numerosas opiniones favorables a una noción amplia de huelga que defienden que la suspensión que ésta provoca no habría de circunscribirse a los contratos o a la prestación de trabajo, sino abarcar también la actividad de la empresa, e incluso los poderes empresariales. Así, esta concepción amplia de huelga afectaría de manera directa al ámbito de la libertad de empresa e implicaría dejar aparcadas también las facultades empresariales de dirección y organización del trabajo, de modo que el empresario no podría tomar decisiones en relación con las actividades que los trabajadores huelguistas dejan de realizar (no podría sustituir la actividad), e incluso con el objeto productivo de dichas actividades (no podría sustituir el correspondiente producto o servicio). Sin embargo, lo cierto es que: "La legislación vigente, desde luego, no contiene ninguna regla que avale la concepción de la huelga como instrumento de daño a la empresa" (García Murcia, 2014, pp. 106-107).

A mi juicio, el propio reconocimiento por nuestra jurisprudencia constitucional del concepto huelga abusiva —que será objeto de análisis más adelante— determina que el grado de efectividad (o daño sobre los intereses empresariales) admisible, no es el máximo posible, sino el razonable o proporcionado. Una cosa es que, como estableció la STC 11/1981, de 8 de abril, que el art. 28.2 CE permita a los trabajadores apartarse transitoriamente, por decisión colectiva y concertada, de sus obligaciones contractuales y que, en garantía de la eficacia del derecho de huelga, se impongan al empresario ciertas limitaciones como la prohibición de sustitución de huelguistas por nuevos trabajadores, cierre patronal o represalias (despido, sanciones, diferencias de trato, etc.) y otra, bien distinta, que ello implique que el titular de la empresa deba quedar desprovisto de sus facultades de dirección y organización del trabajo (que siguen vigentes durante la huelga, en los términos previstos arts. 20, 39, 40, 41 ET y concordantes). Que la huelga pueda tener efectos negativos sobre la actividad y/u organización de la empresa o que, en garantía de su eficacia, se limiten determinadas facultades empresariales no implica que, más allá de los límites que impone el principio de proporcionalidad —que también será estudiado en el capítulo siguiente—, pueda vaciarse el contenido esencial del derecho de libertad de empresa reconocido en el art. 38 CE.

En definitiva, como García Murcia (2014, p. 107) apunta muy certeramente: "(…) no deben confundirse los efectos típicos o naturales de la huelga con el concepto de huelga, ni las consecuencias que por naturaleza tiene una cesación en el trabajo con el contenido del derecho que se ejercita. Puede admitirse que los huelguistas quieran hacer daño, pero eso no significa que el derecho de huelga deba tener forzosamente ese contenido, ni que el sistema legal deba necesariamente aceptarlo"[26].

---

[26] El autor referencia en este sentido la STS de 17 de diciembre de 1999 (glosada también por García-Perrote Escartín, 2005, p. 30), en la que se declara que «la libertad de empresa reconocida en el

3.3. MANIFESTACIONES EXCLUIDAS DE LA LIBERTAD EMPRESA

3.3.1. Cierre patronal ofensivo

La STC 11/1981, de 8 de abril (F.J. 22) consideró que el cierre patronal, a diferencia de la huelga que debe afectar sólo al personal que ha decidido sumarse al conflicto, tiene efectos generales, alcanzando también al personal pacífico cuyos derechos y cuya libertad resultan gravemente lesionados. En este sentido, el TC afirmó que, el también conocido como «lock-out», tiene significación colectiva, si bien sólo por esta pluralidad de trabajadores afectados.

Además, aunque también sea una forma de coacción, a diferencia de la huelga, en el cierre patronal no hay reivindicación por la parte más débil para restablecer el equilibrio entre sujetos de fuerza económica desigual, sino defensa por quien ya tiene una posición de preponderancia de partida. Incluso el «lock-out» puede funcionar como una retorsión, que se utiliza como sanción económica de la huelga después de que esta ha acabado, prorrogando de manera forzada la pérdida de salarios o para hacer inefectiva la decisión de los huelguistas de poner fin a la huelga y volver al trabajo. Esto es jurídicamente inadmisible, porque —como estableció el TC— supone sancionar el ejercicio de un derecho constitucional fundamental, vaciándolo de contenido.

Sin embargo, la STC 11/1981, de 8 de abril, sí que admitió el poder de cierre que se otorga al empresario como

---

artículo 38 de la Constitución faculta al empresario, dentro del respeto a los derechos de los trabajadores, para elegir el sistema de producción que considere más adecuado, sin afrontar más riesgos o eventualidades que los inevitables en cualquier actividad productiva. Dentro de estas eventualidades se pueden encontrar desde luego los daños o pérdidas de utilidad derivados del ejercicio del derecho de huelga. Pero el ejercicio del derecho de huelga consiste, en lo esencial, en suspender temporalmente la colaboración contractual con el empresario, con las consiguientes pérdidas de producción y costes de organización, pero no en causarle "perjuicios añadidos"».

manifestación del poder de policía para asegurar el orden dentro de su empresa, cuando puede crearse una situación de peligro para la vida, la integridad física, las instalaciones o los bienes como consecuencia de la desorganización provocada por la huelga. Así pues, puede aceptarse el cierre patronal, y no es contrario a la CE, cuando se ejerce para asegurar la integridad de personas y de bienes, siempre que exista una decidida voluntad de apertura del establecimiento una vez desaparecido el riesgo. Pero hay que hacer notar que la STC 11/1981, de 8 de abril, al salvar la constitucionalidad —bajo esta interpretación sujeta a la salvaguarda de personas y bienes— de los arts. 12 a 14 del RDLRT, también constitucionalizó la previsión del art. 12.1 c) de la misma norma (que admite el cierre patronal en caso "que el volumen de la inasistencia o irregularidades en el trabajo impidan gravemente el proceso normal de producción"), protegiendo, indirectamente, fines aparentemente distintos como serían, en este caso, los intereses productivos de la empresa. Conviene que la jurisprudencia constitucional aclare esto último, si bien —como ha sido advertido (García-Perrote Escartín, 2005, p. 25)— la inaplicabilidad del recurso de amparo al art. 37.2 CE, complicará la existencia de algún pronunciamiento expreso[27].

De cualquier modo, a raíz de las consideraciones anteriores, surge la siguiente cuestión: si la prohibición antes comentada del «lock-out» represivo es una garantía en favor de la huelga para que no se pueda reaccionar frente a la misma con el cierre del centro de trabajo a modo de

---

[27] Parece que habrá que entender que se rompería el principio de proporcionalidad (STS de 31 de marzo de 2000, Rec. 2705/1999, y concordantes) en el caso de que el volumen de ausencias motivado por la huelga sea de tal magnitud que impida, prácticamente, el desarrollo del proceso productivo, si no se permite el cierre patronal (o, en su caso, la suspensión generalizada de contratos por causa de fuerza mayor), obligando así al empresario a satisfacer los salarios (y las correspondientes cuotas de seguridad social) de los no huelguistas desocupados por tal causa que, en otro caso habrían de ser satisfechos por virtud del art. 30 ET pese a no proporcionar ningún fruto de su trabajo.

penalización/sanción, ¿cómo podría considerarse a su vez contraria a la huelga la continuación de la actividad empresarial con los medios disponibles?

A mayor abundamiento, si la STCO 11/1981, de 8 de abril, se preocupa de que el cierre patronal no sea utilizado como medida para hacer inefectiva la decisión de los huelguistas de poner fin a la huelga y volver al trabajo y, asimismo, de que los derechos y libertad de trabajo del personal pacífico que decidió no secundar la huelga no resulten gravemente lesionados por la decisión de cierre patronal, ¿no se llegaría a esas mismas consecuencias indeseadas si se fuerza a la empresa a paralizar prácticamente todas sus actividades so pena, en caso contrario, de ser consideradas como esquirolaje la movilidad de los trabajadores no huelguistas, la utilización de los medios tecnológicos disponibles y/o la celebración de contratas con otras empresas?

La prohibición del cierre patronal ofensivo enlaza con la idea de garantizar la libertad de trabajo de los no huelguistas y con posibilitar, en su caso, el desistimiento de los huelguistas y su reincorporación al trabajo, si deciden cesar en la presión porque no pueden sostener más tiempo la suspensión del contrato de trabajo o cambia su percepción sobre los objetivos y/o el desarrollo de la huelga, etc. Si se imposibilita la continuidad de la actividad empresarial, al ampliarse de forma exorbitada la noción de esquirolaje (incluyendo movilidad funcional y/o geográfica, uso de medios tecnológicos, formalización de contratas...) se va en sentido contrario, pues se consigue un efecto muy similar en cuanto al cese de la actividad empresarial que con el cierre patronal represivo.

En definitiva, parece que, mientras se respete la libertad de convocatoria y adhesión a la huelga, así como los derechos de reunión, manifestación y la libertad de expresión (derecho a comunicar y difundir información veraz) de los convocantes, de los piquetes pacíficos y de los trabajadores individualmente considerados, de entrada, el mantenimiento y continuidad de la actividad empresarial debería ser valorado positivamente, pues están no sólo en juego los derechos e intereses del empresario/empleador, sino que también se trata de garantizar mejor la libertad de trabajo de los no huelguistas y de quiénes habiéndolo sido se reincorporen al trabajo, ya sea por desistimiento anticipado o por finalización de la huelga.

3.3.2. Conductas antisindicales, en general, y esquirolaje en sentido estricto: externo (art. 6.5 RDLRT)

Finalmente, cabe afirmar que, como principio general, el empresario no puede ampararse en la libertad de empresa reconocida en el art. 38 CE para ejercer determinadas facultades empresariales que "en otras circunstancias pueden y deben desplegar toda su eficacia" pero que, durante la huelga, se han de "anestesiar, paralizar o mantener en vida vegetativa" (STC 123/1992, de 28 de septiembre), cuando se ejerzan con la finalidad de contrarrestarla o impedirla, directamente, vulnerando la eficacia del derecho o bien tratando de sancionar o penalizar, indirectamente, su ejercicio.

En este sentido —como se ha avanzado más arriba—, las limitaciones pueden afectar al ejercicio del poder disciplinario y sancionador y, en general, cualesquiera actuaciones (o artimañas) empresariales adoptadas como represalia frente al ejercicio del derecho fundamental de huelga (cierre patronal o despidos, sanciones, diferencias de trato, etc.). Así, el art. 6.1 RDLRT establece que "el ejercicio del derecho de huelga no extingue la relación de trabajo, ni puede dar lugar a sanción alguna, salvo que el trabajador, durante la misma, incurriera en falta laboral". Tampoco es admisible, lógicamente, amenazar previamente o penalizar indirectamente, una vez finalizada la huelga, a los trabajadores huelguistas con traslados, movilidad funcional, cambios en la organización del calendario de vacaciones, etc. Asimismo, deben considerarse prohibidas las medidas empresariales tendentes a desincentivar la participación en las huelgas, como pueden ser la concesión de *primas anti-*

huelga o de cualesquiera complementos que tengan por finalidad que los trabajadores no participen en la huelga (Goerlich Peset, 1994b, p. 38).

Todo este tipo de actuaciones deben ser proscritas con toda contundencia por vulneradoras y/o limitadoras de la eficacia del derecho de huelga, residiendo aquí el verdadero ámbito de juego y aplicación de las garantías constitucionales que respaldan este derecho fundamental, protegiéndolo con todos los instrumentos del Estado: normativos (Ley Orgánica), jurisdiccionales (tutela preferente y sumaria ante los tribunales ordinarios), recurso de amparo ante el TC, sancionadores (arts. 8.10 y 19.3 LISOS) e, incluso, penales (arts. 315.1 y 2 CP).

Es en la solidez de la reacción del sistema jurídico frente a estas conductas donde deberá hacerse patente que estamos ante un derecho fundamental de la sección 1º del capítulo II del título I de la CE y no en tratar de atribuir a su preponderancia una pretendida capacidad anuladora de los derechos constitucionales comprendidos en otras ubicaciones de la Carta Magna. Pero, en cualquier caso, dicha protección, evidentemente, por imperativo, asimismo, de la propia CE (art. 24), debe articularse siempre sujeta a la previa prueba de tales conductas y de sus finalidades ilícitas —por difícil que tal prueba resulte[28]— y no mediante una

---

28 Puede ayudar, para tal fin, la doctrina jurisprudencial que disciplina cómo han de operar las normas de distribución de la carga de la prueba cuando se denuncian vulneraciones de derechos fundamentales. De acuerdo con el art. 181 LRJS, en el acto del juicio, una vez justificada la concurrencia de indicios de que se ha producido la violación del derecho fundamental, corresponde al demandado la aportación de una justificación objetiva y razonable, suficientemente probada, de las medidas adoptadas y de su proporcionalidad (inversión de la carga de la prueba). Pero no hay que olvidar que, según el TC (STC 207/2001) este sistema de prueba indiciaria se articula en un doble plano: Primero, la necesidad de aportación por parte de los trabajadores de un indicio razonable de que el acto empresarial lesiona su derecho fundamental (principio de prueba o prueba verosímil dirigidos a poner de manifiesto el motivo oculto que se denuncia), sin que pueda considerarse indicio suficiente la

presunción general en contra de toda actuación que limite la efectividad de la huelga.

En particular —como es sabido—, actualmente, como limitación específica, sí que está prohibido legalmente (y la prohibición legal está constitucionalizada por el TC) mitigar la efectividad de la huelga mediante el ejercicio de la libertad de contratación laboral por la empresa para sustituir a los huelguistas con nuevos trabajadores (art. 6.5 RDLRT) y, asimismo, la de contratación mercantil cuando, por medio de ETTs (art. 8d, Ley 14/1994, de 1 junio), tenga por objeto la contratación indirecta de trabajadores sustitutos. Asimismo, determinadas facultades relativas al poder de organización y dirección y al *ius variandi* empresarial (arts. 20, 39, 40, 41 ET) podrían quedar limitadas durante la huelga, si comparten las finalidades espurias antes enunciadas. Pero la concreta definición de qué facultades y supuestos pueden considerarse asimilables (o constitutivas del denominado esquirolaje interno) y la reflexión sobre la oportunidad de la ampliación de las limitaciones a las facultades de contratación de la empresa con terceros (por medio de contratas) o al desarrollo mismo de la actividad empresarial bajo otros medios no laborales (tecnológicos) serán objeto del capítulo 5, destinado a formular mi propuesta de regulación jurídica de esta materia.

---

mera alegación de la vulneración constitucional, sino que debe permitir que se deduzca la posibilidad de la lesión. Segundo, sólo una vez cumplido este primer e inexcusable requisito, pasará a recaer sobre la parte demandada, la carga de probar que su actuación tuvo causas reales absolutamente extrañas a la pretendida vulneración, así como que tenían entidad suficiente para justificar la decisión adoptada. En otro caso, la ausencia de prueba empresarial trasciende el ámbito puramente procesal y determina, en última instancia, que los indicios aportados por el demandante desplieguen toda su operatividad para declarar la lesión del derecho fundamental concernido (López Cumbre, 2016, pp. 3-4).

4. *Equilibrio entre los derechos constitucionales*

4.1. GARANTÍAS DE LOS DERECHOS FUNDAMENTALES COMO PRINCIPAL IMPLICACIÓN DE SU UBICACIÓN PRIVILEGIADA

El derecho a la huelga de los trabajadores para la defensa de sus intereses se configura en nuestra Constitución Española de 27 de diciembre de 1978 (CE) como un derecho fundamental (sección 1ª, capítulo II, título I) con todas las garantías específicas previstas en el art. 53.2 CE. Así, adicionalmente a las que el art. 53.1 CE contempla para todos los derechos reconocidos en el capítulo II del título I, cabe subrayar que no sólo goza de reserva de Ley —cuya regulación debe respetar su contenido esencial— sino que ésta debe ser Orgánica (art. 81.1 CE), no sólo tiene aplicabilidad directa e inmediata ante los tribunales ordinarios sin necesidad de Ley de desarrollo, sino que, además, debe aplicársele antes estos un procedimiento preferente y sumario, y, finalmente, ante el Tribunal Constitucional no sólo son aplicables el recurso y la cuestión de inconstitucionalidad, sino también el recurso de amparo.

Sin embargo, este tratamiento privilegiado en cuanto a garantías de los derechos fundamentales y libertades públicas reconocidos en la sección 1ª del capítulo II del título I y en el art. 14 de la CE no implica que estos derechos, por su ubicación, tengan un mayor rango jerárquico, como tampoco las Leyes orgánicas tienen mayor rango que las ordinarias (García Murcia, 2014, p. 86)[29].

---

[29] Grau Pineda (2021, pp. 47-48), siguiendo a Montoya Melgar (2004, p. 131), recuerda que, tras la superación de las indecisiones iniciales del TCO y según amplia doctrina, todos los derechos de la Capítulo II del Título I de la CE deben considerarse fundamentales. Por

Por el contrario, todos los derechos reconocidos en la Constitución deben ser conciliados —y regulados— de modo que el ejercicio de unos no desborde el límite del contenido esencial de los otros, aplicando para ello el principio de proporcionalidad genérico que, a su vez, se descompone en tres subprincipios específicos: principio de idoneidad, principio de necesidad y principio de proporcionalidad en sentido estricto.

Esta misma *ratio* resultará, por tanto, aplicable a las relaciones entre el derecho de huelga y otros derechos concomitantes que pueden resultar especialmente afectados por aquél: libertad de empresa (art. 38 CE), libertad de trabajo y derecho a la estabilidad en el empleo de los trabajadores no huelguistas (art. 35 CE), como también los derechos de los consumidores y usuarios (art. 51 CE).

Pues, si bien la paralización concertada de la oferta de fuerza de trabajo en que la huelga consiste lleva aparejada por su propia naturaleza, como *efecto colateral,* la producción de perjuicios económicos y/u organizativos sobre los intereses de la empresa y eventualmente sobre terceros, por virtud del principio de proporcionalidad —que a continuación será desarrollado—, dichos daños han de ser los estrictamente necesarios. Sin que pueda aceptarse que, amparándose en el ejercicio de este derecho fundamental, por su ubicación constitucional privilegiada, quede autorizada (so pretexto de formar parte del contenido de esencial de tal derecho) la maximización de las lesiones a los intereses y demás bienes jurídicamente protegidos de los titulares de los demás derechos concurrentes.

Esta interpretación es, además, totalmente coherente con la preocupación específica del propio constituyente (art. 28.2 CE) por la garantía de los servicios esenciales para la comunidad, así como con la tutela por los arts. 6.7 y

---

tanto, la libertad de empresa, con independencia de su ubicación sistemática en el texto constitucional, tiene un importante papel en la configuración del modelo económico-social de la CE.

12.1 c) RDLRT (constitucionalizados por la STC 11/1981, de 8 de abril), por medio de los servicios de seguridad y mantenimiento en el primero de los casos, de la integridad de personas y cosas, locales, maquinaria, instalaciones, materias primas, así como, en el segundo caso, mediante la autorización del cierre patronal para la protección de los intereses de la empresa cuando la huelga impida gravemente el proceso normal de producción.

4.2. APLICACIÓN DEL PRINCIPIO DE PROPORCIONALIDAD SIN QUE UNOS DERECHOS PUEDAN REBASAR EL CONTENIDO ESENCIAL DE OTROS

Desde antiguo, la jurisprudencia constitucional (SSTC 62/1982, F.J.5; 66/1985, F.J.1; 19/1988, F.J.8; 85/1992, F.J.5; 50/1995, F.J.7 y 55/1996, F.J.3), vino exigiendo la presencia de cierta correlación entre los fines perseguidos y los medios empleados para conseguirlos. De modo que, en caso de desequilibrio entre las medidas de gravamen que se impongan sobre los derechos y libertades constitucionales y los bienes, valores o derechos que se pretenda proteger o satisfacer, desde la perspectiva del enjuiciamiento de su constitucionalidad, se podrá entender vulnerado el principio de proporcionalidad si implica un sacrificio excesivo e innecesario de los derechos que la Constitución garantiza.

No obstante, fue a partir de la STC 66/1995, de 8 de mayo, que resolvió un recurso de amparo interpuesto por *FEBASO-UGT* contra la sentencia confirmatoria de una resolución de la Delegación del Gobierno en Madrid que acordó prohibir la concentración convocada para apoyar la negociación del Convenio de la Banca Privada, cuando hizo enorme fortuna el siguiente texto contenido en la misma:

"Para comprobar si la medida (...) supera el juicio de proporcionalidad exigible, es necesario constatar si cumple los siguientes tres requisitos o condiciones: si tal medida era susceptible de conseguir el objetivo propuesto (...); si, además, era necesaria en el sentido de que no existía otra medida más moderada para la consecución de tal propósito con igual eficacia; y, finalmente, si la misma era proporcionada, en sentido estricto, es decir, ponderada o equilibrada por derivarse de ella más beneficios o ventajas para el interés general que perjuicios sobre otros bienes o valores en conflicto" (F.J. 5).

En efecto, la meritada expresión del TC comprensiva del triple filtro del principio de proporcionalidad (idoneidad, necesidad, proporcionalidad en sentido estricto) ha sido reiterada por innumerables sentencias ulteriores, tanto del propio TC (SSTCO 55/1996 de 28 de marzo, 207/1996 de 16 de diciembre, 37/1998 de 17 de febrero, 186/2000, de 10 de julio, entre otras muchas) como de los Tribunales ordinarios (por ejemplo, en materia de despidos colectivos, tras la reforma laboral de 2012: la STS de 17 de julio de 2014, Rec.32/2014, que cita las SSTS de 27 de enero de 2014, Rec.100/2013 y 26 de marzo de 2014, Rec.158/2013).

Este mismo principio ha tenido, asimismo, una aplicación específica de enorme interés jurídico con relación al principio de igualdad. Así, la STC 22/1981, de 2 julio, con referencia al derecho a la libertad de trabajo y al derecho a la estabilidad en el empleo (que —como he ido anticipando— pueden resultar afectados, indirectamente, con una ampliación exorbitada de la noción de esquirolaje), consagró una interpretación del principio de igualdad que ha resultado paradigmática al establecer que dicho principio sólo es vulnerado si la desigualdad está desprovista de una justificación objetiva y razonable (en el mismo sentido: SSTC 34/1981, FJ 3, c; 76/1990, FJ 9; 6/1991, FJ 5 y 158/1993, FJ 2, b.)[30].

---

[30] "Ahora bien, aunque es cierto que la igualdad jurídica reconocida en el art. 14 de la Constitución vincula y tiene como destinatario no sólo a la Administración y al Poder Judicial, sino también al Legisla-

Para la citada STC: "El derecho al trabajo no se agota en la libertad de trabajar; supone también el derecho a un puesto de trabajo y como tal presenta un doble aspecto: individual y colectivo, ambos reconocidos en los arts. 35.1 y 40.1 de nuestra Constitución, respectivamente. En su aspecto individual, se concreta en el igual derecho de todos a un determinado puesto de trabajo si se cumplen los requisitos necesarios de capacitación, y en el derecho a la continuidad o estabilidad en el empleo, es decir, a no ser despedidos si no existe una justa causa. En su dimensión colectiva el derecho al trabajo implica además un mandato a los poderes públicos para que lleven a cabo una política de pleno empleo, pues en otro caso el ejercicio del derecho al trabajo por una parte de la población lleva consigo la negación de ese mismo derecho para otra parte de la misma" (F.J.8).

---

tivo, como se deduce de los arts. 9 y 53 de la misma, ello no quiere decir que el principio de igualdad contenido en dicho artículo implique en todos los casos un tratamiento legal igual con abstracción de cualquier elemento diferenciador de relevancia jurídica. El Tribunal Europeo de Derechos Humanos ha señalado, en relación con el art. 14 del Convenio para la Protección de los Derechos Humanos y de las Libertades Fundamentales, que toda desigualdad no constituye necesariamente una discriminación. El art. 14 del Convenio Europeo —declara el mencionado Tribunal en varias de sus Sentencias— no prohíbe toda diferencia de trato en el ejercicio de los derechos y libertades: la igualdad es sólo violada si la desigualdad está desprovista de una justificación objetiva y razonable, y la existencia de dicha justificación debe apreciarse en relación a la finalidad y efectos de la medida considerada, debiendo darse una relación razonable de proporcionalidad entre los medios empleados y la finalidad perseguida. Así, pues, conforme a esta interpretación, de decisiva relevancia en el caso español por la remisión contenida en el art. 10.2 de la Constitución, ha de concluirse que (...) la cuestión se reduce a determinar si existe una causa justa y razonable que sirva de fundamento a la limitación contenida en la norma cuestionada, pues de ser así esa limitación tendría carácter constitucional, si bien debe sujetarse además a los términos establecidos en el art. 29.2 de la Declaración Universal de Derechos Humanos y en el art. 4 del Pacto Internacional de Derechos económicos, sociales y culturales" (F.J.3).

Concretando en la materia de huelga aquí estudiada, también la STC 26/1981, de 17 de julio, vino a referirse a "la real justificación de las medidas que se adopten o se hayan adoptado y la proporcionalidad de los sacrificios impuestos a los huelguistas y a los usuarios de los servicios, pues es claro que entre unos y otros debe existir siempre una razonable proporción" (F.J.15).

Y, por supuesto, ya en su momento, la arquetípica STC 11/1981, de 8 de abril, también sentó, que se exige "una proporcionalidad y unos sacrificios mutuos, que hacen que cuando tales exigencias no se observen, las huelgas puedan considerarse como abusivas. Al lado de las limitaciones que la huelga introduce en la libertad personal del empresario se encuentra el influjo que puede ejercer en los trabajadores que no quieran sumarse a la huelga (art. 6.4 RDLRT) y la incidencia que tiene en los terceros, usuarios de los servicios de la empresa y público en general, a quienes no deben imponerse más gravámenes o molestias que aquéllos que sean necesarios" (F.J.10).

En definitiva, la necesidad de conciliación, mediante el principio de proporcionalidad, de los distintos derechos y bienes constitucionales implicados, puede llevar a que las huelgas (o, en su caso, las conductas empresariales durante las mismas) puedan considerarse abusivas, si no respeta el necesario equilibrio de sacrificios mutuos y/o si el ejercicio de uno de estos derechos rebasa el contenido esencial de los demás derechos implicados. Esto es, tomando la noción de contenido esencial de la propia STC 11/1981, de 8 de abril, cuando resulte afectada aquella parte de los derechos que es indispensable para que los intereses jurídicos que le dan vida resulten real, concreta y efectivamente protegidos, provocando que los derechos en cuestión resulten impracticables, dificultados más allá de lo razonable o despojados de la necesaria protección.

Pero, a mi modo de ver, del mismo modo que estos otros derechos deben quedar preservados frente a ejercicios abusivos de los derechos que se les oponen, cabe plantearse también, si el exceso de protección de uno ellos, con la legítima intención de garantizarlo y facilitar su eficacia, no podría llevar a idénticos efectos.

En este sentido, dedicaré el apartado siguiente a estudiar el paralelismo entre los efectos de la doctrina de la abusividad de las huelgas contenida en la STC 11/1981, de 8 de abril (y concordantes) y los potenciales resultados de una ampliación del concepto de esquirolaje prohibido, especialmente a la vista de la supresión por dicha sentencia de las exigencias que contenía el RDLRT, en cuanto a la necesidad de un quorum mínimo del 75% en la reunión de los representantes de los trabajadores y, en caso de huelgas espontáneas, del requerimiento de apoyo de un 25% de la plantilla de la iniciativa de someter a decisión de la asamblea de trabajadores el acuerdo sobre la adopción de la huelga.

4.3. PARALELISMO ENTRE LOS EFECTOS DE LA DOCTRINA DE LA ABUSIVIDAD DE LAS HUELGAS DE LA STC 11/1981 Y LOS POTENCIALES RESULTADOS SOBRE EL ALCANCE DE LA PROHIBICIÓN DE ESQUIROLAJE

De acuerdo con la STC 11/1981, de 8 de abril (F.J. 10), las huelgas pueden llegar a resultar abusivas, por desproporcionadas, como consecuencia de: a) limitaciones que la concreta huelga imponga en la libertad personal del empresario[31]; b) el influjo que pueda ejercer en los traba-

---

31 García Murcia (2014, p. 105), recuerda que la regulación de la huelga del RDL 17/1977 adaptada por la jurisprudencia constitucional parece buscar un equilibrio "socialmente" aceptable entre las medidas de fuerza emprendidas por los trabajadores y los intereses legítimos de la empresa. Esa es la idea subyacente que explica las cautelas en relación con personas y bienes, y que —salvo prueba en contrario en los términos descritos por la STC 11/1981— se califiquen como "actos ilícitos o abusivos" ciertas modalidades de huelga o que, tras

jadores que no quieran sumarse a la huelga (art. 6.4 RDLRT); c) la incidencia que tenga en terceros, usuarios de los servicios de la empresa y público en general, a quiénes no deben imponerse más gravámenes o molestias que aquellos que sean necesarios; d) cuando una minoría de huelguistas consiguen la ineludible participación en el plan huelguístico de los trabajadores no huelguistas, de manera que el concierto de unos pocos extienda la huelga a todos, como ocurre en algunas huelgas: tapón o trombosis (a las que el art. 7.2 RDLRT se refiere como huelgas de trabajadores que prestan servicios en sectores estratégicos), cuando la finalidad es interrumpir el proceso productivo e imponer la cesación en el trabajo a todos por decisión de unos pocos[32].

---

descartar la constitucionalidad de la prohibición general de permanencia de los trabajadores en el centro de trabajo con ocasión de la huelga (art. 7.1 RDL 17/1977), vino no obstante a considerar legítimas las órdenes empresariales de desalojo en casos de notorio peligro de vulneración de derechos, de daños en las instalaciones o de producción de desórdenes (STC 11/1981, F.J.17). Por su parte, la STC 72/1982 estableció que para que la huelga sea abusiva requiere que el daño producido sea grave y que sea buscado por los huelguistas, que llegue más allá de lo que es razonablemente requerido por el conflicto y por las exigencias de la presión que la huelga implica. En un sentido parecido cabe citar la STC 41/1984 (García-Perrote Escartín, 2005, p. 28).

32 La STC 41/1984, sintetizó esta doctrina constitucional sobre los motivos de la abusividad de las huelgas: "Tal doctrina se encuentra recogida en las Sentencias de 8 de abril de 1981 y de 2 de diciembre de 1982 (...). Según ella, hay dos grupos de huelgas que se pueden considerar abusivas: a) las previstas en el art. 7.2 del Real Decretoley 17/1977, para las que la norma establece una presunción iuris tantum del abuso del derecho, y b) las restantes manifestaciones respecto de las cuales debe presumirse su validez sin que pueda excluirse que las circunstancias concurrentes las conviertan en abusivas. Atendiendo a los criterios establecidos por el Tribunal para poder efectuar esta calificación, se deduce que son huelgas abusivas todas aquellas en las que concurran algunas de estas circunstancias: a) existencia de un daño grave, buscado de propósito por los huelguistas, más allá de lo que es razonablemente requerido por la propia actividad conflictiva; b) perjuicio adicional o efecto multiplicador que influye gravemente en la organización y capacidad productiva de la empresa, y c) falta de proporcionalidad y sacrificios mutuos".

Al respecto de esto último cabe recordar que la propia STC 11/1981, de 8 de abril, suprimió los requisitos de asistencia de un quorum mínimo del 75% a la reunión de representantes de los trabajadores en que fuera adoptada la huelga, así como, en el caso de las decididas en asamblea, el requisito de que fuera sometida a votación de la misma por al menos un 25% de los trabajadores de la plantilla de cada centro de trabajo[33]. La supresión de estos requisitos junto con la admisión misma por el TC de las denominadas huelgas salvajes o espontáneas ("dada la propia naturaleza del derecho de huelga que se define el artículo 28.2 CE como derecho perteneciente a los trabajadores hace necesario que pueda ser ejercitado directamente por los propios trabajadores, sin necesario recurso a los representantes"), lleva a que la adopción del acuerdo de huelga y su convocatoria se reconozca en términos muy amplios para evitar "ahogar el nacimiento de la huelga". Puesto que la exigencia de estos requisitos para asegurar la representatividad de un hipotético *referéndum* —en palabras de la propia STS 11/1981, de 8 de abril— sólo tendría sentido si la voluntad de la mayoría se impusiera necesariamente a la minoría de los no huelguistas, parece claro que lo más plausible para el TC es que la convocatoria de la huelga esté abierta a todos los sujetos (incluidos los trabajadores directamente) que, con independencia de su representatividad, podrán promover el paro.

---

33 STC 11/1981, de 8 de abril (F.J. 15b): "En uno y otro caso la regulación viola el contenido esencial del derecho. En el primer caso –ejercicio por medio de representación–, porque se exige que se trate de una reunión conjunta de todos los representantes, de reunión a la que asista por lo menos el 75 por 100 y de decisión mayoritaria. Parece, enseguida, claro que, al reforzar los quórum, el ejercicio del derecho se dificulta extraordinariamente y que, además, se privilegia a la minoría contraria o simplemente abstencionista. Lo mismo ocurre cuando se trata de un ejercicio directo, pues se requiere, como trámite previo, que un 25 por 100 de los componentes de la plantilla de un centro de trabajo decida que se someta a votación el acuerdo sobre la huelga, que ha de ser tomado además en cada centro de trabajo. Un derecho de naturaleza individual no puede quedar coartado o impedido por minorías contrarias o simplemente abstencionistas".

Pero, entonces, hay que detener el razonamiento para reparar en una muy importante consecuencia: la efectividad del proceso huelguístico tan abiertamente convocado habrá de depender del grado de seguimiento y adhesión al mismo por parte de los trabajadores a los que se dirige tal convocatoria. En efecto, esta conclusión es, sin duda, la más coherente con la libertad y el derecho al trabajo que la Constitución y la legislación reconocen, porque respeta a la vez la libertad de convocatoria, pero, a su vez, la huelga tendrá mayor o menor repercusión, en función de si cada uno de los titulares individuales de este derecho (aunque de ejercicio colectivo), libremente, decide o no sumarse al paro convocado.

Sin embargo, este sistema obliga a prevenir o contener posibles efectos multiplicadores de huelgas con escaso seguimiento, que habrán podido ser convocadas libremente conforme a este sistema, pero que si no gozan de seguimiento suficiente, en caso de comprometer los derechos e intereses mayoritarios, pueden considerarse abusivas (o en palabras de la STC 11/1981, de 8 de abril, F.J. 10: "puede considerarse que existe abuso en aquellas huelgas (...) que el concierto de unos pocos extiende la huelga a todos"). Y lo mismo podría decirse de las inhibiciones que puedan imponerse a la empresa en caso de extender la noción de esquirolaje más allá de la sustitución de los trabajadores huelguistas, en la medida en que fomentar así la efectividad de una huelga minoritaria, paralizando forzosamente la actividad empresarial, puede poner en riesgo no sólo los derechos e intereses del empresario y demás empresas a éste vinculadas, sino también el derecho a continuar con su actividad laboral de los trabajadores que optaron por no sumarse a la huelga, de los clientes de la empresa, consumidores y usuarios, etc[34].

---

[34] Parece oportuno traer aquí a colación las consideraciones de la propia STC 11/1981, de 8 de abril, en su F.J.10, que si bien contiene argumentaciones referidas a las modalidades abusivas de huelga, bien podrían ser aptas para la aplicación de esta misma *ratio* con relación a los riesgos que una ampliación del concepto de esquirolaje

Respecto al perjuicio de los derechos de los consumidores y usuarios, se ha subrayado (García Murcia, 2014, p. 90) que el empleador ha dejado de ser en muchos casos el verdadero punto de referencia en las acciones de presión, que suelen encontrar una afectación más inmediata y contundente en el círculo de los clientes, consumidores o usuarios del correspondiente bien o servicio. En efecto, esta parece ser la tendencia de las acciones de presión, que cuenta, asimismo, con el apoyo de interpretaciones extensivas del concepto de huelga y de la prohibición de esquirolaje, bajo la pretensión de que un supuesto legítimo ejercicio del derecho fundamental de huelga debe abarcar todas estas otras manifestaciones[35], pero —a mi modo de

---

puede acarrear: "El abuso se puede cometer también cuando a la perturbación de la producción que la huelga acarrea se la dota de un efecto multiplicador, de manera que la huelga desencadena una desorganización de los elementos de la empresa y de su capacidad productiva que sólo puede ser superada mucho tiempo después de que la huelga haya cesado. Así, una huelga de duración formal escasa consigue prolongar sus efectos en el tiempo, posee una duración sustancial muy superior y exige del empresario el costo adicional de la reorganización. El abuso del derecho de huelga puede, finalmente, consistir en disminuir formal y aparentemente el número de personas que están en huelga, disminuyendo el número de personas sin derecho a la contraprestación o al salario, es decir, los huelguistas reales simulan no serlo. Este elemento de simulación es contrario al deber mutuo de lealtad y de honradez que la huelga no hace desaparecer".

35 No se trata de una cuestión baladí, pues puede estar en juego la legitimidad misma del reconocimiento como fundamental del derecho de huelga. Así, Vivero Serrano (2002, pp. 271-275) desarrolla de forma ejemplar las razones del descrédito actual de derecho fundamental de huelga, identificándolas, en el terreno axiológico, con los problemas que derivan la contradicción de los valores que deben sustentar su reconocimiento por el Derecho positivo. Así, el autor subraya que, en la huelga, como ocurre en general en todos los fenómenos sociales, existe cierta tensión latente y continua de valores contrapuestos: libertad-coacción, igualdad-desigualdad, solidaridad-insolidaridad, etc. Los *desvalores* vinculados a la huelga no llegarán a impedir la percepción de la legitimidad de su reconocimiento como derecho fundamental, siempre que sean tenidos en cuenta en la regulación legal de su tratamiento jurídico mediante el establecimiento de sus límites. Así, por lo que a los servicios esenciales se refiere,

ver— estas otras actuaciones no se corresponden con la esencia del mecanismo de la huelga (ideado como mecanismo de presión sobre el empleador basado en la paralización de la fuerza de trabajo para procurar una mejora de las condiciones salariales y de trabajo), sino con otro tipo de expresiones de descontento y repercusión social que podrían encontrar amparo en otros preceptos constitucionales, siempre que no resulten abusivas ni sobrepasen los límites del contenido esencial de otros derechos.

Baste recordar que huelga, en sentido estricto, según la propia STC 11/1981, de 8 de abril (F.J. 12), es el derecho constitucionalmente protegido que se atribuye a las personas que prestan un trabajo retribuido en favor de otros, *cuando tal derecho se ejercita frente a los patronos o empresarios*, para renegociar con ellos los contratos de trabajo introduciendo en ellos determinadas novaciones modificativas.

---

son fundamentalmente estos desvalores de coacción e insolidaridad sobre los usuarios los que justifican la restricción del derecho de huelga. Así, el autor ofrece un ejemplo claro en las huelgas de pilotos o de controladores aéreos en las que la falta de una regulación adecuada de los límites de la huelga está degenerando en una percepción social negativa del ejercicio de este derecho fundamental. En este contexto, el autor denuncia que, en estos casos, los trabajadores y sus representantes vienen efectuando un uso de la huelga que no siempre se sitúa en el terreno de la lucha por la igualdad material, con especial atención a los trabajadores más necesitados, sino que, al contrario, se pretende la conservación o el incremento de unas excelentes condiciones de trabajo, cuando genuinamente el derecho de huelga legitima una desigualdad jurídica basada en una previa desigualdad material con la que se quiere acabar, de modo que cuando ésta no existe aquélla carece de justificación. Como subraya el autor, se percibe socialmente, asimismo, en estos casos, una fuerte dosis de insolidaridad de unos trabajadores bien situados frente al resto de trabajadores, frente a los desempleados y frente a los usuarios de los servicios afectados. Finalmente, se aduce a la actitud beligerante de los poderes públicos (gobiernos, indiferenciadamente) y de los medios de comunicación, en su mayor parte dudosamente imparciales (*mass media* vinculados a los grandes grupos económicos), como coadyuvante en esta percepción social hostil frente a la huelga.

5. *Propuesta* lege ferenda *de tratamiento jurídico del esquirolaje*

Con apoyo en las bases sentadas en los capítulos anteriores y manteniendo como criterio de referencia la noción estricta de huelga entendida como mecanismo de reequilibrio del precio de la mano de obra (y de las condiciones de trabajo) —la cual debería corresponderse con el contenido esencial infranqueable del derecho a la misma que, a su vez, habría delimitar el alcance de la prohibición de esquirolaje establecida para la protección del mismo—, en lo que sigue esbozaré mi propuesta de regulación jurídica al respecto.

En ella tratará de darse cuenta de las distintas posibilidades que la moderna realidad económica, social y laboral presenta, tratando de aplicar, en cada caso, el planteamiento general descrito. Esto es, partiendo de la necesidad de protección de la eficacia del derecho de huelga mediante la prohibición de las conductas que puedan contrarrestar la retracción de la oferta de trabajo que con ella se pretende en el ámbito correspondiente, habrá que limitar, a su vez, el alcance de dicha prohibición en lo necesario para garantizar el contenido esencial de los demás derechos implicados, evitando que se rompa el equilibrio que resulta de la aplicación del principio de proporcionalidad arriba estudiado y respetando, así, la necesaria conciliación de todos los derechos constitucionales que se enmarcan en el modelo constitucional vigente.

Como primer punto de partida, a su vez lógico correlato de las conclusiones que he ido alcanzando en el planteamiento que resulta de los apartados anteriores, a mi juicio, el precepto vigente previsto en el art. 6.5 RDLRT puede resultar suficiente, como premisa base, para la formulación de una proposición *lege ferenda* de una regulación idónea para esta materia. Es más, contrariamente a lo defendido por un importante (cualitativa y cuantitativamente) sector de la doctrina[36], y pese a que —como es bien sabido— dicho precepto esté contenido en una norma preconstitucional, con grandes deficiencias formales y materiales, que acusa —en general— la obsolescencia derivada del paso de más de 40 años, en este concreto aspecto de régimen jurídico del esquirolaje, considero que la regulación que inspira dicho precepto, con las necesarias adaptaciones a cuestiones particulares no atendidas en el mismo y, sobre todo, con sujeción a las actualizaciones que requieren las necesidades de nuestro tiempo, puede ser la más ajustada a la noción estricta de huelga defendida en este estudio, así como la más respetuosa con los demás derechos y valores concomitantes.

En este sentido, creo que debe partirse de la validez, como idea base, de la *ratio legis* subyacente en el mandato contenido en el art. 6.5 RDRLT "en tanto dure la huelga, el empresario no podrá sustituir a los huelguistas por trabajadores que no estuviesen vinculados a la empresa al tiempo de ser comunicada la misma". Entiendo, así, que la regulación de la prohibición de esquirolaje contenida en dicho precepto no es tan insuficiente ni ha quedado tan obsoleta —como veremos que ha denunciado ampliamente la doctrina— como podría decirse de otros aspectos del RDLRT.

---

36 Así, por ejemplo, Grau Pineda (2021, pp. 33-31), destaca el acrecimiento de los fenómenos de la descentralización productiva y de las *TICS*, junto con la renovación de las medidas de conflicto colectivo y la precaria y obsoleta regulación de la huelga respeto de la cual muchos autores consideran que la labor jurisprudencial ha perjudicado y "acomodado" al legislador en la tarea de renovación de esta normativa preconstitucional. Cita, en este sentido, a Monereo Pérez (2008, p. 263) al afirmar que se trata de "un modelo de huelga del Tribunal Constitucional". Entiende que todo ello ha configurado un "coctel molotov" que ha provocado litigiosidad y la necesidad de pronunciamientos de los tribunales ordinarios y constitucional con relación al contenido esencial de dicho derecho fundamental.

Si bien lo cierto es que, también aquí, es posible y deseable —pero partiendo de dicha regulación— proponer la incorporación de algunos cambios y mejoras, sobre todo en cuanto a su alcance, de modo que extienda y optimice su eficacia sobre los distintos supuestos controvertidos.

Desde la perspectiva esbozada, simplemente sustituyendo el término *empresa* del citado precepto por una referencia *al ámbito de la huelga*, podría ofrecerse una solución muy sencilla, aplicando la misma lógica que ahora se prevé para el esquirolaje externo, a muchos otros supuestos del denominado esquirolaje interno que, ahora, reciben soluciones jurisprudenciales muy dispersas.

En realidad, todas las soluciones que van a proponerse parten de la premisa de la existencia de una sola noción de esquirolaje (el externo) pero cuya prohibición debería articularse por referencia al ámbito concreto de cada huelga (y no necesariamente al ámbito empresa —como hace el art. 6.5 RDLRT— o centro de trabajo —como en el caso del art. 8.10 LISOS—) y sin quedar limitada a los supuestos de contratación de nuevos trabajadores, sino comprendiendo también los de adscripción de trabajadores ya vinculados a la empresa. En otras palabras, se trataría de aplicar la misma lógica de la prohibición de esquirolaje externo a nivel empresa actualmente vigente en el art. 6.5 RDLRT, pero adaptándola según el ámbito real de la huelga convocada, ya sea el de empresa (entendida, en su caso, como todo el grupo de empresas en su conjunto cuando proceda —como veremos en su momento—), centro de trabajo, unidad productiva autónoma/sección o, en su caso, el grupo profesional.

Bajo este enfoque, a la vista de las distintas posibilidades fácticas que las sociedades y economías modernas plantean, así como tratando de dar solución concreta y adaptada a las diferentes cuestiones doctrinales y jurisprudenciales planteadas, es posible innovar sobre la regulación vigente de la forma que se describe en los apartados siguientes:

5.1. CONDUCTAS ILÍCITAS O FRAUDULENTAS: SUSTITUCIÓN EXTERNA AL ÁMBITO DE LA HUELGA (INCLUIDA LA PREVENTIVA CONECTADA CON EL INICIO DE LA CONFLICTIVIDAD)

En coherencia con el concepto de huelga que se ha delimitado en el planteamiento de este estudio, la contratación-adscripción de trabajadores sustitutos que rompan el nuevo equilibrio entre oferta y demanda de mano de obra generada con el proceso huelguístico ha de entenderse necesariamente contraria al eficaz ejercicio del derecho de huelga y, por tanto, vulnerador de dicho derecho fundamental. Ahora bien, tal vez, sería posible mejorar la dicción del precepto vigente para concretar con mayor precisión el ámbito (y el momento) de actuación de la prohibición de esquirolaje. En este sentido, yendo más allá del sencillo cambio propuesto antes, podría ensayarse un nuevo texto más completo, que optimice la redacción y concrete mejor el mandato del vigente, a la vez que describa mejor la idea que propongo. Para tal fin, podría servir el siguiente:

Mientras dure la huelga, queda prohibida la adscripción al ámbito para el haya sido convocada de trabajadores que no formen parte del mismo al momento de iniciarse el conflicto, tanto mediante la contratación (directa o indirecta a través de empresas de trabajo temporal) de trabajadores nuevos como a través de la movilidad de trabajadores correspondientes a otros ámbitos.

A los efectos anteriores, por ámbito de la huelga se entenderá la empresa (o, cuando proceda, el grupo empresarial) en su totalidad, el centro de trabajo, la unidad productiva autónoma o el grupo profesional, en función del área de actuación identificada en la convocatoria de huelga.

La movilidad o adscripción de trabajadores no huelguistas a los puestos de trabajo de los huelguistas dentro de cada uno de estos ámbitos no se considerará esquirolaje prohibido.

Aun cuando pueda parecer lo contrario, no se trataría con este tipo de regulación de prohibir tanto el esquirolaje externo como el conocido, hasta ahora, como esquirolaje interno. En realidad, en la propuesta de precepto indicada, la prohibición afecta en todo caso al esquirolaje externo, con la única matización que, a diferencia de lo que ocurre en el precepto vigente, el punto de referencia sobre el que valorar la sustitución prohibida no sería siempre y necesariamente la empresa en su conjunto (el actual art. 6.5 RDLRT dice que "no podrá sustituir a los huelguistas por trabajadores que no estuviesen vinculados a la empresa"), sino que el parámetro válido para la valoración de la validez de la conducta empresarial vendrá determinado por el ámbito al que se extienda la huelga elegido por los convocantes. Así pues, lo crucial —en coherencia con la tesis sobre el concepto de huelga defendido en este trabajo— será valorar si en el ámbito de la huelga, la conducta empresarial rompe el nuevo equilibro de precio de la fuerza de trabajo creado con la contracción de la oferta de mano de obra generada por la huelga. Si, tanto mediante la contratación de nuevos trabajadores como mediante la utilización de trabajadores de otros ámbitos, se rompe dicho equilibrio, estaremos ante una vulneración del derecho de huelga. De este modo, en la literalidad del precepto, se ampliarían las posibilidades de esquirolaje al comprender también en caso de huelgas de grupo profesional, o de sólo un centro de trabajo o sección de la empresa, la utilización de trabajadores ya vinculados a la empresa, pero procedentes de otros ámbitos.

En contrapartida, a mi juicio, habría de admitirse el ejercicio legítimo del *ius variandi* empresarial dentro del ámbito de la huelga incluso cuando ello suponga que los puestos de los trabajadores huelguistas sean ocupados por otros trabajadores, si estos sustitutos no huelguistas pertenecen al mismo ámbito en el que opera la huelga. Aunque este aspecto será analizado con más detalle en el apartado que he titulado *movilidad interna no abusiva* conviene detenerse aquí en advertir que las consecuencias serían más trascendentes de lo que —

tal vez— a priori haya podido parecer. Así, por ejemplo, si la huelga se convocó a nivel empresa como conjunto, debería admitirse la movilidad entre trabajadores de distintos centros de trabajo, e incluso entre grupos profesionales diferentes, si bien, lógicamente, con sujeción a lo previsto en los arts. 39, 40, 41 ET y concordantes. Al fin y al cabo, en el ámbito de la huelga con estas medidas no se alterarían cuantitativamente las fuerzas de trabajo disponibles dentro del mismo (manteniéndose la correlación entre oferta y demanda de trabajo), si bien se permitiría a la empresa gestionar la organización del trabajo y modular la concreción específica del punto de imputación de la carencia de mano de obra, según sus necesidades. En definitiva, si la huelga es un derecho de titularidad individual, pero de ejercicio colectivo (STC 11/1981, 8 de abril), no tiene sentido garantizar la eficacia del derecho de huelga a nivel puesto de trabajo de cada huelguista, sino que éste podrá ser cubierto siempre que, en el ámbito en que se desarrolla la huelga, se respete el efecto colectivo de disminución de la mano de obra disponible en que ésta consiste.

Esta solución —que imagino podrá resultar impopular para determinados puntos de vista— creo que garantiza, a su vez, eficazmente el ejercicio del derecho fundamental de huelga, atendiendo a su verdadera naturaleza (contracción colectiva de la oferta de trabajo) a la vez que lo concilia con el respeto y mantenimiento de las facultades empresariales de gestión que no sean invasivas de aquél. Adicionalmente, no hay que perder de vista que, incluso en estos casos de cobertura/sustitución interna de los puestos de trabajo de los huelguistas con otros trabajadores no huelguistas pertenecientes al mismo ámbito afectado por la huelga, los puestos de estos últimos quedarían desatendidos, desplazándose el centro de imputación concreto de la efectividad de la huelga por virtud del *ius variandi* empresarial, pero manteniéndose el desequilibrio oferta-demanda de trabajo en dicho ámbito como conjunto, ya que, en todo caso, se mantiene la prohibición de compensar las carencias de mano de obra con nuevas contrataciones o, en su caso, mediante la adscripción de trabajadores procedentes de otros ámbitos no afectados por la huelga.

Finalmente, junto con la modificación propuesta —ya explicada— en cuanto al ámbito sobre el que debería aplicarse la valoración de la sustitución de trabajadores, a modo de prevención frente a eventuales conductas fraudulentas, he incorporado también una matización en cuanto al momento temporal sobre el que habría de realizarse: "al momento de iniciarse el conflicto". Se trata con ello de evitar conductas empresariales que, ante la evidencia del conflicto, traten de efectuar las contrataciones o cambios prohibidos, preventivamente, ante la sospecha o amenaza de huelga. Con la dicción del precepto propuesto, en estos casos, estas prohibiciones actuarían determinando —en caso de que finalmente se convoque la huelga— la ilegalidad de las actuaciones empresariales de este tipo realizadas desde que existan pruebas de que se inició el conflicto.

5.2. CONDUCTAS ABUSIVAS Y/O FRAUDULENTAS CON RELACIÓN AL TIEMPO DE TRABAJO

Bajo este mismo concepto de huelga basado en el equilibrio entre oferta y demanda de trabajo en su ámbito de actuación, resultaría precisa también la prohibición, mientras dure la misma, de posibles ampliaciones del tiempo de trabajo que correspondiera a los trabajadores no huelguistas en el momento de iniciarse el conflicto. Tanto cuando ello tenga lugar con vocación de permanencia a través de la modificación de su jornada de trabajo, por acuerdo entre empresario y trabajador o, en su defecto, mediante modificación sustancial de las condiciones de trabajo (art. 41 ET) o, de forma coyuntural, acudiendo al mecanismo de la distribución irregular de jornada o al ofrecimiento horas extraordinarias[37].

---

37 Al respecto del ofrecimiento de horas extraordinarias como medida vulneradora del derecho de huelga cabe referirse a la STSJ (Comunidad Valenciana) de 15 de diciembre de 2009, Rec. 2756/2009,

En efecto, en estos casos, aun no tratándose de esquirolaje en sentido estricto entendido como sustitución de los trabajadores huelguistas por otros, desde la perspectiva que fundamenta este estudio, la ampliación del tiempo de trabajo de los trabajadores disponibles supone, igualmente, desvirtuar la retracción de la oferta de trabajo pretendida por la huelga. Pues, aun sin incorporar nuevos efectivos al ámbito de la huelga, la empresa compensa la disminución de la fuerza de trabajo originada por los huelguistas con el incremento del tiempo de disponibilidad de la mano de obra no huelguista. Estas conductas, si pueden asociarse al momento de inicio del conflicto y, salvo que se pruebe que obedecen a causas independientes del proceso huelguístico (como, por ejemplo, que ya estuvieran acordadas, tiempo atrás, las modificaciones de jornada en acuerdo de empresa o pactada la realización de horas extraordinarias por motivos productivos de previsión de picos de demanda, etc.) han de considerarse ejercicio abusivo de las facultades empresariales de organización del tiempo de trabajo, en la medida en que, aun bajo el pretexto de servir a las necesidades propias del proceso productivo, conducen a contrarrestar la eficacia de la huelga y vacían de contenido el ejercicio de este derecho.

De esta forma, incluso, se podría prevenir que estas conductas abusivas puedan degenerar en fraudulentas, cuando la realización de las horas extraordinarias o la distribución irregular de la jornada se compense con períodos descanso o disminuciones del tiempo de trabajo del personal afectado por estas medidas, con posterioridad, una vez finalizada la huelga[38], y para compensar entonces la necesidades de

---

de la que fue ponente el Ilmo. Sr. D. Manuel Alegre Nueno, que concretó que la simple petición (no constando acreditada una actitud conminatoria, ni que las peticiones se pretendieran imponer de modo coactivo) a los trabajadores encargados de prestar los servicios mínimos de que realizasen horas extraordinarias (que no fueron aceptadas) o tareas que no les corresponden, no implica la existencia de un comportamiento que haga impracticable el derecho de huelga o que lo dificulte.

[38] Como es sabido, la configuración en cómputo anual por el art. 34 ET de la jornada máxima de 40 horas semanales de promedio, per-

trabajo de la empresa se contraten a nuevos trabajadores eludiendo, así, que dichas contrataciones puedan relacionarse en el tiempo con la huelga y que puedan ser calificadas como esquirolaje. No obstante lo cual este tipo de pretensiones deben ser valoradas como lo que son: esquirolaje diferido. En cualquier caso, todos estos problemas podrían evitarse con una solución de regulación adicional como la que, a continuación, se propone:

Mientras dure la huelga, se presumirán abusivas las ampliaciones del tiempo de trabajo de los trabajadores no huelguistas adoptadas desde el inicio del conflicto, bajo cualquiera de las modalidades legalmente previstas, salvo que se pruebe que las mismas ninguna conexión guardan con el proceso huelguístico.

5.3. CONDUCTAS LÍCITAS

5.3.1. Movilidad interna no abusiva

Como ha sido advertido (García Murcia, 2014, p. 106), generalmente, bajo las concepciones que defienden la huelga como un medio para producir daño en la empresa, se en-

---

mite la compensación de semanas de mayor actividad con otras de menor volumen de trabajo, siempre que respeten los períodos legales mínimos de descanso diario (entre el final de una jornada y el comienzo de la siguiente han de mediar, como mínimo, doce horas) y semanal (con carácter general, día y medio ininterrumpido, que se puede acumular por períodos de hasta 14 días). La distribución irregular a lo largo del año, así como la compensación de las diferencias de tiempo de trabajo resultantes, se pueden pactar por convenio colectivo o acuerdo de empresa, pero, en defecto de pacto, la empresa podrá distribuir de manera irregular a lo largo del año el 10% de la jornada y compensar las diferencias derivadas en el plazo de doce meses desde que se produzcan. La vía anterior es una alternativa para el empresario que necesite mayor mano de obra en un período concreto y no quiera (o no pueda, por haber superado el máximo anual de 80 al año), conforme al art. 35 ET, tener que pagar horas extraordinarias (que, además, son de aceptación voluntaria por los trabajadores) o compensarlas por descansos adicionales (en defecto de pacto, dentro de los cuatro meses siguientes a su realización).

tiende que el derecho de huelga persigue una alteración o, en su caso, paralización de la actividad empresarial, al menos en lo que afecta a los puestos de trabajo de los huelguistas o a la clase de tareas que a ellos corresponde desarrollar, que en todo caso deberían quedar sin atender. Sin embargo, el objetivo de este estudio consiste en ofrecer fórmulas que, en la medida de lo posible, hagan compatibles la consecución del efecto de contracción de la oferta de mano de obra en el ámbito correspondiente y el respeto a las capacidades de gestión empresarial (*ius variandi*) de la mano de obra disponible (trabajadores no huelguistas). Así, incluso tras la aplicación de las prohibiciones propuestas en los apartados anteriores de este capítulo, queda espacio suficiente para permitir el logro del objetivo propuesto. También, desde la perspectiva de la literalidad de la norma vigente (art. 6.5 RDLRT) que se refiere a que "en tanto dure la huelga, el empresario no podrá sustituir a los huelguistas por trabajadores que no estuviesen vinculados a la empresa al tiempo de ser comunicada la misma (...)", *sensu contrario*, se derivan dos posibilidades: a) la sustitución de los huelguistas por trabajadores que sí estuvieran ya vinculados a la empresa al iniciarse la huelga y b) la contratación de nuevos trabajadores si no es para sustituir a los huelguistas.

Teniendo presente lo anterior, como se desprende de las consideraciones realizadas en los apartados precedentes, es necesario atender a la concreción del ámbito específico en que se haya convocado la huelga. En el caso de que se trate de una huelga de un centro de trabajo concreto funcionalmente especializado cuya actividad constituya una parte imprescindible para el completo desarrollo del proceso productivo de la empresa, de una sección determinada que constituya una unidad productiva autónoma, o de un grupo profesional concreto (por ejemplo, por un conflicto económico o de intereses para la negociación de un convenio franja), no será posible admitir la sustitución de los trabajadores de dicho centro de trabajo, sección o grupo profesional por otros no huelguistas de otros centros de trabajo, secciones o de grupos profesionales diferentes.

En efecto, en este caso, sí que parece razonable la *analogía legis* con lo pretendido por el art. 6.5 RDLRT al prohibir la contratación externa de trabajadores sustitutos de los huelguistas, en la medida en que, en estos casos planteados, el conflicto laboral y la presión huelguística se concreta en un determinado ámbito (espacio geográfico, unidad o unidades productivas o colectivos) y la sustitución por trabajadores no huelguistas incluso vinculados ya a la empresa en otros ámbitos, supone idéntico efecto de anulación de la contracción de la oferta de trabajo que con la huelga se pretende, mitigando la presión concreta en esos ámbitos específicos mediante su dilución en el conjunto de la empresa. Sin embargo, dentro del centro de trabajo, unidad productiva-sección, o grupo profesional en huelga, sí que debería estar permitida la movilidad interna de los efectivos disponibles (no huelguistas) en dichos ámbitos, siempre que no se realicen nuevas contrataciones de mano de obra con destino a dichas áreas. Mientras quede preservada la correlación/ponderación de fuerza de trabajo en el ámbito afectado por la huelga, debería permitirse la movilidad interna dentro de dicho ámbito e, incluso, la contratación laboral nueva externa si va destinada a otros ámbitos diferentes de la empresa no afectados por la huelga.

Incluso atendiendo, de *lege data*, a la regulación vigente, a esto último no obsta el art. 6.5 RDRLT, que refiere literalmente a que "en tanto dure la huelga, el empresario no podrá sustituir a los huelguistas por trabajadores que no estuviesen vinculados a la empresa al tiempo de ser comunicada la misma (…)", pudiendo, por tanto, contratarse nuevos trabajadores para otros ámbitos de la empresa a los que no se extienda la convocatoria de huelga, pues los nuevos trabajadores sólo podrán ser empleados en dichos ámbitos y, al no admitirse la movilidad entre dichas áreas y las afectadas por la huelga, no podrán sustituir, en ningún momento, ni siquiera indirectamente, a los huelguistas.

No obstante, es preciso prevenir la posibilidad de supuestos de fraude frente al esquema anterior, en los que, aun afectando la huelga a un solo centro de trabajo, la actividad de este no sea parte imprescindible del proceso productivo de la empresa y, por tanto, sea sustituible por la actividad de otros centros de trabajo. Así, podría ocurrir que la empresa implementase la derivación y aumento de la producción o de la prestación de servicios hacia otros centros de trabajo con autonomía productiva suficiente, acompañando la contratación de nuevos trabajadores para atender dicho incremento productivo en estos otros centros de trabajo de la empresa no afectados por la huelga.

En tales casos, la prohibición de esquirolaje debería extenderse por el juez, una vez verificado el fraude de ley, aplicándose —con las consiguientes consecuencias indemnizatorias por lesión del derecho de huelga y, en su caso, sancionadoras— para estos hechos fraudulentos, referida a toda la empresa, con independencia del ámbito concreto para el que hubiera sido convocada la huelga, puesto que, de acuerdo con el art. 6.4 CC, los actos en fraude de ley no han de impedir la debida aplicación de la norma que se hubiere tratado de eludir.

Análogamente, más abajo propondré en el apartado dedicado a tratar del recurso a contratas intragrupo o red durante la huelga —cuando no corresponda la consideración como empresario único (pues en ese caso procederían las reglas anteriores)— una aplicación de la prohibición de esquirolaje (y de las ampliaciones de tiempo de trabajo) a nivel de todo el grupo empresarial (o red) a que pudiera pertenecer (o estar vinculada) la contratista que sufre la huelga, aunque la convocatoria afecte sólo a esta y no a todas las empresas vinculadas. Si bien, en estos casos, con el importante matiz que este otro tipo de situación no tendría por qué considerarse siempre fraudulenta por sí misma, sino como mero ejercicio de la libertad de contratación mercantil por la contratista afectada por la huelga, que debería poder subcontratar la producción o el servicio con terceros, pero si lo hace en favor de subcontratistas controladas por ella, ante el riesgo cierto de elusión de la prohibición de esquirolaje externo, habría que extender tal interdicción a todas las empresas vinculadas implicadas.

En coherencia con el esquema anterior propuesto, cuando la huelga se convoque y desarrolle en el conjunto de la empresa[39], sin afección específica de un determinado ámbito, debería permitirse la movilidad interna (con sujeción a los límites previstos en el art. 39 y, en su caso, 40 y 41 ET) en la medida en que, dentro del ámbito afectado por el conflicto, la empresa debe conservar la capacidad de gestión de los medios que queden disponibles, mientras no se rompa la correlación o ponderación global de la fuerza de trabajo existente al iniciarse la huelga, mediante la contratación externa. Así pues, en este caso, se podrían movilizar internamente trabajadores (siempre sin incurrir en las conductas abusivas o fraudulentas relativas al tiempo de trabajo descritas en los apartados anteriores), sin que, en este caso, se debiera poder contratar externamente en ningún ámbito de la empresa, puesto que habría que presumir que dichas contrataciones pueden tener por objeto tanto la sustitución directa de los huelguistas como, en su caso, indirectamente, la sustitución de los sustitutos de los huelguistas movilizados internamente. Al fin y al cabo, aunque la actividad concreta de los huelguistas fuese suplida por la actividad laboral (sin incremento de su tiempo de trabajo) de los no huelguistas ya vinculados a la empresa, incluso de los adscritos a otros puestos de trabajo, grupos profesionales o centros de actividad de la misma, habrá que entender que la actividad habitual de estos sustitutos no huelguistas ya vinculados a la empresa en el momento de iniciarse la huelga, quedaría desatendida y aunque por virtud de dicho ejercicio del poder de organización y

---

39 Cabe recordar que la STC 11/1981, de 8 de abril (F.J. 15b) entendió inconstitucional la exigencia de que la huelga se adopte y convoque necesaria e individualizadamente por centros de trabajo: "Por decirlo de algún modo, las huelgas intercentros serían sólo una suma de las huelgas parciales de cada centro. La exigencia de la declaración de huelga centro por centro no tiene verdadera justificación y no tiene más sentido que el de buscar medios de limitación, en lo posible, de los conflictos, especialmente en aquellos casos en que se presume –y estos casos no serán infrecuentes– que la decisión de huelga puede ser más fácil en unos centros que en otros".

dirección empresarial derivado de la libertad de empresa, se estaría modificando, en mayor o menor medida, el área sobre la que se aplica la presión de la huelga, la efectividad de la misma seguiría siendo real y muy patente. Por cuanto la empresa como conjunto (ámbito en que, en este caso, se habría convocado y se estaría desarrollando la huelga) sufriría una contracción de la oferta de fuerza de trabajo y la consiguiente carencia de mano de obra en determinadas áreas (ya sean las de adscripción de los huelguistas o, en caso de movilidad funcional y/o geográfica, las habituales de los sustitutos) que no podría ser compensada o neutralizada con contrataciones de trabajadores nuevos, dada la prohibición de esquirolaje que, en este caso, sería aplicable a nivel global de empresa.

Así, desde la perspectiva de los convocantes, estos han de valorar que la elección del nivel empresa como ámbito de la huelga determinará que la prohibición de esquirolaje externo se extienda a la totalidad de la empresa, pero —como contrapartida— la empresa estaría habilitada para movilizar internamente trabajadores no huelguistas en todo el ámbito de la empresa. Por el contrario, en caso de seleccionar como ámbito de la huelga una unidad más específica, por ejemplo, un centro de trabajo, la empresa no podría movilizar trabajadores procedentes de otros centros de trabajo, pero en estos otros ámbitos no afectados por la huelga habría de poder seguir contratando nuevos trabajadores (y ejerciendo, normalmente, el *ius variandi* empresarial), siempre que no sea para atender fraudulentamente el desvío de la producción procedente del centro de trabajo en huelga.

5.3.2. La presunción **iuris tantum** *del empleo de los medios tecnológicos disponibles como ejercicio lícito de la libertad de empresa*

De acuerdo con la tesis defendida en este análisis, por principio, la utilización de los medios técnicos disponibles en la organización empresarial por su titular debe ser admitida, pues no supone alteración de la cantidad de oferta y demanda de mano de obra en el ámbito correspondiente a la huelga. En realidad, el derecho de propiedad (art. 33 CE) y el derecho de libertad de empresa (art. 38 CE) amparan que su titular pueda hacer uso libremente de todos los medios productivos que le pertenecen (o cuyo derecho de uso o disfrute le corresponda por virtud de otro título distinto al de propiedad: como arrendamiento, leasing, renting, usufructo, etc.) como también a los trabajadores en virtud de su libertad (art. 17 CE), derecho y libertad de trabajo (art. 35 CE) y derecho de huelga (art. 28.2 CE) les corresponde decidir el inicio y/o continuidad de la prestación de sus servicios laborales o, en su caso, su cesación temporal o definitiva. Como se ha ido desarrollando a lo largo de este estudio, las únicas limitaciones en este ámbito para la empresa deberían ser las que tengan que ver con la gestión o contratación de mano de obra (en cuanto sí incide directamente sobre el elemento del que la contraparte es titular) que puedan perjudicar la reconfiguración del precio de equilibrio de la misma originada por la huelga.

Si la actuación empresarial en cuestión no tiene relación directa con la gestión o contratación de mano de obra, limitando o anulando la eficacia de la contracción de la oferta de trabajo que la huelga determina, la gestión o utilización de sus propios medios de producción por la empresa debería presumirse, *iuris tantum*, como mera y legítima continuidad de su actividad empresarial amparada por el art. 38 CE[40],

---

[40] Por el contrario, la doctrina científica, por lo general, no presume el derecho legítimo al libre empleo de sus medios producción por el titular de la organización empresarial, sino que —tratando de aplicar analogías para ciertos supuestos con el tratamiento jurídico del esquirolaje externo e interno (como si la tecnología fuese fuerza de trabajo sustituyente)— se suelen diferenciar distintas situaciones, que Criado Martos resume (2020, p. 132), citando a Fernández Domínguez (2018), estructurándolas en varias posibilidades: 1) Una situación, donde los huelguistas son sustituidos mediante la utilización de máquinas que ya tenía la empresa en su poder y son utilizadas por los procedimientos habituales, en la que se coincide que no parece que contengan una situación de esquirolaje, puesto que

con la única salvedad de que, tratándose de medios adquiridos (o dispuestos) *ex novo*, se pruebe que su utilización conforma una estrategia anti-huelga que podría venir, en su caso, acompañada de una actitud conminatoria o coactiva hacia los trabajadores que se encarguen de los mismos o, en última instancia, de un ánimo de penalizar a los trabajadores huelguistas, vulnerando su derecho fundamental de huelga.

En este apartado no considero adecuado formular una propuesta de redacción normativa que plasme esta presunción *iuris tantum*, puesto que, al fin y al cabo, sin necesidad de previsión legal específica, hay que presumir la legalidad de las actuaciones empresariales que se amparen en el ejercicio de un derecho legítimo, debiendo probarse por quién impute una actuación ilícita los hechos en que se fundamenta la misma (art. 24.2 CE). Alternativamente, en el caso de que la conducta empresarial reprochable no tenga que ver con las estrategias represivas o antisindicales que ahora abordamos, sino con los actos de gestión o contratación de mano de obra, antes referidos, que sean aptos para perju-

---

se utilizan las máquinas que se utilizan normalmente y de la misma forma que en un día sin huelga. 2) Se utilizan medios tecnológicos con los que ya contaba la empresa, aunque no se utilizaran con asiduidad, con un procedimiento distinto al habitual con motivo de la huelga. En estos casos se suele hacer un paralelismo con las variantes tradicionales de sustitución de los trabajadores huelguistas y se consideran ejemplos claros de lo que se califica como esquirolaje «tecnológico». 3) Una especie de esquirolaje «mixto», en el que confluyen alguno de los dos tradicionales («externo» e «interno») con el «tecnológico», cuya licitud parece resolverse acudiendo a los criterios aplicables a los primeros. 4) Esquirolaje «automático» mediante máquinas que no precisan de un trabajador que las active, puesto que funcionan con algoritmos preestablecidos, para los que se propugna un criterio casuístico, basado en la intencionalidad del empresario y el efecto que produzca sobre la huelga, en orden a valorar su licitud. 5) Esquirolaje previo o diferido (en el que se encarga a trabajadores que no van a secundarla que tomen las medidas técnicas oportunas para que el día de la huelga la maquinaria funcione) y esquirolaje posterior (consistente en que la empresa refuerce la actividad con medios tecnológicos para recuperar la producción perdida por la huelga), debiendo estarse también en estos casos a las características de cada supuesto.

dicar la eficacia de la contracción de la oferta de trabajo que la huelga determina, bastaría con aplicar los preceptos propuestos en los apartados anteriores de este trabajo.

A mi modo de ver, por tanto, la efectividad de la huelga, sea total o parcial (con mayor o menor grado de intensidad), puede y debe depender del grado de adhesión, del momento y estrategia elegida, según las características del sector de actividad, etc. pero no conseguirse forzosamente, completando la falta de seguimiento de la huelga con la prohibición del uso de los medios disponibles en la empresa, pues ésta no sólo sería contraria a la libertad de empresa del empresario afectado y de trabajo de los no huelguistas, sino que —más allá— implica la pérdida de neutralidad del Estado en el sistema de las relaciones laborales, tomando partido, al imponer la inhibición empresarial, en favor del lado huelguista (que tampoco tiene por qué representar siempre y necesariamente el sentir mayoritario de los trabajadores afectados), sin consideración de cuál sea la representatividad y el grado de seguimiento en la huelga convocada.

Cuestión distinta es que se rompa esta presunción de legitimidad, cuando se demuestre que se han adquirido o adoptado nuevos medios técnicos en la empresa, precisamente con ocasión de la huelga, con el ánimo probado de que la transformación de la organización empresarial hacia una estructura tecnológica esté orientada, en realidad, a objetivos de represalia y penalización —incluso con el despido (que, en su caso, debería ser nulo por vulneración del derecho fundamental de huelga, arts. 53.4 y 55.5 ET)— de los trabajadores huelguistas.

Hay sectores de actividad (como el audiovisual) en los que el empleo de medios tecnológicos puede desvirtuar notablemente la apariencia de la huelga, como también en otros —por contraposición— el protagonismo de base de la mano de obra en ellos, normalmente, lo impedirá. Pero ello no es un problema de esquirolaje, que no lo hay, pues la huelga en sentido estricto —como he tratado de elucidar— se refiere a la reducción concertada de la oferta de fuerza de trabajo, y lo que ha de impedirse es que esta se contrarreste con contrataciones/sustituciones de mano de obra o ampliaciones del tiempo de trabajo, pero nada debería tener que ver con que la empresa no pueda ser libre de continuar la actividad con los medios disponibles (técnicos y humanos).

5.3.3. Contratación mercantil externa lícita, con excepciones en el seno de grupos de empresas o estructuras empresariales reticulares ("especial vinculación") y salvo prueba del ánimo de represalia contra la huelga

Como punto de partida o premisa básica, también en el caso de una empresa afectada por una huelga se ha de respetar la libertad de empresa de autoorganización, en su caso, mediante el recurso a la contratación interempresarial (externalización) de la que, como principio general, ha de gozar toda empresa, siempre que la contratación mercantil en cuestión no esté relacionada directamente con la mano de obra (por ejemplo, mediante la contratación de sustitutos a través de ETTs).

En efecto, dicha libertad para encargar a terceras contratistas las actividades afectadas por la huelga ha de reconocerse, como regla general, tanto si la empresa no tiene previamente externalizada su actividad como si ya forma parte de una organización descentralizada y, en este último caso, tanto si quien sufre la huelga ostenta en ella la posición de empresario principal o comitente como de contratista, puesto que —con las excepciones que serán advertidas más abajo— esto no implicará sustitución de la fuerza de trabajo en huelga, ni tampoco impedirá la efectividad de la misma, en cuanto la recontratación o nueva subcontratación de la obra o servicio tendrá un coste económico para la empresa en cuestión, cuya posición de mercado se verá, además, perjudicada, en beneficio de potenciales competidores.

Únicamente cabe advertir sobre dos excepciones o posibilidades a vigilar:

a) que las nuevas contratas que se formalicen una vez iniciada la huelga tengan lugar intragrupo, dentro de la red o, en general, en favor de empresas con especial vinculación (o controladas) con la empresa que recontrata o subcontrata la ejecución de sus actividades afectadas por la huelga. A mi juicio, estas nuevas contratas se deberían poder permitir, pero aplicándose entonces la prohibición de esquirolaje (y de ampliar el tiempo de trabajo) a todas las empresas del grupo o red o vinculadas, mientras dure la huelga;

b) que se pruebe que la externalización actúa con ánimo represivo frente a la huelga, optándose por la transformación de la estructura empresarial y, en su caso, por el despido a modo de represalia o penalización sobre los trabajadores huelguistas. Caso de producirse, dichos despidos deberían ser calificados como nulos por vulneración del derecho fundamental de huelga (arts. 53.4 y 55.5 ET).

Sin perjuicio del planteamiento general anterior, conviene concentrar el análisis en las cuestiones más controvertidas y de gran interés jurídico que surgen cuando la huelga se desarrolla en el ámbito de empresas que con el perfil de contratistas forman parte de estructuras organizativas empresariales descentralizadas. A mi modo de ver, habría que distinguir tres supuestos diferentes:

1.- La empresa principal que no es la que sufre la huelga (pero es la comitente o cliente de la contratista afectada por la huelga) recontrata el servicio con otra contratista nueva no vinculada de ningún modo a ella ni a la contratista. En este caso, debería reconocerse la libertad de contratación mercantil interempresarial, como la que corresponde según la premisa básica arriba descrita para el caso general de cualquier empresa, con independencia de que esté o no externalizada su producción de bienes o prestación de servicios en el momento de iniciarse la huelga.

2.- La contratista afectada por la huelga subcontrata el servicio con otra subcontratista nueva no vinculada de ningún modo a ella. En este caso, en aplicación del planteamiento general arriba descrito, también debe reconocérsele libertad de contratación mercantil con terceros empresarios, para que pueda seguir cumpliendo su contrato con la empresa cliente, comitente o principal, pagando el correspondiente precio a la nueva subcontratista e, incluso, favoreciendo la posición competitiva de mercado de ésta, que puede ser —muy probablemente— competidora directa de la empresa que sufre la huelga.

En efecto, ésta, aunque padezca la huelga, ha de poder subcontratar la producción o el servicio con otras empresas con el fin de dar cumplimiento al contrato con sus empresas principales o comitentes y/o clientes-usuarios. Ello no será obstáculo para la efectividad de la huelga, que seguirá siendo efectiva, pues las nuevas contratas tendrán costes asociados que le reducen o anulan el margen de beneficio que obtiene de sus clientes (ya sean empresas comitentes o particulares usuarios y consumidores) y, eventualmente, favorecerá la posición de mercado y márgenes de las empresas con las que subcontrata que pueden ser potencialmente sus competidores. Evidentemente, estos son daños importantes sobre los intereses de la empresa afectada por la huelga que implican que ésta está siendo efectiva y sometiendo a presión a aquélla.

3.- Empresario principal y/o contratista en huelga mantienen "vinculaciones especiales" no necesariamente entre ellas mismas, sino que lo relevante es si la recontratación por el empresario principal o la subcontratación por la contratista afectada por la huelga se realiza en favor de una nueva contratista que forme parte del mismo grupo de empresas o red a que puedan pertenecer la empresa principal y la contratista afectada por la huelga o, al menos, del de esta última (u otra vinculación especial acreditada por los criterios consolidados: unidad de caja, confusión plantillas, dirección única, etc.)[41], pues entonces sí que hay riesgo

41 Aparece aquí una cuestión de importancia radical a estos efectos, a saber, la relativa a la definición de cuándo estamos frente a una situación de "especial vinculación" entre las empresas implicadas. Al

respecto, es tradicional distinguir distintas tipologías de entramados empresariales: a) La empresa-red que se basa en la existencia de una empresa grande y principal con la que colaboran distintas empresas pequeñas jurídicamente independientes y especializadas en determinadas fases de su ciclo productivo; b) El distrito industrial o conglomerado regional, que es un modelo muy similar al anterior en cuanto supone la subdivisión del ciclo productivo y la colaboración de diversas empresas para la consecución del producto final, pero —a diferencia de aquél— el distrito industrial siempre está localizado y ligado a un territorio determinado, no existe una empresa dominante y puede estar basado en lazos sociales y culturales; c) Otra forma muy parecida a las anteriores es la constituida por la colaboración entre las llamadas empresa cabeza y empresas mano en las que la primera realiza la parte principal y de diseño del ciclo productivo, mientras que las segundas desarrollan las tareas más intensivas en mano de obra; d) El trabajo a distancia (el teletrabajo y el trabajo a domicilio) constituyen variantes de gran expansión y desarrollo en la actualidad que pueden formar parte, o no, de los entramados empresariales descritos; e) Grupos de empresas.

Desde el punto de vista jurídico-laboral los elementos a considerar para entender que hay vinculación o control sobre las empresas implicadas que llevaría a la asimilación de la situación a la de la existencia de un único empleador, son: 1.- Confusión de patrimonio entre las distintas empresas del grupo (*caja única*). Se comparten beneficios y pérdidas a través de una contabilidad única, o plural pero comunicada o comunicable; 2.- Prestación de servicios por los trabajadores de manera indiferenciada para distintas empresas del grupo (*confusión de plantillas* o *plantilla única*); 3.- Las distintas empresas se someten a una *dirección única*. Junto con el anterior, en lo laboral, determina que, aunque los trabajadores de las distintas empresas del grupo o red hayan concertado sus contratos de trabajo con entidades o empresas con personalidad jurídica diferenciada desde el punto de vista formal y mercantil, de facto, quedan sujetos al poder de organización y dirección de todo el grupo o de la empresa matriz. Es por ello que, a efectos de este estudio, el grupo o red recibiría el tratamiento de una sola empresa o empleador único; 4.- *Apariencia externa unitaria*: cuando todas las empresas implicadas operan, contratan en el tráfico jurídico o intervienen en el mercado bajo una misma o similar denominación o imagen de marca, etc.

Las SSTS de 3 de octubre de 2018 (Rec. 1147/2017, *GRUPO VOCENTO*, y Rec. 3365/2016, *GRUPO ZETA*), partiendo de la fundamentación de la STS de 11 de febrero de 2015, Rec. 95/2014, *GRUPO PRISA*, (que serán objeto de estudio específico en este trabajo) contienen una síntesis muy didáctica del tratamiento que la jurisprudencia (en ausencia de reglas legales específicas en el ámbito laboral sobre esta materia) ha otorgado a estas estructuras empresariales.

cierto de esquirolaje indirecto. Es decir, en estos supuestos sí que aparece la posibilidad de que el encargo a la nueva empresa contratista *controlada,* tenga por objetivo que sea esta quien contrate nuevos trabajadores para atender al incremento de volumen de su negocio. En estos casos, se podría optar por permitir la formalización de estas contratas, pero aplicando la prohibición de esquirolaje (y de las ampliaciones de tiempo de trabajo) a todo el grupo, a todas las empresas en red implicadas o conectadas por vínculos especiales.

Según mi propuesta de regulación jurídica, en los casos en que, por apreciarse la concurrencia de las características determinantes de que al grupo empresarial debamos do-

---

Así, por principio, el hecho de que varias empresas tengan vínculos entre sí, no determina directamente ningún efecto laboral. Es decir, hay que considerar que cada una de las empresas que integran el grupo responde de forma independiente de las obligaciones que contraiga con sus propios trabajadores. "No es suficiente que concurra el mero hecho de que dos o más empresas pertenezcan al mismo grupo empresarial para derivar de ello, sin más, una responsabilidad solidaria respecto de obligaciones contraídas por una de ellas con sus propios trabajadores" (SSTS 21 diciembre 2000, Rec. 1870/1999; 26 de septiembre de 2001, Rec. 558/2001; 27 de mayo de 2013, Rec. 78/2012; 12 de julio de 2017, Rec. 278/2016). En el mismo sentido, las SSTS de 26 de diciembre de 2001 (Rec.139/2001) y 23 de enero de 2002 (Rec. 1759/2001), entendieron que, desde la perspectiva jurídico laboral, la libertad de empresa consagrada en el art. 38 CE ampara la creación de organizaciones empresariales en forma grupal y el hecho de la existencia de un grupo de empresas organizado como tal en nada afecta a las relaciones laborales, conservando cada empresa las suyas propias y las responsabilidades que de ellas deriven, sin que se produzca comunicación de responsabilidades ni de obligaciones laborales. Por tanto, el concepto de grupo de empresas para el ordenamiento laboral es coincidente con el del resto del ordenamiento jurídico. Sin embargo, al igual que sucede en otras ramas del Derecho, la presencia de determinadas características (confusión de plantillas, intercomunicación de patrimonios...) puede llevar a los órganos judiciales a entender que el grupo puede ser considerado como el verdadero empresario y, en consecuencia, procede comunicar las responsabilidades entre sus integrantes (SSTS de 22 de septiembre de 2014, Rec. 314/2013; 7 de junio de 2016, Rec. 124/2015 y 24 de septiembre de 2015, Rec. 309/2014).

tarlo de un tratamiento de *grupo laboral* o empleador único (en el sentido del art. 1.1 ET), se debería aplicar la norma general propuesta en el apartado 5.1 de este estudio, considerando a las diferentes empresas del Grupo como si de distintos centros de trabajo de la misma empresa se tratase. Así, en caso de que se convocara la huelga en una empresa del Grupo y se desviara la producción a otra empresa de este, habría que considerarlo —como se expuso en aquel momento— una conducta fraudulenta que no evitaría la aplicación de la prohibición de esquirolaje externo, para este caso, al ámbito de todo el Grupo.

En los demás casos, se hubiera podido optar, directamente, por prohibir las subcontrataciones en favor de empresas controladas, pero, seguramente, sea más acorde con la libertad de empresa de contratación interempresarial, decantarse por la alternativa de permitir la formalización de estas nuevas contratas con otras empresas vinculadas (a la contratista o, en su caso a ambas, principal y contratista), pero previendo, para tales supuestos, que no se debería poder contratar nuevos trabajadores externamente (ni ampliar tiempos de trabajo) por ninguna de las empresas vinculadas, puesto que habría de presumirse que estas contrataciones tratan de compensar los déficits de mano de obra generados en las contratistas del grupo o red seleccionadas para cubrir la actividad de la empresa en huelga.

Las conclusiones anteriores serían válidas tanto si la iniciativa de la nueva contratación corresponde a la empresa comitente como a la contratista en huelga, acudiendo a otra empresa del grupo o red (o controlada) para proporcionar el servicio o producción afectada por la huelga, incluyendo, asimismo, los supuestos de reversión de la actividad para su asunción directa por la propia comitente si forma parte del mismo grupo o red que la contratista afectada por la huelga.

6. Análisis del tratamiento jurídico vigente mediante su confrontación con las soluciones propuestas

En el capítulo anterior, salvo puntualmente, he tratado de concentrar el análisis en el desarrollo lógico de las hipótesis conceptuales de las que he partido y en las consecuencias que del razonamiento jurídico se derivan, con miras a ofrecer una propuesta fundamentada y coherente, con cierta abstracción (salvo en lo relativo a la interpretación básica del TC de lo que por huelga deba entenderse) respecto de los criterios que la doctrina jurisprudencial y científica mantienen sobre estas cuestiones.

En efecto, el objetivo principal de esta obra ha sido, como se planteó en el apartado inicial sobre el enfoque de la misma, la elaboración, a modo de ensayo jurídico, de dicha propuesta de regulación construida desde las bases conceptuales de la materia. Pero, una vez perfeccionada tal propuesta, resulta de indudable interés detenerse en el análisis de los criterios y principios que los operadores jurídicos, jueces y tribunales, así como los autores de la doctrina científica, manejan actualmente, con el fin de cotejar y verificar el ajuste de las tesis aquí defendidas con dichas posiciones (especialmente, con la doctrina del TC) y, en su caso, tratar de razonar sobre los posibles puntos de fricción. A ello se dedicarán los puntos siguientes de este capítulo.

6.1. VALORACIÓN CRÍTICA DE LA JURISPRUDENCIA Y DOCTRINA SOBRE MOVILIDAD INTERNA DURANTE LA HUELGA

6.1.1. Análisis de la doctrina del Tribunal Constitucional

La STC 123/1992, de 28 de septiembre[42] (F.J. 2 y 3) se planteó si una interpretación, *sensu contrario*, del art. 6.5 del RDLRT, que —como sabemos— prohíbe únicamente la contratación de trabajadores sustitutos de los huelguistas no vinculados a la empresa y del art. 8.10 de la LISOS (que considera infracción muy grave: "Los actos del empresario lesivos del derecho de huelga de los trabajadores consistentes en la sustitución de los trabajadores en huelga por otros no vinculados al centro de trabajo al tiempo de su ejercicio, salvo en los casos justificados por el ordenamiento"), puede dar pie a la afirmación de que la sustitución es posible por trabajadores no huelguistas adscritos al mismo centro de trabajo en huelga. Asimismo, contemplando el problema desde la perspectiva de la libertad, dicha STC se preguntó si todo lo no prohibido expresamente por la Ley ha de considerarse permitido. Pero, acto seguido, rechazó estas conclusiones sobre la base del riesgo que entrañan en sí mismas las argumentaciones *a contrario sensu* por su esencial ambigüedad, y con apoyo expreso en sendas SSTS

---

42 Este pronunciamiento del TC resolvió el recurso de amparo formulado contra la sentencia del Tribunal Central de Trabajo de 13 de diciembre de 1988 (RTCT 1989/613). A esta sentencia se refiere Bécares Guerra (2013, pp. 35-36) en un interesante trabajo sobre estas cuestiones, al indicar que en este temprano pronunciamiento, la jurisprudencia ordinaria optó por la consideraron como lícita de la sustitución interna, incluso mediante operarios de distinta categoría profesional, argumentándose que, de lo contrario "los no huelguistas quedarían privados de la posibilidad de trabajar en sus puestos de trabajo si se circunscribe la actividad a las propias de su categoría profesional", máxime si los elegidos "aceptan de buen grado el cambio de su puesto de trabajo". El autor se refiere, asimismo, pero en este caso en el mismo sentido que la STC 123/1992, por su claridad a la STSJ (Galicia) de 14 de julio de 2002 y, por extenso, en la doctrina a Goerlich Peset (1994a) y a Ferrando García (1999).

de 23 y 24 de octubre de 1989. Asimismo, según el TC, hay que valorar que las facultades de movilidad interna vertical y horizontal, funcional y geográfica, están pensadas por el legislador para las situaciones que se presenten en un contexto pacífico o de normalidad de las relaciones laborales, cuando no media conflicto y, por ello, metaforiza concluyendo que son potestades que forman parte de la fisiología —no de la patología— de tales relaciones jurídicas.

Finalmente, la ahora comentada STC 123/1992, en su F.J. 5, dio paso al análisis de contenido puramente jurídico-constitucional, para concluir que el derecho de huelga goza de una singular preeminencia por su más intensa protección, al haber sido desgajado por el constituyente del resto de medidas de conflicto colectivo previstas en el art. 37.2 CE, para ser ubicado en un lugar preferente en el texto constitucional. A juicio del TC, como consecuencia de esta preeminencia del derecho de huelga, su ejercicio produce *el efecto de reducir y en cierto modo anestesiar, paralizar o mantener en una vida vegetativa, latente, otros derechos que en situaciones de normalidad pueden y deben desplegar toda su capacidad potencial.* Y entendió que es esto concretamente lo que debe acontecer, durante la huelga, con relación a las potestades directivas del empresario (art. 20 ET) que le permiten la movilidad del personal.

Lo cierto es que esta noción de preeminencia de los derechos y libertades de la sección 1ª sobre los de la sección 2ª del Capítulo II del Título I que puede extraerse de esta y otras SSTC (como la 11/1981, de 8 de abril, cuando se refería con relación al cierre patronal y las medidas de conflicto colectivo a que un simple derecho cívico no puede impedir el ejercicio de un derecho fundamental) en aquellos primeros años de vigencia de la Constitución, ha sido progresivamente superada con el transcurso del tiempo —como se advirtió ya más arriba al tratar de estas materias—, sustituida por una nueva concepción que limita las consecuencias de su diferente ubicación a las garantías aplicables en cada caso (ex art. 53 CE) y que se basa en la aplicación del principio de proporcionalidad y en la necesidad de conciliación de todos los derechos constitucionales de modo que quede garantizado su contenido esencial en todo caso. No hay que olvidar que, aunque por su ubicación y función, el de huelga es un derecho fundamental habilitado para incidir y producir efectos (colaterales) sobre el de libertad de empresa, puesto que el propio contenido esencial del primero implica, por su propia naturaleza, la potencialidad para perjudicar y presionar los intereses empresariales, esto no puede ser entendido como una especie de autorización ilimitada que lleve a dejar vacío de contenido el segundo, más allá de lo necesario para garantizar que la huelga pueda desarrollarse con todas sus características y con normalidad, esto es, que el derecho de huelga sea posible y reconocible (eficaz).

Pese a ello, y pese a que la STC comentada, a continuación, matizaba que la solución aplicada en la misma —válida para "el supuesto que ahora y aquí nos ocupa"—[43] implicaba la limitación de las facultades empresariales cuando se emplease como instrumento para privar de efectividad a la huelga (mediante la colocación de personal cualificado en puestos de trabajo con una calificación mínima), lo cierto es que, hasta la actualidad, ha hecho mérito entre la doctrina judicial y científica la célebre expresión de esta sentencia arriba destacada en letra cursiva con relación a que el ejercicio del derecho de huelga produce *el efecto de reducir y en cierto modo anestesiar, paralizar o mantener en una vida vegetativa, latente, otros derechos que en situaciones de normalidad pueden y deben desplegar toda su capacidad potencial*, como si este efecto se produjera respecto de cualesquiera facultades empresariales y en todo caso, aunque lo que se pretendiera no fuera minar la efectividad de la huelga sino meramente procurar la continuidad de la actividad empresarial[44].

---

43 Más abajo se añadirá por el TC: "desde la perspectiva de los principios constitucionales más arriba analizados, *en su proyección sobre la situación concreta que es objeto de este proceso*, no puede calificarse como lícita la sustitución de los trabajadores en huelga por otros de superior nivel profesional que no la habían secundado".

44 La popular expresión de la STC 123/1992 sobre que la huelga "supone anestesiar, paralizar o mantener en vida vegetativa" determina-

Sobre la necesidad de consecución de cierta eficacia por parte de la huelga ya se había pronunciado antes la STC 41/1984, de 21 de marzo (citada por la propia STC 123/1992), especificando, que: "(...) si bien es cierto que (...) la búsqueda de su eficacia (...) constituye elemento imprescindible del ejercicio del derecho de huelga, no sólo por obvias razones de hecho sino también como consecuencia del principio que reclama la efectividad de los derechos, también lo es que ello no constituye un valor absoluto al que deba sacrificarse cualquier otro (...)"[45].

Pese a que, aparentemente, pudiera parecer que la doctrina de la STC 123/1992 se opone a la tesis defendida en este trabajo, lo cierto es que la respalda. O, más bien, el planteamiento teórico que aquí se defiende supone una concreción más detallada de esa misma *ratio decidendi*. Así, si en lugar de generalizaciones simplificadoras de esta doc-

---

das facultades empresariales que en "en otras circunstancias pueden y deben desplegar toda su eficacia", remite a que dichas facultades empresariales deben operar en un escenario de normalidad, pero no de confrontación. Sin embargo, por ello mismo, la paralización o anestesia de dichas facultades debería tener que ver con las actuaciones que sean directamente una reacción de confrontación que trate de contrarrestar los efectos de la huelga justamente en el campo en que esta libra su batalla: el laboral o relativo al empleo de la fuerza de trabajo. Pero cuando se trata de actuaciones derivadas de la gestión empresarial o del negocio, nada habría que poder objetar a una empresa que trata dar continuidad a su negocio (lo cual a la postre actuará en beneficio de la posibilidad del logro de los objetivos huelguísticos), si no sustituye directamente la fuerza de trabajo u opera indirectamente en este ámbito relativo a la utilización de la mano de obra. Pues, a la postre, ¿cuál es la línea que separa las actuaciones legítimas de la empresa de las que hayan de ser tratadas como esquirolaje? ¿Debe paralizar toda su actividad la empresa, incluso la que no depende de la fuerza de trabajo de sus trabajadores? ¿No puede enviar pedidos de productos ya dispuestos para la venta por medio de empresas de transporte? ¿No puede gestionar el cobro de las facturas pendientes si un programa informático lo permite? ¿No puede seguir haciendo publicidad? ¿El hecho de que una huelga se convoque debe paralizar totalmente una empresa?

45 Sempere Navarro (1996) observa y puntualiza también que la eficacia misma de la huelga (que no su éxito) forma parte del contenido del derecho fundamental.

trina, reparamos en que el TC —como he subrayado antes— circunscribe su solución al caso concreto objeto del recurso de amparo que resuelve, no hay más que fijarse en los perfiles de este supuesto para apreciar que tuvo lugar en la *COMPAÑÍA ENVASADORA LORETO, S.A.* una huelga de los trabajadores fijos discontinuos, que constituían el contingente directamente afecto a las labores productivas y que fueron sustituidos por el personal fijo de plantilla (directivos y administrativos), privando de efectividad a la huelga, pues "la colocación de personal cualificado (en algún caso, con título universitario) en puestos de trabajo con una calificación mínima, deja inermes a los trabajadores manuales, cuya sustitución es fácil y puede privarles materialmente de un derecho fundamental, vaciando su contenido esencial". Una solución legislativa como la que se ha propuesto en este trabajo en sus apartados 5.1 y 5.3.1 quedaría constitucionalizada con esta doctrina, precisamente, porque se propone diferenciar según el ámbito de la huelga. Así, como en el caso del recurso de amparo sometido a consideración del TC en la sentencia ahora comentada, si la huelga es de una determinada tipología de trabajadores (o, en su caso, de un determinado grupo profesional, sección o centro de trabajo), la sustitución con trabajadores de otros ámbitos rompería la correlación de fuerzas en dicha huelga y debería ser considerada esquirolaje vulnerador del derecho de huelga de los trabajadores huelguistas. Cuestión diferente sería que, en dicha huelga de trabajadores fijos discontinuos, hubiera trabajadores de esa misma tipología que no hubieran secundado la huelga, en cuyo caso, de acuerdo con la tesis mantenida en este trabajo, la empresa sí que debería poder ejercitar sus facultades directivas y organizativas con relación a los trabajadores no huelguistas dentro del ámbito funcional de la huelga.

Posteriormente, la STC 18/2007, de 12 de febrero, por razones procesales, eludió pronunciarse sobre la eventual vulneración del derecho de huelga de los trabajadores huelguistas de una comunidad de regantes que fueron sustituidos por otros agricultores e, incluso, por el propio empresario (concretamente por miembros de la Junta directiva con cualidad, por tanto, de empresarios, puesto que eran comuneros de dicha corporación). Así, la cuestión a dilucidar se centró en la utilización del *ius variandi* para la adscripción del Jefe de servicios a tareas diferentes de las que le correspondían. Esta STC se remitió a la STC 123/1992 antes analizada entendiendo que, de ser cierto lo alegado, la solución sería fácil, pues la doctrina de la sentencia citada —según el parecer de esta nueva STC— afirmó que "la sustitución interna constituye el ejercicio abusivo de un derecho que en principio corresponde al empresario, el ius variandi, con una posibilidad de novación contractual, desde el momento en que su potestad de dirección se maneja con fines distintos a los previstos en el ordenamiento jurídico y en una situación conflictiva, no como medida objetivamente necesaria para la buena marcha de la empresa sino para desactivar la presión producida por el paro en el trabajo". No obstante, denegó el amparo, pues el TC queda vinculado por los hechos considerados probados por la sentencia de suplicación y con relación a la actividad desarrollada durante la huelga por parte del mencionado Jefe de servicios, sentó "que no consta que haya realizado funciones que no le corresponden y que evidentemente no podía suplir por sí solo el trabajo de una plantilla de más de treinta trabajadores, repartidos en tres turnos de trabajo".

Finalmente, en la STC 33/2011, de 28 de marzo, nos encontramos ante la huelga general de 20 de junio de 2002, a la que decidió sumarse el comité de empresa del *DIARIO ABC, S.L.*, y en ella se trató de resolver si se vulneró el art. 28.2 CE por haber sido sustituidos los trabajadores huelguistas por los directivos y jefes de área de su empresa, quienes, asumiendo las funciones de aquéllos, lograron que se editase el diario *ABC* el día de la huelga.

Esta sentencia reiteró, en primer lugar, la doctrina ya comentada de la STC 123/1992 en cuanto a la preeminencia del derecho de huelga por su ubicación en el texto constitucional y, asimismo, reprodujo —una vez más— el conocido texto de aquélla sobre que la huelga produce, durante su ejercicio, "el efecto de reducir y en cierto modo anestesiar, paralizar o mantener en una vida vegetativa, latente, otros derechos que en situaciones de normalidad pueden y deben desplegar toda su capacidad potencial. Tal sucede con la potestad directiva del empresario, regulada en el art. 20 del Estatuto de los trabajadores ... (que) cuando se utiliza como instrumento para privar de efectividad a la huelga, mediante la colocación de personal cualificado (en algún caso, con título universitario) en puestos de trabajo con una calificación mínima, deja inermes a los trabajadores manuales, cuya sustitución es fácil y puede privarles materialmente de un derecho fundamental, vaciando su contenido esencial".

Se concluyó, generalizando como línea jurisprudencial consolidada, la *ratio decidendi* que fundamentó una decisión de la STC 123/1992 pensada —según ella misma concretó— para el concreto caso que resolvía, al señalar "que la sustitución interna de huelguistas durante la medida de conflicto constituye un ejercicio abusivo del ius variandi empresarial, derecho que, con los límites legalmente previstos, corresponde al empresario en otras situaciones. Pero en un contexto de huelga legítima el referido ius variandi no puede alcanzar a la sustitución del trabajo que debían haber desempeñado los huelguistas por parte de quien en situaciones ordinarias no tiene asignadas tales funciones; ya que, en tal caso, quedaría anulada o aminorada la presión ejercida legítimamente por los huelguistas a través de la paralización del trabajo". Se añadió, además, que "ni el empresario puede imponer a los trabajadores no huelguistas la realización de las tareas que corresponden a los que secundaron la convocatoria, ni los trabajadores que libremente decidieron no secundarla pueden sustituir el trabajo de sus compañeros". (Más abajo se matizó, respecto a esto último, que la responsabilidad empresarial en relación con el ejercicio de derechos fundamentales de los trabajadores no se limita a las consecuencias de la propia conducta, sino que puede abarcar las derivadas de actuaciones de terceros que de él dependan). En consecuencia, la STC 33/2011 afirmó que "Por ello, en tanto resulte probado que las funciones de los huelguistas han sido desarrolladas por quienes tenían asignadas otras diferentes en la misma empresa, debe concluirse que se ha lesionado el referido derecho".

Sin embargo, cabe destacar que, en otros pasajes de la sentencia 33/2011, el TC no se muestra tan contundente en cuanto al efecto de aparente generalización de la solución expuesta. Así, en su F.J.5, se señala que: "(...) también la sustitución interna de trabajadores huelguistas, esto es, la que se lleva a cabo mediante trabajadores que se encuentran vinculados a la empresa al tiempo de la comunicación de la huelga, *puede* constituir un ejercicio abusivo de las facultades directivas empresariales". Y condiciona la abusividad de la sustitución interna a determinadas circunstancias: "Así ocurrirá cuando, sea de forma intencional, o sea de forma objetiva, dicha sustitución produzca un vaciamiento del contenido del derecho de huelga, o una desactivación o aminoración de la presión asociada a su ejercicio. No cabe duda de que en el presente caso la edición, siquiera simbólica del diario (la tirada de aquel día fue de solo 29.800 ejemplares frente a la de los jueves precedente y posterior al de la huelga que fue de 250.000 ejemplares cada día), era idónea para desactivar el efecto y la repercusión de la huelga legítimamente convocada".

En mi opinión, no deja de ser un tanto sorprendente que una edición que —como el propio TC reconoce— sólo alcanzó a tener un carácter simbólico (y, en efecto, lo fue pues las cifras constatadas suponen que la tirada fue, aproximadamente, un 88% inferior a la normal) sea considerada idónea para desactivar el efecto y la repercusión de la huelga. Sin desmerecer el debido respeto a la valoración de estos hechos realizada por el TC, lo cierto es que la objetividad de los números habla por sí misma, pues, pese a la sustitución interna, la producción del día de la huelga fue sólo el 12%, aproximadamente, de la correspondiente a un día normal. Con ello se evidencia —como se razonó en capítulos anteriores— que, incluso permitiendo cierta capacidad de gestión del empresario, si la huelga tiene seguimiento, por sí misma, seguirá siendo efectiva. Cuestión distinta es la relativa a su repercusión pública que, a mi modo de ver, tiene más que ver, en su esencia, con otros derechos constitucionales, como el de libertad de expresión, que —por supuesto— debe ser garantizado a los huelguistas, pero también —¿por qué no?— a la empresa, aunque medie una huelga. El hecho de que el contenido de esta "edición simbólica" pudiera ser reproducido, glosado o reseñado en los programas de televisión que suelen comentar este tipo de publicaciones o en otros medios de comunicación, dando cuenta de las posiciones u opiniones de los editores y demás autores, no deja de ser *sano* en una sociedad democrática y, a su vez, tampoco es óbice, para que la efectividad de una huelga que originó una disminución de la tirada del 88% fuese —a buen seguro— notoriamente percibida por los compradores y suscriptores habituales del periódico.

De cualquier modo, lo cierto es que la STC comentada representó un nuevo —e importante— paso adelante hacia un cierto tono de generalización del criterio contrario a la admisibilidad de la movilidad interna, así como en favor de la aplicación de una gran amplitud de criterio en la valoración concreta de su incidencia sobre la eficacia de la huelga. Sin embargo, lo cierto es que es este segundo aspecto (la valoración en extremo generosa en el caso concreto de los efectos perniciosos sobre la huelga de dicha sustitución interna) lo que conduce a la generalización del rechazo de las medidas de movilidad interna durante las mismas, pues también en esta sentencia —como ocurría con mayor claridad en la 123/1992— es posible todavía apreciar ciertos matices que permiten concretar que la sustitución interna sólo vulnerará el derecho de huelga cuando produzca un vaciamiento del contenido de este derecho o una desactivación o aminoración de la presión asociada a la misma, pero no en todos los demás casos de continuidad de la actividad empresarial.

No obstante, es justo reconocer que, pese a todos los matices descritos, la doctrina de las SSTC 123/1992, de 28 de septiembre y 33/2011, de 28 de marzo, ha servido a una parte importante de la doctrina[46] y de la jurisprudencia ordinaria para considerar establecido, como un principio general, que la "sustitución interna" de huelguistas durante la medida de conflicto constituye un ejercicio abusivo del *ius variandi* empresarial que corresponde al empresario en situaciones normales pero que, en un contexto de huelga, anula o aminora la presión ejercida legítimamente por los huelguistas.

6.1.2. Desarrollo jurisprudencial por parte del Tribunal Supremo

Influida por esta doctrina constitucional, a su vez, la jurisprudencia ordinaria se ha mostrado también contraria a la utilización de trabajadores no huelguistas en labores distintas de las habituales para suplir la ausencia del trabajador huelguista (STS de 6 de junio de 2014, Recs. 191/2013), de otros centros de trabajo (SSTS de 18 de marzo de 2016 y de 20 de julio de 2016, Recs. 78/2015 y 22/2016), del mismo centro de trabajo, de distinta categoría profesional (SSTS de 8 de mayo de 1995, Rec. 1319/1994; de 11 de febrero de 2015, Rec. 95/2014) e, incluso, de la misma categoría profesional y funciones, pero de distinto turno y programas (STS de 30 de abril de 2014, Rec. 213/2013).

En este mismo sentido, las SSTS de 8 de junio de 2011, Rec. 144/2010 y 13 de enero de 2020, Rec. 138/2018, entre

---

46 Grau Pineda (2021, p. 57-58) entiende que la STC 123/1992, siguiendo el camino trazado por la STC 11/1981, reconoce la preeminencia del derecho de huelga sobre la libertad de empresa y, más concretamente, sobre el poder de dirección del empresario que deriva de ésta, impidiéndole hacer uso de los poderes empresariales en clave defensiva para contratar otros trabajadores o, reactivamente, proceder al cierre de empresa, con el fin de perjudicar o impedir la eficacia de la huelga. Asimismo, resalta que la STC 33/2011, de 28 de abril, introdujo dos elementos nuevos: 1) la valoración de las medidas que causen el efecto de mitigar la presión de la huelga con independencia de la intención de su autor, 2) la consideración no sólo de lo relativo al impacto económico de la huelga sino también de su "repercusión pública" (p. 59).

otras, han seguido la doctrina del TC sobre este particular, entendiendo el TS que el esquirolaje prohibido concurre incluso en el caso de que la sustitución resulte de la iniciativa de los propios trabajadores no huelguistas (SSTS de 5 de mayo de 2021, Recs. 4969/2018, 4972/2018, 4976/2018, 4981/2018, 4984/2018 y 4985/2018; y 6 de mayo de 2021, Recs. 4975/2018 y 4978/2018)[47] y aunque sean mermas reducidas o incluso insignificantes sobre la efectividad de la huelga (STS de 3 de febrero de 2021, Rec. 36/2019).

La reciente STS de 8 de noviembre de 2023 (Rec. 204/2021) —con cita de las SSTS de 8 de junio de 2011 (Rec. 144/2010), de 5 diciembre 2012 (Rec. 265/2011), de 20 abril 2015 (Rec. 354/2012), de 13 de enero de 2020 (Rec. 138/2018) y de 3 de febrero de 2021 (Rec. 36/2019)— ha sintetizado la propia doctrina del TS sobre este particular. Así, recuerda que, siguiendo la doctrina del TC ya analizada, la prohibición del art. 6.5 RDLRT no implica que sea posible la sustitución de los huelguistas por otras personas ya integradas en la empresa que no secundan la huelga. A continuación esta STS interpreta muy ampliamente la jurisprudencia constitucional, llegando a afirmar que, según ésta, la sustitución interna de huelguistas durante la medida de conflicto constituye un abuso empresarial, en tanto que el poder de organización y dirección de la empresa "... no puede alcanzar a la sustitución del trabajo que debían haber desempeñado los huelguistas por parte de quien en situaciones ordinarias no tiene asignadas tales funciones; ya que en tal caso quedaría anulada o aminorada la presión

---

47 Nogueira Guastavino (2021, p. 5), en sus comentarios a la STS de 6 de mayo de 2021, concluye que la doctrina del TC y el TS sobre esta materia implica que debe atribuirse a la empresa la responsabilidad por las actuaciones antihuelga realizadas respecto a sus subordinados, por omisión de toda reacción o prevención que impida el acto de sustitución, pues, es exigible al empresario un deber de prevención para impedir los actos de sustitución de los huelguistas, con independencia de que tengan mayor o menor repercusión. Así, la autora defiende que desde "recursos humanos", en caso de huelga, se proporcionen indicaciones al conjunto del personal para respetar el derecho de quienes ejercitan su derecho fundamental.

ejercida legítimamente por los huelguistas a través de la paralización del trabajo..."[48].

6.1.3. Aportación doctrinal

La doctrina científica, por su parte, se debate entre posiciones muy favorables a la amplificación del ámbito de aplicación de la prohibición de esquirolaje, no sólo con relación a estos supuestos de sustitución interna, como Grau Pineda (2021, p. 64)[49] para quien esta jurisprudencia constitucional implica que debería prohibirse la realización de un amplio espectro de conductas con potencialidad para

---

48 De manera similar, la STS de 27 de enero de 2021 (Rec. 140/2019) realizó antes una síntesis de la doctrina sobre el esquirolaje, llegando a una conclusión parecida.

49 La autora citada expresa: "Irrelevante resulta, a tal propósito, que los mismos sean expresión del ejercicio de facultades empresariales relacionadas con la ordenación de las relaciones de trabajo, y en particular del poder dirección, o fruto de decisiones no conectadas con aquellas. La imposibilidad de llevar a cabo actos contrarios a la *efectividad* del derecho de huelga resulta aplicable, así, al uso *desviado* de toda clase de prerrogativas empresariales, se trate de las que afectan a la contratación de trabajadores (esquirolaje externo), a la reordenación del tiempo de trabajo y la fijación y modificación de las funciones y el lugar de desarrollo de la prestación (esquirolaje interno), a la utilización de los bienes de capital, equipos o recursos tecnológicos (esquirolaje automático, tecnológico o virtual) o al establecimiento o la modificación de las relaciones contractuales con terceros (esquirolaje comercial)" (...) "si lo que se quiere es garantizar la *efectividad* del derecho de huelga" (...) incluyendo, *in extenso,* todos y cada uno de los potenciales actos que puedan desplegar el mismo resultado sea de la forma que fuere (...)" En tal sentido, cita (p. 65) las SSTS de 25 de enero de 2010 (Rec. 40/2009) y 5 de diciembre de 2012 (Rec. 265/2011). Para Sánchez-Girón Martínez (2021, p. 43) la sujeción de las decisiones de movilidad funcional a razones técnicas u organizativas por el art. 39 ET, así como a causas económicas, técnicas, organizativas o de producción de las medidas de movilidad geográfica y modificación sustancial de las condiciones de trabajo por los arts. 40 y 41 ET, impedirían al empresario su adopción durante la huelga, al considerar que no se pueden identificar tales causas con las originadas por la misma ("no cabría el paliar los efectos de la huelga").

ocasionar una neutralización o reducción de los efectos de la huelga, y otras posturas, en cambio, más moderadas, como la de García Murcia (2014, p. 109).

Este autor, en un sentido muy parecido al defendido en el presente estudio, manifiesta que lo que pretende la jurisprudencia constitucional es evitar el desarrollo de acciones de "desactivación" de la huelga por parte del empresario al amparo de sus poderes de organización y dirección del trabajo. A su juicio, esto implica que se debe admitir un uso razonable de las facultades de movilidad funcional o de asignación de trabajos, como "medida objetivamente necesaria para la buena marcha de la empresa" (esta cita que incorpora procede de la STC 66/2002, de 21 de marzo, si bien se advierte que esta no se refiere a un supuesto de sustitución interna). En cuanto al celebérrimo efecto de "anestesia" del derecho de huelga sobre el poder empresarial de organización y dirección del trabajo referido en la STC 123/1992, el autor lo valora como "algo seguramente excesivo, puesto que el empresario no deja de estar al frente de su empresa pese a la huelga". En fin, aunque reconoce que el respeto al derecho de huelga limita el poder de dirección empresarial, puesto que no puede actuar como medida de conflicto o como medio de "retorsión" frente al ejercicio del mismo, concluye que atribuir a la huelga ese efecto *anestesiante* o paralizador no parece lo más acertado, pues no hace más que oscurecer el concepto y alentar dudas sobre el alcance del derecho de huelga.

Con razón, el autor exclama: "¿En qué consiste realmente la huelga, en cesar en el trabajo o en paralizar la gestión de la empresa?"[50].

---

50 En palabras de Tascón López (2018a, p. 46): "se trata de la espinosa cuestión de si el empresario ha de soportar estoicamente la huelga, sin poder reaccionar en modo alguno acometiendo actuaciones de defensa" o, por el contrario, puede articular medidas proporcionales que mantengan el equilibrio justo entre el daño ocasionado por la huelga y el interés defendido por los trabajadores en huelga, en virtud del "sacrificio mutuo" implícito en el ADN del derecho fundamental (Grau Pineda, 2021, p. 74). Pues, en efecto, si, como

Pedrajas Moreno y Sala Franco (2008, p. 9) destacan que, según el Tribunal Constitucional, la huelga no es un deber sino un derecho ("existe abuso en aquellas huelgas que consiguen la ineludible participación en el plan huelguista de los trabajadores no huelguistas": F.J. 10 de la STC de 8 de abril de 1981) y esta libertad de trabajo resultaría atacada si, por la imposibilidad empresarial de modificar las condiciones de trabajo como solución menor, hubiera que llegar al cierre patronal de la empresa o centro de trabajo afectado, con la consiguiente suspensión de los contratos de trabajo y pérdida del salario de los no huelguistas "ex Art. 12.2 del RDLRT". A lo anterior añaden que no es que el empresario no pueda hacer uso de su poder de dirección respecto de los trabajadores no huelguistas; lo único que se prohíbe es su ejercicio "como instrumento para privar de efectividad la huelga". "Así, por ejemplo, podrán ejercitarse los poderes directivos (por ejemplo, de movilidad funcional o geográfica) en los casos en que sea la única alternativa al ejercicio del derecho de cierre patronal (Goerlich)".

Por su parte, García-Perrote Escartín (2005, p. 37) remite también a la STC 66/2002, antes citada, que —aunque, como se ha advertido, no viene referida a sustitución interna, sino incluso mucho más allá de ello, a la contratación de ocho nuevos trabajadores— contiene una doctrina favorable a la continuidad de la gestión empresarial durante la huelga, que incluiría la contratación de estos nuevos trabajadores, si se acredita que obedece a causas extrañas al ejercicio del de-

---

consideró la STC 11/1981, de 8 de abril, las huelgas no pueden ser abusivas sino que deben respetar una adecuada proporcionalidad entre los medios utilizados y los fines a conseguir: «Es exigible una proporcionalidad y unos sacrificios mutuos, que hacen que cuando tales exigencias no se observen, las huelgas puedan considerarse abusivas», parece que deberían ser admisibles aquellas actuaciones que no siendo limitativas de la eficacia de la huelga, tiendan a restablecer dicho equilibrio o proporcionalidad, es decir, a evitar daños excesivos o desproporcionados, como los que pueden derivarse de una total o cuasi total paralización del negocio, poniendo en riesgo la propia viabilidad futura de la empresa y del empleo en la misma.

recho fundamental, como medida objetivamente necesaria para la buena marcha de la empresa y no para desactivar la presión producida por el paro en el trabajo[51].

6.1.3.a. Valoración de la STC 66/2002 y su aplicabilidad a la movilidad interna

En mi opinión, esta doctrina de la STC 66/2002, de 21 marzo, es paradigmática y crucial a los efectos de este estudio y destaca entre las demás sentencias analizadas por el hecho de venir referida a un caso de contratación externa de trabajadores que son los que —por así decirlo— constituyen, a la vista de la prohibición legal, el perfil más representativo o exponente máximo de *supuesto sospechoso de esquirolaje.* El hecho de que, incluso compartiendo esos presupuestos propios del perfil prototípico o tradicional de esquirolaje (esquirolaje externo), el TC admita que se puede salvar la licitud de tales contrataciones de nuevos trabajadores cuando no quede probada una finalidad de desactivación de la huelga, nos ofrece una *ratio* también válida no sólo para los casos de sustitución interna antes analizados sino, incluso, para su aplicación a los supuestos de empleo de medios tecnológicos o de recurso a contratas durante la huelga a que se refieren los apartados siguientes.

La doctrina del TC contenida en esta sentencia especifica que el control debe concentrarse en discernir si los actos empresariales son reveladores de una conducta estratégica (voluntaria) u objetivamente (aun sin intencionalidad) contraria al derecho de huelga. Así, remitiéndose a las SSTC 107/2000, de 5 de mayo, y 225/2001, de 26 de no-

---

[51] La STSJ Andalucía (Contencioso-administrativo) de 29 de febrero de 2000 (Rec. 2762/1997) entendió en el caso de un hotel, en que en el mes de septiembre, junto con el de abril, se produce la máxima ocupación, que las contrataciones de trabajadores previstas antes de convocarse la huelga y asociadas a tales necesidades cíclicas, no son un hecho nada extraordinario, sino que se desenvuelve en el normal y previsible funcionamiento de la actividad.

viembre, recalca que lo importante, al margen de factores psicológicos y subjetivos de arduo control, es el resultado para el derecho o bien objeto de tutela y no tanto la intencionalidad del sujeto, pero, en todo caso, fija el foco de atención en la eventual valoración de la actuación empresarial en cuestión como conducta antisindical vulneradora de la eficacia del derecho de huelga.

En este sentido, aun partiendo de la genérica libertad de contratación derivada de la libertad de empresa, hay que entender que el ejercicio de los poderes empresariales se encuentra limitado por las normas legales o convencionales y por los derechos fundamentales del trabajador, constituyendo un resultado prohibido su utilización lesiva (por todas, SSTC 29/2002 y 30/2002, ambas de 11 de febrero). Por el contrario, se concluye que debe prevalecer dicha libertad de contratación, si —como fue el caso— las contrataciones no representan *una fórmula torticera* empleada contra los efectos de la medida de autotutela, entorpecedora y tendente a dejarla sin efecto por medio de una técnica de sustitución externa de los trabajadores huelguistas.

Pero, a mi modo de ver, la consecuencia más importante de esta sentencia es que se refiere expresamente a la célebre expresión de la STC 123/1992, de 28 de septiembre: «la preeminencia del derecho de huelga produce, durante su ejercicio, el efecto de reducir y en cierto modo anestesiar, paralizar o mantener en una vida vegetativa, latente, otros derechos que en situaciones de normalidad pueden y deben desplegar toda su capacidad potencial», pero, a diferencia de la doctrina judicial y científica arriba comentadas, no otorga a esta expresión carácter generalizador.

Contrariamente, incluso tratándose de un caso de contrataciones externas, excepciona expresamente este efecto, al señalar que: "Tal sucedería (...) con la libertad de contratación del empresario, que resultaría contraria al artículo 28.2 CE de utilizarse como instrumento para privar de efectividad a la huelga, mediante la colocación de personal no como medida objetivamente necesaria para la buena marcha de la empresa, sino para desactivar la presión producida por el paro en el trabajo. Sin embargo, no ha sido este el caso pues de lo expuesto se desprende la autonomía de la medida respecto del conflicto y su falta de influencia en el ejercicio del derecho".

De lo anterior se desprende, obviamente, que en la interpretación del propio TC, el famoso efecto de anestesia referido por la STC 123/1992, no se produce, en todo caso, por el mero hecho de convocarse una huelga y respecto de cualesquiera facultades empresariales, si no sólo respecto de los supuestos y con relación al ejercicio de aquellos poderes empresariales que puedan constituir una conducta antisindical o represiva que pretenda minar la eficacia del derecho de huelga.

Pero no así cuando la empresa, sin incidir en tales conductas, se limite a continuar (con autonomía respecto al conflicto y sin incidencia sobre el ejercicio del derecho de huelga) su actividad empresarial con los medios (técnicos y humanos) disponibles, los cuales, en este caso, incluso se incrementaron tras la convocatoria de huelga con nuevas contrataciones. No es pues, a juicio del TC —al menos en esta sentencia—, ni mucho menos, la paralización de la actividad empresarial la regla general a aplicar como consecuencia de la convocatoria de una huelga, sino que únicamente se deben limitar aquellas concretas manifestaciones de la libertad empresarial que puedan ser lesivas del derecho de huelga y que no sean identificables con medidas objetivamente necesarias para la buena marcha de la empresa.

6.2. COMENTARIOS SOBRE EL TRATAMIENTO DEL LLAMADO ESQUIROLAJE TECNOLÓGICO O VIRTUAL

6.2.1. Síntesis de la evolución jurisprudencial

Sobre la base de estos criterios susceptibles de aplicación general derivados de las últimas consideraciones realizadas en el apartado anterior, en lo que sigue serán objeto de análisis crítico las distintas vicisitudes por las que, en vía judicial, especialmente con relación al ámbito radiotelevisivo, ha atravesado el tratamiento jurídico de las situaciones en que la empresa, durante la huelga, trata de proseguir su actividad con medios tecnológicos propios.

Con la excepción de la precoz STS de 16 de marzo de 1998 (Rec. 1884/1997) —si bien más conectada con la cuestión de los servicios mínimos— que se opuso a la programación en medios de comunicación más allá de los informativos, la mayor parte de la jurisprudencia del TS de aquellos años —casi siempre relacionada con los medios audiovisuales— se mostró favorable a la admisibilidad de la emisión de contenidos (pregrabados o no) durante la huelga, si bien supeditándolo, normalmente, a que los medios técnicos empleados ya estuvieran a disposición de la empresa con anterioridad al inicio de la misma y a que para su activación o manejo no se incurriera en esquirolaje interno o externo.

En este sentido, cabe citar la STS de 27 de septiembre de 1999 (Rec. 1825/1998) sobre la emisión de un partido de fútbol por *TELEVISIÓ DE CATALUNYA, S.A.* con medios preexistentes, pero sin emplear trabajadores externos y las SSTS de 4 de julio de 2000 (Rec. 75/2000), 9 de diciembre de 2003 (Rec. 41/2003) y 15 de abril de 2005 (Rec. 133/2004) sobre la base del criterio de que el empresario debe poder tratar de continuar su actividad con los medios disponibles puesto que no se le puede imponer la obligación de colaboración con los huelguistas en el logro de sus propósitos, ni el cese total de la actividad empresarial. En definitiva, se entendía que lo que ha de garantizarse es la eficacia del derecho de huelga (como derecho de los trabajadores a cesar colectivamente como medio de presión sin ser sancionados por ello), pero no la efectividad de la huelga entendida como colaboración en la consecución de los objetivos pretendidos[52].

---

52 Así, en estas sentencias puede leerse: "no existe ningún precepto que prohíba al empresario usar los medios técnicos de los que habitualmente dispone en la empresa, para atenuar las consecuencias

Sin embargo, la serie de sentencias del TC 183/2006, 184/2006, 191/2006 y 193/2006, de 19 de junio[53], dio lugar a un paso intermedio protagonizado por la STS de 11 de junio de 2012 (Rec. 110/2011) que, si bien todavía se ajustaba al criterio precedente, contenía un voto particular que pareció determinar un cambio en la siguiente STS de 5 de diciembre de 2012 (Rec. 265/2011). En esta última, sin alcanzar a constituir un criterio pacífico unánime —como patentizan sus múltiples votos particulares— se estableció que se lesiona el derecho de huelga cuando una empresa del sector de radiodifusión sonora y televisión emite programación o publicidad por medios automáticos, si con ello se vacía el contenido esencial de este derecho, el cual comprende no sólo garantizar la eficacia de la huelga sino también su efectividad.

Finalmente, la STC 17/2017, de 2 de febrero, rechazó la concurrencia del denominado esquirolaje tecnológico al entender que la empresa empleó medios técnicos preexistentes ("no adquiridos expresamente para hacer frente a los efectos de la huelga") que, aunque no se usaban habitualmente, permitieron a la empresa, en este caso con el concurso de varios trabajadores que no secundaron la huelga, continuar parcialmente la actividad empresarial durante la misma.

---

de la huelga" (...) "el derecho de huelga garantiza el que los huelguistas puedan realizar paros sin ser sancionados por ello [pero ni] asegura su éxito, ni el logro de los objetivos pretendidos, ni el de conseguir el cese total de la actividad".

53 Si bien hay que matizar que todas estas sentencias no se referían al denominado esquirolaje tecnológico sino a la fijación de servicios mínimos durante la huelga en los medios públicos de comunicación audiovisual, lo cierto es que parece que tuvo su influjo sobre la posterior STS de 5 de diciembre de 2012 (Rec. 265/2011). Concretamente, en aquellas SSTC se entendió que, a efectos de preservación del interés general, la emisión de programación "pregrabada" no se corresponde con el servicio esencial de la información integrable dentro los servicios mínimos a fijar por la autoridad gubernativa a tal efecto.

6.2.2. *La efectividad de la huelga entendida como repercusión pública*

Como puede comprobarse, en la valoración de este tipo de situaciones adquirió cierto protagonismo en sede judicial la diferenciación entre si el bien jurídico a proteger es sólo la eficacia del derecho de huelga o si, por el contrario, debe incluirse también la necesidad de asegurar o garantizar que ésta sea efectiva. A mayor abundamiento, se ha incidido —o, tal vez, confundido— en la relación entre la apariencia de normalidad y la falta de efectividad de la huelga[54].

A mi modo de ver, con relación a este tema hay que diferenciar varias cosas:

En primer lugar, el dato de que se afirme que, incluso sin continuidad de la actividad laboral, el hecho de que la huelga pueda pasar externamente desapercibida afecta a la efectividad de la huelga y, por ello, puede asimilarse al esquirolaje, lleva a preguntarse: ¿Frente a quién se plantea una huelga? ¿Frente al empresario o frente a los usuarios, consumidores y a la sociedad en general[55]?

---

54 Según Grau Pineda (2021, p. 55): Hay que prestar atención al aspecto de "apariencia de normalidad" que la empresa puede pretender para socavar la efectividad de la huelga, puesto que, aunque no haya continuidad de la actividad laboral, pueden adoptarse por aquellas medidas que traten de hacer pasar desapercibida su existencia (y se pueden asimilar al esquirolaje). Cita en tal sentido las STC 183/2006, de 19 de junio, STC 33/2011 y SSTS de 5 de diciembre de 2012 (Rec. 265/2011) y 11 de febrero de 2015 (Rec. 95/2014). Para Tascón López (2020, p. 93), la huelga necesita "una cierta eficacia" (y visibilidad) para mostrarse útil.

55 En este sentido, la STS de 27 de septiembre de 1999 (Rec. 1825/1998) estableció que: "Otra interpretación jurídica del alcance del derecho de huelga supondría que la situación de conflicto no estuviera dirigida únicamente contra la propia empresa, sino también contra los usuarios de los servicios de la misma; y es claro que tal alcance es absolutamente desproporcionado, pues incluso podría llevarse al extremo de que ni siquiera un usuario pudiera sustituir por sí mismo el servicio que le era negado por la empresa que habitualmente utilizaba, cuando en ella hubiera un paro labo-

Precisamente, cuando —como vimos— el TC, desde sus primeros pronunciamientos al respecto (la STC 11/1981, de 8 de abril, se refirió expresamente a la incidencia que la huelga tiene en los terceros, usuarios de los servicios de la empresa y público en general, a quienes no deben imponerse más gravámenes o molestias que aquéllos que sean necesarios, F.J.10), ha tratado de ser rotundo en el sentido de que las huelgas han de considerarse abusivas o desproporcionadas cuando afecten más allá de lo necesario a los intereses de terceros o de la comunidad (y serán ilícitas, por supuesto, cuando vulneren la obligación de preservar los servicios esenciales que le impone el propio art. 28.2 CE), parece que, cada vez más, se generaliza el empeño por confundir la efectividad de la huelga —que debe actuar frente al empresario y presionar los intereses empresariales (específicamente, en el ámbito de interrelación de la oferta y demanda de mano de obra que ya fue descrito en la primera parte de esta obra)— con la repercusión pública de la misma. Que, indirectamente, generar mala imagen de la empresa pueda ser un modo de presión muy efectivo sobre la misma, a mi modo de ver, constituye una estrategia que no concilia bien con el concepto constitucional de huelga que hemos estudiado en este trabajo. Pero, más allá de ello, no puede identificarse como el entero contenido del derecho de huelga, como si esto fuera su objeto principal[56].

---

ral colectivo" (F.J.2). En idéntico sentido, la STS de 11 de mayo de 2001 (Rec. 3609/2000), indicó: "Así pues, es claro que si el derecho de huelga no tiene por finalidad esencial perjudicar o hacer el mal a la empresa, es una manifiesta perversión del derecho a la misma tratar de perjudicar a terceros, máxime cuando se trata de terceros afectados en derecho tan vital como el de la salud" (F.J.3).

56 En mi opinión, este tipo de "lucha" basada en la visibilidad del conflicto y el perjuicio de la imagen de la empresa se encuentra extramuros del derecho de huelga (a lo sumo, conectaría con el derecho a la libertad de expresión de los huelguistas, pero no necesariamente implicando la inhibición empresarial). Por otro lado, cabe plantearse si necesariamente la visibilidad del conflicto debe considerarse equivalente a daño por mala imagen para la empresa (aunque la realidad seguramente sea que el imaginario colectivo de las sociedades tiende a dicha asociación), como si el

Pero, incluso si esto se pudiera admitir como objetivo legítimo de las huelgas, en segundo lugar, cabe preguntarse en estos casos en que la actividad se basa, sin sustitución directa de trabajadores, en la simple emisión de programas grabados: ¿realmente se puede apreciar que se está consiguiendo apariencia de normalidad cuando el radioyente o el televidente está habituado a disfrutar de programación en directo, por ejemplo, en los programas de noticias? ¿O en la retransmisión de un partido de fútbol será lo mismo para el espectador ver sólo las imágenes, sin comentarios que las acompañen? Tampoco creo que a los clientes habituales de una gasolinera acostumbrados a que un empleado les proporcione el servicio de repostaje personalmente se le escape que ahora tienen que sujetarse a un sistema de autoservicio y no es muy osado aventurar que este cambio, previsiblemente, no será muy bien recibido. ¿No estamos, más bien, ante intentos de dar continuidad en lo posible a la actividad de la empresa, valorables en la mayor parte de los casos —en línea con el criterio antes expuesto de la STC 66/2002—, como parte de las medidas objetivamente necesarias para tratar de favorecer la buena marcha de la empresa? O, si en el supuesto en cuestión que se enjuiciara se valorase que la concreta actuación empresarial no es legítima, ¿no se trataría realmente, en su caso, de una conducta lesiva o antisindical pero no propiamente de esquirolaje en sentido estricto?

Por último, como ya introduje al realizar la propuesta de regulación sobre esta materia, cabe recordar que es cierto que en determinadas ramas de actividad (como la audiovisual y las comunicaciones) la automatización de imágenes y servicios, etc. puede proporcionar mayores facilidades a la empresa para conseguir cierta apariencia de normalidad, pero también lo es que, si la empresa tiene en estos sectores más modernos estas posibilidades a su favor que las nuevas tecnologías permiten, también los huelguistas cuen-

---

mero hecho de convocarse una huelga la convirtiese en "presunta culpable" de condiciones laborales precarias.

tan ahora con innovaciones que lo pueden contrarrestar que, asimismo, les vienen proporcionadas por los avances tecnológicos, dando mayor publicidad al conflicto: como redes sociales, nuevas modalidades (y medios) de comunicación, etc. Tal vez, sea más adecuado valorar el fenómeno tecnológico como global y neutral, el cual a todos puede beneficiar (o perjudicar) según en qué aspectos, en lugar de necesariamente con un sesgo favorable a la empresa.

En conclusión, creo, sinceramente, que no es necesario asegurar esta visibilidad del conflicto (o apariencia de normalidad) para garantizar la efectividad de la huelga. Dicha efectividad, en realidad, se patentiza —y es ahí donde debe plasmarse—, incluso si se permite el empleo de medios tecnológicos durante la misma, en la presión que el perjuicio económico y organizativo para la empresa origina el paro laboral mismo, forzándola a la adopción de estos sistemas técnicos alternativos, que tienen un coste y que de haber sido una opción preferida —o no dañosa para la empresa— hubiera sido la modalidad organizativa previa adoptada por la empresa *ab initio.* No hay que olvidar que toda empresa pretende maximizar su beneficio y optimizar su negocio, y si no se adoptaron desde su constitución —o en un momento posterior, pero independiente de la huelga— tales medios tecnológicos es porque, por razones de rentabilidad/costes, organizativas o de calidad del producto/servicio, resultaba más conveniente el empleo de mano de obra. De ello se deduce que, si como consecuencia de la huelga, la empresa se ve obligada a recurrir a esta opción tecnológica que no fue la preferida inicialmente, se debe estar provocando cierta presión sobre los intereses —al, menos, los prioritarios— de la empresa. Y esto, en definitiva, es efectividad de la huelga.

6.2.3. Exégesis de la jurisprudencia del Tribunal Supremo

Como hemos visto, ya desde los primeros pronunciamientos, la postura del TS en las sentencias de 27 de septiembre de 1999 (Rec. 1825/1998) y, más directamente, en la de 4 de julio de 2000 (Rec. 75/2000) —tildada por la doctrina (Talens Visconti, 2013, p. 3), como escueta y acompañada de poco esfuerzo argumentativo— fue favorable a que el derecho de huelga se configura únicamente como el derecho de los trabajadores a realizar los paros sin ser sancionados por ello, pero en el bien entendido que ninguna norma prohíbe al empresario usar los medios de los que habitualmente dispone en la empresa y que la efectividad de la huelga no impone al empresario el deber de colaboración con los huelguistas en el logro de sus propósitos. Posteriormente, las SSTS de 9 de diciembre de 2003 (Rec. 41/2003) y 15 de abril de 2005 (Rec. 133/2004), e incluso la STS de 11 de junio de 2012 (Rec. 110/2011), en la misma línea, confirmaron tanto la inexistencia de precepto alguno que prohíba al empresario usar los medios técnicos de los que habitualmente dispone en la empresa para atenuar las consecuencias de la huelga, como que si las emisiones preprogramadas se realizaron sin ser interrumpidas, pero "sin que los huelguistas fueran sustituidos por otros trabajadores, ni extraños a la empresa, ni de su propia plantilla, el derecho fundamental no se ha vulnerado" y ello porque el derecho de huelga "garantiza el que los huelguistas puedan realizar los paros sin ser sancionados por ello", pero "no asegura su éxito, ni en el logro de los objetivos pretendidos, ni en el de conseguir el cese total de la actividad empresarial".

Para esta última sentencia (STS de 11 de junio de 2012, Rec. 110/2011), dictada ya con posterioridad a las SSTC 183/2006, 184/2006, 191/2006 y 193/2006, de 19 de junio, la doctrina del TC en tales sentencias ha de ser interpretada en el sentido de que lo que vedan es que se considere esencial y que, por tanto, deba ser atendido por trabajadores adscritos a servicios mínimos —mitigando o reduciendo la efectividad de la huelga— la emisión de programas pregrabados que carecen de valor informativo, pero no en sí misma la emisión de programas pregrabados, adicionales a los servicios mínimos, si se activan de forma automática o a través de trabajadores que no secundaron la huelga.

En este sentido, la actividad, en este caso publicitaria, hay que entender que se podría admitir como cualquier otra realizada con medios tecnológicos, siempre que no se asignen a ella trabajadores encargados de servicios mínimos y siempre que no se contraten para ello trabajadores infringiendo lo dispuesto en el art. 6.5 RDLRT. Por tanto, el TS —a mi juicio, acertadamente— concentra la valoración de la conducta empresarial en el círculo de lo lesivo para el derecho de huelga por sus implicaciones directas sobre la eficacia del derecho, entendida como garantía para que los trabajadores puedan sumarse libremente a la huelga, pero no como prohibición de toda continuidad de la actividad empresarial que exceda de los servicios mínimos. No existiría impedimento, pues, para la continuidad de la actividad empresarial con medios tecnológicos durante la huelga siempre que su puesta en marcha o manejo recayese sobre trabajadores no huelguistas o si tales sistemas se ejecutasen de forma totalmente automática.

No obstante, la citada sentencia contiene un voto particular formulado por el Excmo. magistrado D. Manuel Ramon Alarcón Caracuel quien entendió que con tal planteamiento quedaría legitimada también una actuación empresarial en la que, en lugar de emitir solamente publicidad, se emitieran por medios automáticos todos los programas de entretenimiento que constituyen el mayor porcentaje de la parrilla de programas de cualquier televisión y que están, en su inmensa mayoría, pregrabados: "Si a ello le añadimos la emisión en directo de los informativos —que siempre estará justificada por el debido respeto al derecho de comunicación e información y así se habrá establecido en la correspondiente norma de servicios mínimos— el resultado práctico no puede ser más evidente: la realización de una huelga en este tipo de empresas puede llegar a tener una trascendencia social prácticamente nula y, consiguientemente, el ejercicio de ese derecho puede quedar casi vaciado de contenido real (…)".

Una vez más —como vemos—, el contrapunto procede de la —ya comentada— tendencia a la equiparación entre la efectividad de la huelga y su repercusión social. Para no ser reiterativo, me remito a los comentarios al respecto realizados en el subapartado anterior. Sin embargo, a la vista del planteamiento del voto particular, no me resisto a concretar aquí los comentarios generales que he esbozado con anterioridad sobre el papel de los medios tecnológicos en estos sectores. Si lo analizamos en detalle, el voto particular se lamenta de que el derecho de huelga podría quedar vaciado de contenido si, más allá de la mera publicidad, se emitieran también todos los programas pregrabados "que constituyen el mayor porcentaje de la parrilla de programas de cualquier televisión".

En mi opinión, ahí está el *quid* de la cuestión. No es posible considerar esquirolaje (sustitución de mano de obra), ni siquiera considerar que es menos efectiva la huelga, por el hecho de emitir unos programas pregrabados que son los mismos o similares a los que se reproducen normalmente (aun sin mediar la huelga) en los canales de televisión en cuestión. Pues, en todo caso, la fuerza de trabajo, en estos sectores y respecto de este tipo de contenidos, ya fue "sustituida" antes como modo de producción habitual de estos programas, con total independencia de las eventuales convocatorias de huelga. La valoración de este modelo tecnológico organizativo-productivo forma parte, por tanto, de un debate más amplio, pero no es un problema de esquirolaje.

En todo caso, la efectividad de la huelga en cuanto cese en el trabajo (sin necesidad de relacionarla con su trascendencia social) sí que podría quedar comprometida con relación a los programas de informativos que, como también refiere el voto particular, son los que, normalmente, se realizan con medios humanos. Pero la adscripción de trabajadores a estos espacios informativos durante la huelga derivó en este caso de la fijación de servicios mínimos por la autoridad gubernativa en cumplimiento de la obligación constitucional de mantenimiento de los servicios esenciales para la comunidad (que también forma parte del contenido constitucional del art. 28.2 CE) y no de una decisión empresarial de sustitución, así que también este aspecto queda fuera del debate del esquirolaje.

Derivando de una obligación constitucional que hay que entender justificada y, por ello, indiscutida como tal en sí misma, a lo sumo, el debate puede residenciarse en que la extensión de los servicios fijados por la autoridad gubernativa no sea excesiva, pues en dicho caso podría estar perjudicándose la efectividad de la huelga por virtud del desmedido alcance de la decisión de dicha autoridad, pero no por una conducta empresarial relacionada con el esquirolaje. Así, las citadas SSTC 183/2006, 184/2006, 191/2006 y 193/2006, de 19 de junio, tuvieron por objeto esta concreta cuestión que, aun siendo bien distinta, se quiso emplear aquí como fundamento de este cambio de visión sobre el asunto del esquirolaje en el ámbito de los programas de televisión.

Con posterioridad, el voto particular se ampara en la ya comentada STC 123/1992 para reproducir y defender sus argumentos en el sentido de que el derecho de huelga tiene preeminencia sobre el de libertad de empresa[57], y a que estando en juego la limitación de un derecho fundamen-

---

57 Grau Pineda (2021) cita "en idéntico sentido" a Casas Baamonde (1994, p. 49), pero esta prestigiosa voz, en realidad, matiza que "no se trata de que un derecho prime sobro otro, sino de que la huelga incorpora en su contenido la capacidad de incidir restrictivamente en las facultades empresariales y que, a su vez, la libertad de empresa no ampara la capacidad del empresario de reaccionar frente al ejercicio de un derecho fundamental, en este caso el previsto en el art. 28.2 CE". Bien mirado, parece más bien justo la opinión contraria pues, efectivamente, corrobora que no prima un derecho sobre otro, sino sólo que el contenido esencial del de huelga lleva ínsita la potencialidad de producción de unos efectos colaterales dañinos sobre los intereses empresariales y que, en efecto, el empresario no puede reaccionar frente al ejercicio de este derecho fundamental, impidiéndolo, mediante conductas que minen la eficacia de tal derecho. Pero, en cualquier caso —como afirmaba el voto mayoritario de la sentencia—, esto no ocurre si la empresa se limita a continuar su actividad con medios tecnológicos (activados con los medios humanos disponibles). Al fin y al cabo, continuar la actividad empresarial ejerciendo la libertad de desarrollo su objeto social, que también es un derecho constitucio-

tal no puede aceptarse una interpretación *a sensu contrario* del art. 6.5 RDLRT en el sentido de que todo aquello que no está prohibido, está permitido. Aunque esta última STC ya fue comentada más arriba y son comprensibles las precauciones respecto a esta conclusión de "todo aquello que no está prohibido, está permitido" si se interpreta como referida a todo lo que no está prohibido expresamente en el Derecho positivo (puesto que pueden existir otras consecuencias jurídicas tácitas de las normas e incluso derivarse de normas no escritas que también forman parte del Derecho objetivo), lo cierto es que, como principio, la seguridad jurídica (art. 9.3 CE) aboga en favor de que sólo esté prohibido aquello que la Ley determine expresamente, y en conductas como las aquí estudiadas que podrían tener consecuencias sancionadoras (arts. 8.10 y 19.3 LISOS), también lo apoyan el principio de tipicidad y prohibición de extensión analógica previsto en el art. 27.4 de la Ley 40/2015, de régimen jurídico del sector público: "Las normas definidoras de infracciones y sanciones no serán susceptibles de aplicación analógica".

Como ya se avanzó, el citado voto particular parece que inspiró a la posterior STS de 5 de diciembre de 2012 (Rec. 265/2011) cuyo criterio, en esta ocasión, sí que se adoptó como mayoritario, implicando un cambio de doctrina del TS sobre esta materia.

Curiosamente, esta sentencia califica como *absolutista* el planteamiento de la recurrente que sostenía que, cumpliendo con los servicios mínimos, la empresa puede realizar otro tipo de emisiones, siempre que para ello no emplee a trabajadores huelguistas ni los sustituya por otros trabajadores adscritos a dichos servicios, al entender que choca frontalmente con el derecho fundamental de huelga que el artículo 28.2 CE proclama y garantiza, que la actuación empresarial, aun cuando sea mediante la utilización

---

nal (art. 38 CE), no es necesariamente oponerse a la huelga, si la respeta limitando el empleo de recursos humanos a los no huelguistas.

de medios mecánicos o tecnológicos, prive materialmente a los trabajadores de su derecho fundamental, vaciando su contenido esencial. Resulta paradójico que el contenido de la descripción de las argumentaciones que, a juicio de esta STS, son absolutistas y chocan frontalmente con el derecho fundamental de huelga reconocido en el art. 28.2 CE, coincide en lo esencial —si no en todo— con el de la doctrina consolidada hasta ese momento por el propio TS con relación al denominado esquirolaje tecnológico.

Por lo demás, justificando, básicamente, con la reproducción de los argumentos del voto particular antes analizado de la STS de 11 de junio de 2012 (Rec. 110/2011), esta sentencia procede, por sí sola, a declarar modificada la doctrina sentada y reiterada (art. 1.6 CC) por todas las sentencias anteriores ya comentadas (con excepción de la primera STS de 16 de marzo de 1998, Rec. 1884/1997).

El nuevo criterio se resume del siguiente modo: No sólo en el supuesto de que se utilicen medios humanos (trabajadores asignados a la prestación de servicios mínimos) para la realización de actividades que exceden de los servicios decretados como esenciales, se lesiona el derecho de huelga, sino que también se lesiona este derecho cuando una empresa del sector de radiodifusión sonora y televisión emite programación o publicidad por medios automáticos, en el caso de que dicha actividad empresarial, aun cuando sea mediante la utilización de medios mecánicos o tecnológicos, priva materialmente a los trabajadores de su derecho fundamental, vaciando su contenido esencial de manera que no cabe el uso de las prerrogativas empresariales, aun amparadas en la libertad de empresa, para impedir la eficacia del derecho de huelga, y ello por la propia naturaleza de este derecho y también del de libertad de empresa que no incorpora a su contenido facultades de reacción frente al paro.

No obstante, el TS no consideró probado en el caso enjuiciado el vaciamiento del contenido del derecho de huelga, o una desactivación o aminoración de la presión asociada a su ejercicio. Con lo cual, todavía se suscita más perplejidad, puesto que, si se modifica la doctrina anterior impidiendo que la libertad de empresa ampare la continuidad por sus propios medios de la actividad empresarial, pero esto se sujeta a que se pruebe que dicha actividad empresarial priva materialmente a los trabajadores de su derecho fundamental vaciando su contenido esencial, pero no se concretan los criterios que lo determinan, no parece, en realidad, que se haya sino complicado más el asunto. Pues no podrá saberse de antemano, en cada caso, si la actividad es o no legítima hasta la realización de la actividad probatoria en un eventual proceso judicial, pero, a su vez, tampoco se podrá presumir —como se defiende en esta obra— que, salvo prueba en contrario, la actuación es lícita, puesto que esta STS no admite el criterio, por absolutista, en favor que la empresa pueda realizar sus emisiones por medios técnicos, cumpliendo con los servicios mínimos, siempre que para ello no emplee a trabajadores huelguistas ni los sustituya por otros trabajadores adscritos a dichos servicios. Sinceramente, en mi humilde opinión, algo no cuadra.

En estas circunstancias, como era previsible, el nuevo criterio que sustenta el cambio de doctrina declarado por esta STS no fue, ni mucho menos, unánime. Así, la sentencia cuenta con dos votos particulares formulados, respectivamente, por los Excmos. magistrados D. Aurelio Desdentado Bonete y D. Antonio Martín Valverde, a los que se adhieren otros dos Excmos. magistrados en cada uno de ellos.

El primer voto particular —entre otras consideraciones de gran valor jurídico que lo fundamentan— entendió que el nuevo criterio contenido en la sentencia de la que discrepa excede el ámbito de las garantías constitucionales aplicables y el propio contenido del derecho fundamental cuando sostiene que la lesión del derecho de huelga se produce también cuando se realiza "una actividad empresarial" —en este caso la emisión de publicidad— "aun cuando sea mediante la utilización de medios mecánicos y tecnológicos" y ello aunque no conste ni la sustitución de huelguistas por esos medios automáticos, ni que tales medios se hayan incorporado a la empresa con la finalidad específica de hacer frente a la huelga. La única justificación, según aquel criterio, para considerar vulnerado el derecho fundamental es que mediante el empleo de estos medios "se consigue ofrecer una apariencia de normalidad con lo que la realización de la huelga en este tipo de empresas puede llegar una transcendencia social prácticamente nula y consiguientemente el ejercicio de ese derecho puede quedar prácticamente vaciado de contenido real". Pero, de esta forma, la garantía ya no afecta a la sustitución de los huelguistas, sino al resultado de la huelga, convirtiéndose en una garantía del éxito de ésta, para lo que se impone al empresario una obligación de colaborar a ese resultado, absteniéndose de realizar su actividad por medios que no se ha acreditado que supongan sustitución alguna de los huelguistas. Se concluye por este primer voto particular que lo que garantiza la Constitución es el derecho a realizar la huelga, es decir, a cesar temporalmente en el trabajo como medida de presión. No garantiza el resultado positivo de la misma o, dicho más claramente, el derecho de huelga no comprende la obligación de que el empresario se abstenga de realizar una actividad productiva que pueda comprometer el logro de los objetivos de la huelga, cuando esa actividad se realiza sin sustitución de los huelguistas.

Por su lado, el segundo voto particular, aunque comparte la mayor parte de los argumentos del primero, se concentra en la *analogia legis* realizada por el criterio mayoritario de la sentencia cuando interpreta que la lesión del derecho de huelga se produce no sólo cuando se contraviene el art. 6.5 RDLRT, sino también cuando se emiten programas pregrabados en cuya inserción no hay intervención alguna de trabajadores en huelga, a lo cual se denomina "esquirolaje tecnológico". El voto particular especifica que no estamos ante una operación hermenéutica de interpretación extensiva sino de aplicación analógica (art. 4.1. Código Civil: "Procederá la aplicación analógica de las normas cuando éstas no contemplen un supuesto específico, pero regulen otro semejante entre los que se aprecie identidad de razón") y añade que este caso carece de los dos presupuestos necesarios previstos legalmente para poder aplicar tal *analogia legis* (la existencia de una laguna legal y la presencia en el ordenamiento de una norma semejante): «En primer lugar, no existe laguna legal en el caso, en cuanto que el principio de libertad de empresa y el derecho constitucional del empresario a adoptar medidas de conflicto colectivo limitan las restricciones de la libertad de acción del empresario en supuestos conflictivos a las expresamente establecidas en la norma legal. Y, en segundo lugar, no hay identidad de razón entre la prohibición de la sustitución de trabajadores huelguistas y la prohibición de emisión de programas pregrabados, en cuanto que la primera se refiere al mismo factor de producción que la huelga —el "capital humano"—, mientras que la segunda pone en juego un factor o medio de producción netamente distinto —el "capital físico y tecnológico"—, de libre disposición por parte de la empresa. En efecto, la huelga se refiere al trabajo humano y no al funcionamiento de máquinas de titularidad del empresario y a disposición del mismo»[58].

Este voto particular contiene, además, una serie de consideraciones finales con relación al papel del derecho de huelga y su conciliación con los demás derechos constitucionales que respaldan, en buena medida, gran parte de los argumentos defendidos en este estudio en el ámbito del Derecho constitucional. En este sentido, cabe citar las referencias a la STC 11/1981 y al derecho de huelga como derecho instrumental (y no absoluto) individual de los trabajadores huelguistas, los cuales no pueden pretender ni que se sumen a su ejercicio los no huelguistas (libertad de

[58] A mayor abundamiento, a mi modo de ver, si de acuerdo con el art. 28.2 CE, el derecho de huelga es de los *trabajadores* para la defensa de *sus intereses*, ello implica que debe circunscribirse al ámbito de lo laboral, concretamente, a lo relativo a la fuerza de trabajo y, por ende, la valoración de las conductas que puedan vulnerar dicho derecho también debería limitarse a las que tengan que ver con el factor trabajo.

trabajo, art. 35 CE) ni que el empresario al que va dirigida la presión huelguística colabore por inacción u omisión al éxito de la huelga (libertad de empresa, art. 38 CE). Pues, si bien algunas de las medidas de conflicto colectivo del empresario están restringidas o limitadas por el legislador, entre ellas no se encuentran los actos empresariales de mantenimiento de la producción sin intervención humana, que viene respaldados por el derecho a la libertad de empresa, entendido como ejercicio de actividades empresariales lícitas y como defensa de la productividad, cuya defensa se encarga constitucionalmente expresamente a los poderes públicos, incluidos los organismos jurisdiccionales.

En fin, también el citado voto particular incluye, oportunamente, ciertas reflexiones en la línea de la aplicabilidad del principio de proporcionalidad desarrollada en la parte inicial de este trabajo. Así, se indica que la eficacia general del instrumento de la huelga no implica que todas las huelgas declaradas deban ser valoradas *a priori* como acertadas. Es necesario, siempre, un balance de las ventajas y sacrificios que comportan para todos los afectados, pues "puede que los huelguistas estén cargados de razón no sólo en cuanto al fin perseguido sino en cuanto al medio utilizado; puede también que el fin perseguido merezca aprobación, pero el medio resulte excesivo o inconveniente; y puede por último que tanto el fin como el medio sean reprobables".

Pero en el Derecho español la atribución —según la STC 11/1981— de la titularidad del derecho a cada trabajador individual, que es en última instancia quien decide o no suspender su prestación laboral mediante el ejercicio del derecho de huelga —a la que habría que añadir la supresión, también por la STC 11/1981, de los controles de representatividad mínima en el nacimiento de la huelga a que hice referencia en la primera parte de este trabajo— conducen a que la valoración jurídica no puede inclinarse apriorísticamente "siempre a favor de los huelguistas y en contra de los demás afectados por la huelga (no huelguistas, empresarios, usuarios, etcétera). Ni tampoco, por supuesto, debe llegar, en un movimiento de péndulo, a la conclusión contraria. La valoración del alcance del derecho ha de hacerse, en cada caso concreto, con el criterio objetivo y neutral del atendimiento a los límites legales del derecho de huelga, en los que el legislador ha precisado, en un momento histórico determinado, la proporcionalidad de los sacrificios de participantes y afectados".

Por último, frente a cierto sector doctrinal y a la más temprana opción de la dotrina jurisprudencial constitucional, se reiteran también las conclusiones contrarias a que la colocación sistemática del derecho de huelga en la CE le atribuya un rango o posición preeminente respecto de otros derechos o intereses, como el derecho al trabajo, la libertad de trabajo de los no huelguistas, o el interés de los empresarios y de la economía en general en "la defensa de la productividad" (art. 38 CE), más allá de las garantías específicas en cuanto a tipología normativa (Ley Orgánica), protección jurisdiccional (preferencia y sumariedad) y ante el TC (recurso de amparo) que se derivan de los arts. 53.2 y 81 CE.

6.2.4. La STC 17/2017, de 2 de febrero

A la vista del controvertido criterio jurídico adoptado por el Tribunal Supremo en la sentencia recién comentada, resultó muy oportuna y conveniente la publicación, pocos años después, de la sentencia 17/2017, de 2 de febrero, comprensiva de un pronunciamiento del Tribunal Constitucional sobre esta materia.

El caso planteado entremezclaba aspectos de interés jurídico no sólo relacionados con el denominado esquirolaje tecnológico, puesto que en el mismo se tenía que resolver también sobre la posible concurrencia de elementos de movilidad funcional por la intervención de un coordinador que realizó, directamente, funciones de ejecución de medios técnicos.

No obstante, la sentencia concluyó que, en la retransmisión de un partido de fútbol de *Champions League* por Telemadrid durante el día de huelga, no hubo esquirolaje interno y tampoco admitió la existencia del denominado esquirolaje tecnológico por la utilización por la empresa de medios técnicos preexistentes, aunque de uso no habitual.

Concretamente, la fundamentación jurídica de la STC 17/2017 parte de la prohibición de esquirolaje externo contenida en el art. 6.5 RDLRT y, a continuación, se refiere a las SSTC 123/1992 y 33/2011 como ampliadoras de la prohibición de esquirolaje a la realización, por trabajadores ya vinculados a la empresa antes de la huelga, de funciones distintas a las que normalmente desempeñan bien utilizando el empresario las facultades empresariales en materia de movilidad (STC 123/1992), o bien aceptando voluntariamente la realización de servicios distintos (STC 33/2011). Así, el TC reconoce que no hay duda que la libertad del empresario por lo que respecta a sus facultades de organización y dirección de los trabajadores (*ius variandi*) queda restringida por el ejercicio del derecho de huelga, pero concluye que no hay precepto alguno que, durante este ejercicio, prohíba al empresario usar los medios técnicos de los que habitualmente dispone en la empresa para mantener su actividad.

Resulta significativo cómo, con este último razonamiento, se desecha implícitamente aquel argumento iniciado por el propio TC, en la sentencia 123/1992, contrario a admitir que todo lo no prohibido expresamente por la Ley haya de considerarse permitido. Y, a su vez, posteriormente, se descarta que la prohibición del art. 6.5 RDLRT sea aplicable vía *analogía legis*: "La utilización de medios ya existentes en la empresa es compatible con el derecho de huelga y no puede extenderse, por vía analógica, a este supuesto la prohibición prevista en el art. 6.5 RDLRT, que se refiere al empleo de los recursos humanos en la empresa, pero no a la utilización de sus recursos materiales y tecnológicos".

Por último, esta STC viene a confirmar, de otro lado, el criterio de la doctrina inicial del TS sobre esta materia en el sentido de considerar que exigir al empresario que no utilice medios técnicos con los que cuenta en la empresa supone imponer a aquél una conducta de colaboración en la huelga no prevista legalmente: "El empresario tiene que soportar inevitablemente un daño como consecuencia de la huelga derivado de la interrupción de la actividad en que la misma consiste, pero sería desproporcionado exigir al empresario, en supuestos como el presente, que colabore por inacción u omisión al éxito de la huelga. El derecho de huelga aparece configurado como una presión legal al empresario que debe soportar las consecuencias naturales de su ejercicio por parte de los trabajadores que se abstienen de trabajar, pero no se impone el deber o la obligación de colaboración con los huelguistas en el logro de sus propósitos".

La STC 17/2017, de 2 de febrero, ha sido ampliamente criticada por la doctrina (Escribano Gutiérrez, 2017; Pérez Rey, 2017; Preciado Doménech, 2017; Miñarro Yanini, 2018[59]; Cordero Gordillo, 2019; Grau Pineda, 2021) por tres razones principales:

a) El TC fundamenta su decisión en que la prohibición prevista en el art. 6.5 del RDLRT se refiere al empleo de los recursos humanos en la empresa, pero no a la utilización de sus recursos materiales y tecnológicos, pese a que, precisamente, la interpretación *a sensu contrario* de este precepto había sido rechazada previamente por el propio TC y a la vista de que difícilmente un norma pensada en el contexto de evolución tecnológica propia de la década

---

59 Según Miñarro Yanini (2018, p. 218): "Dado el modelo productivo actual, la STC 17/2017 puede «dinamitar» el derecho de huelga (...)". Tascón López (2020, pp. 94-95) recoge, asimismo, en este mismo sentido crítico, numerosas opiniones doctrinales: Martínez Moreno, 2017 (se juega aquí el derecho de huelga su "ser o no ser" futuro); Rojo Torrecilla, 2017 ("paso atrás") y Toscani Giménez, 2017, así como respecto de la previsión de expansión del problema a nuevos sectores (Talens Visconti, 2013 y Todolí Signes, 2014), más allá del audiovisual (lo cual Tascón López entiende derivará en la necesidad de nuevos pronunciamientos del TC).

de los años 70´ del siglo pasado hubiera podido prever las posibilidades técnicas actuales de sustitución de la fuerza laboral. Algunos de estos autores y autoras recalcan, asimismo, que estos problemas evidencian, una vez más, la perentoria necesidad por razones prácticas, no sólo formales, de la aprobación de una norma más acorde con la realidad empresarial, laboral y tecnológica actual;

b) El TC en esta sentencia se limita a valorar el ajuste del supuesto planteado a la legalidad ordinaria vigente sin asumir la responsabilidad de una valoración de mayor alcance —que le corresponde— desde la perspectiva de la ponderación de los bienes jurídicos y derechos constitucionales en juego;

c) Al afirmarse que el derecho de huelga no impone al empresario un deber de colaboración con los huelguistas y que no tiene por qué abstenerse de utilizar los medios técnicos con los que cuente y de realizar la actividad productiva que le sea posible, entienden que parece configurar una suerte de derecho de defensa de la libertad de empresa frente al derecho de huelga, que no podría fundamentarse en las medidas de conflicto colectivo a las que se refiere el art. 37.2 CE.

Sin embargo, aunque puedo compartir las dudas planteadas con relación a la existencia de cierta contradicción de esta sentencia con la doctrina precedente del TC (con cierta inconsistencia en cuanto a la no valoración concreta como esquirolaje interno del cambio de funciones del *coordinador que insertó la "mosca"* —o logo de la cadena de TV— en la imagen), en mi opinión, su verdadera y relevante *ratio decidendi* se encuentra en la consideración de que la actividad empresarial pudo tener continuidad porque en la empresa existían ya previamente medios técnicos que lo permitieron y porque varios trabajadores no secundaron la huelga: "Los medios técnicos ya existían —no fueron adquiridos expresamente para hacer frente a los efectos de la huelga— y los trabajadores que no secundaron la huelga no realizaron funciones distintas a las que les corresponden". Con independencia de que, efectivamente, sea muy discutible que, en este caso concreto, no hubiera habido cambio de funciones, —como ya avancé— me parece un planteamiento muy correcto entender que la continuidad de la actividad con los medios preexistentes junto con, en su caso, la labor de los trabajadores no huelguistas disponibles no sea considerada, *per se*, como una reacción defensiva contra la huelga sino como mera continuidad de la actividad empresarial previa. Esta debería quedar limitada por los medios técnicos y humanos disponibles e, imposibilitada, eventualmente, en mayor o menor medida, total o parcialmente, más en función del éxito general y el volumen de seguimiento de la huelga por los propios trabajadores, que por la limitación exógena de las actuaciones empresariales. De hecho en la propia sentencia 17/2017 se confirman, como hechos probados, que hasta la hora del partido "la única señal que se estaba emitiendo en Telemadrid era un denominado cartón de seguridad en el que se anunciaba la existencia de la huelga" y que "el día convocado para la huelga, *TELEMADRID* no emitió ninguna programación a excepción del partido de la Champions League con una duración aproximada de una hora y cuarenta y cinco minutos, y ello debido a la ausencia de personal para emitir los programas al estar secundando la huelga. En concreto, en la unidad de continuidad todos los trabajadores secundaron la huelga y ello impedía emitir la publicidad y los programas grabados". No puede obviarse, pues, que el resto del día no hubo emisiones. La falta de personal impidió, incluso, la emisión de publicidad y de los programas pregrabados que originaron el conflicto en algunas de las sentencias comentadas más arriba, lo cual demuestra que la huelga, por sí misma, fue realmente muy efectiva hasta donde el seguimiento de la misma alcanzó. Si no se hubiera contado si quiera con los tres trabajadores, que en los hechos probados son referidos como intervinientes en las tareas técnicas y de locución que posibilitaron la emisión del partido, tampoco esta hubiera sido posible.

Así pues, aunque en este caso se pudo emitir el partido de fútbol por la presencia de algunos trabajadores (incluido un locutor) que no secundaron la huelga, sí que hubo ausencia de emisiones (incluso publicitarias y grabadas) durante el resto de la jornada de huelga, lo cual evidencia que —incluso si la empresa dispone de medios técnicos para tratar de dar continuidad a su actividad— si la huelga es realmente efectiva —por sus propios medios (humanos)— y el seguimiento es general, difícilmente podrá conseguirse dicha continuidad con cierta normalidad.

En este caso, aun habiéndose retransmitido el evento deportivo, en lo que se refiere al resto de la jornada, la huelga fue efectiva por sí misma y produjo la paralización cuasi total de la actividad empresarial por la ausencia de la fuerza de trabajo, sin necesidad de prohibir a la empresa el empleo de medios técnicos. Del mismo modo, si el seguimiento hubiera sido total, no hubiera sido posible contar si quiera con los empleados mencionados, y ello hubiera impedido —por el propio éxito de la huelga— la emisión del partido de fútbol, sin necesidad de que el ordenamiento jurídico tome partido limitando la libertad de empresa del empresario afectado por la huelga. Por el contrario, en los casos en que el volumen de trabajadores que se adhieren al proceso huelguístico no sea suficiente para paralizar totalmente la actividad de la empresa, habrá que entender que la continuidad de la actividad empresarial con los trabajadores no huelguistas, en combinación con los medios técnicos disponibles no es consecuencia de una actitud saboteadora de la huelga, sino mero mantenimiento de la actividad empresarial y ejercicio de la libertad de trabajo de los no huelguistas, que no hubiera tenido lugar si la huelga hubiera tenido más éxito, adhesión y efectividad por sí misma.

De cualquier modo, hay que advertir que esta sentencia también contó con un voto particular formulado por el Excmo. magistrado D. Fernando Valdés Dal-Ré, que valoró, en este caso, que se habría vulnerado el derecho de huelga, tanto por esquirolaje interno como tecnológico (véase el comentario al respecto en López Cumbre, 2017, p. 4). El voto particular discute que la única diferencia con un día normal consistiera en que «la señal se envió desde control central a grafismo, en vez de a continuidad», puesto que —a juicio del voto discrepante— se produjeron otras circunstancias distintas a tener en cuenta. En especial, se incide en la realización de una tarea muy concreta (inserción del logotipo o «mosca» de la cadena de televisión) por el coordinador de grafismo que no tiene entre sus atribuciones habituales dicha labor. Pero la principal y decisiva diferencia se entiende que radica en la utilización por la empresa de un medio técnico diferente (el codificador B) que normalmente se encuentra en situación de reserva para «casos excepcionales».

Para el voto particular queda claro, por un lado, que la retransmisión del evento deportivo el día de huelga se articuló mediante la actividad laboral de un trabajador no huelguista cuya categoría excedía con creces la de los trabajadores que optaron por secundar la huelga. Por otro lado, en cuanto a la figura del esquirolaje tecnológico, en él se valora que "los nuevos medios técnicos a disposición de las empresas requieren respuestas constitucionales también nuevas, que garanticen la protección de los derechos más esenciales de los trabajadores en un grado asimilable al que ofreció nuestra jurisprudencia en el pasado, cuando dichos medios tecnológicos carecían del desarrollo y de la potencialidad restrictiva con los que ahora cuentan".

6.2.5. ¿Se trata, verdaderamente, de un problema nuevo?

En un sentido muy similar a esta última reflexión del voto particular de la STC 17/2017, Grau Pineda (2021, pp. 127-128) reproduce la cita siguiente: "El Tribunal Constitucional da una respuesta del siglo XIX a un problema del siglo XXI, no muy sensible a la nueva perspectiva que tiene el ejercicio de los derechos fundamentales ante el avance imparable y despiadado de las nuevas tecnologías" (Sanz Pérez, 2007, p. 7)[60].

---

60 Por su parte, Miñarro Yanini (2018, p. 218) incide en esta misma idea al denunciar que "paradójicamente, esta sentencia no solo con-

Sin embargo, me pregunto: ¿Es esta una cuestión propia del esquirolaje y, realmente, es un problema nuevo del siglo XXI que requiere soluciones jurídicas diferentes a las del siglo XIX? No lo creo. De hecho, las propias expresiones "avance imparable y despiadado[61] de las nuevas tecnologías" parece evocar aquellas primeras manifestaciones del *movimiento ludista* y la atribución a las máquinas del papel de causante de los males de la clase trabajadora. En efecto, la máquina fue (como hoy en día lo es la resultante evolutiva de la conjunción técnica de las máquinas con la electrónica, la informática-digitalización y, por último, la inteligencia artificial) una dura competencia para el factor trabajo, que devalúa y compite con la mano de obra, con cierta ventaja económica y organizativa en muchos aspectos, pues no presenta los requerimientos y costes propios asociados a la vida humana (salario decente, seguridad y salud, limitación de jornada, vacaciones, etc.). Sin embargo, a mi modo de ver, este problema ni es nuevo ni exclusivo del esquirolaje.

No es nuevo porque, aunque cada vez son mayores y más numerosos los avances tecnológicos —como dice el texto citado, parecen imparables y, en efecto, creo que, guste o no, podemos dar la batalla por perdida en determinados sectores— también en la primera revolución industrial hubo actividades y profesiones manuales que fueron sus-

---

tiene una doctrina involucionista, sino que dibuja un panorama en el que la modernidad —alta tecnificación— parece hacer retroceder la situación de los trabajadores a un siglo atrás, a un contexto de rivalidad del hombre con la máquina y de indefensión de aquel".

61 Lo cierto es que, en abstracto —o, por así decirlo, "en frío"— todos podemos tener la tentación de exclamar de modo similar, de vez en cuando, frente a los males derivados de la tildada como "despiadada" tecnificación, así como de la globalización, pero lo cierto es que en la práctica se conocen pocos ejemplos de personas que, en las sociedades modernas, renuncien al uso cotidiano de los móviles de última generación, ordenadores, automóviles o gran variedad de electrodomésticos que nos hacen la vida más fácil y cómoda. Para ser tan despiadado, lo cierto es que el avance tecnológico, en la vida real, cuenta con no pocos adeptos.

tituidas por la mecanización de los procesos productivos. Ello no obstante, entonces —y también ahora—, simultáneamente, pervivieron y surgieron nuevos ámbitos y modalidades de prestación de servicios en los que el elemento humano sigue siendo clave.

En cualquier caso, en lo que a este estudio se refiere, el hecho de que durante la huelga el empresario pueda apoyarse en dichos medios tecnológicos para continuar con la actividad de la empresa, disminuyendo especialmente en determinados sectores (como el audiovisual objeto de la mayor parte de las sentencias sobre este tema) en gran medida la visibilidad de la huelga (su repercusión o percepción pública), y no tanto en otros ámbitos de actividad como, por ejemplo, asesoramiento personal, modelaje, transportes con conductor, mensajería, vigilancia, seguridad, limpieza, etc., no es sino reflejo del problema general ya comentado más arriba. La existencia de ciertas actividades en que se manifiesta más nítidamente la relación de competencia máquina-tecnología *versus* trabajo humano, y que ello se evidencie también con mayor crudeza durante las situaciones de huelga, no debe conducir necesariamente —salvo que se trate de supuestos de cambios en la estructura organizativa de la empresa que tengan por fin exclusivo combatir la eficacia del derecho de huelga impidiendo su ejercicio— a concluir que el uso de medios técnicos por la empresa lesiona el derecho de huelga ni a tratar de dar solución a este problema de mayor alcance con la extensión forzada de la noción de esquirolaje.

En efecto, el hecho de que haya sectores en que la tecnología puede hacer prescindible la mano de obra, es una cuestión general de amplio alcance, no restringida a las situaciones de huelga. Si, en general, el uso de la tecnología en estos sectores amenaza y tiende a tener preponderancia sobre el factor trabajo humano, es lógico que, también durante estas situaciones de conflictividad, la efectividad del instrumento de la huelga (presión sobre la empresa mediante la paralización concertada de la actividad humana de los trabajadores) tenga menos potencialidad para tensar y producir los efectos propios de la misma. En otros sectores —como los mencionados— en que el protagonismo del trabajo humano sigue siendo importante o, incluso, creciente, la efectividad de las huelgas será, por naturaleza, mayor, como prueba el hecho de que existe escasa o nula casuística jurisprudencial en esta materia con relación a estos otros ámbitos de actividad.

El problema real es que, en estos sectores más problemáticos, la mano de obra está ya *en jaque* incluso fuera del contexto de huelga. ¿Hay que dar una solución global a esto? ¿No queremos una sociedad tecnológica? ¿Hay que detener o limitar el avance del progreso tecnológico para frenar o contrarrestar estas consecuencias indeseadas (laborales, climáticas-sostenibilidad, psico-sociales, etc.)? Tal vez sea este un momento muy oportuno para plantearse este tipo de cuestiones a la vista de los desafíos que, en estos aspectos, planteará el incipiente, pero a la vez inusitado, desarrollo de la inteligencia artificial en los próximos años. Desde luego, es posible argumentar sobre estas cuestiones, pero esto forma parte de otro debate más amplio, que poco tiene que ver, en verdad, con el esquirolaje. Sobre ello volveré más adelante en el capítulo final dedicado a las conclusiones, pero conviene plantear aquí que parece cierto que si las empresas contaran con menos medios tecnológicos (como también en el S. XIX, si hubieran contado con menos máquinas) el factor trabajo estaría más valorado, habría mayor demanda de mano de obra y el punto de equilibrio (precio) entre oferta y demanda de mano de obra sería —de forma natural— más alto. Por tanto, a priori, serían necesarias menos huelgas y las que, en su caso, se convocasen serían, con seguridad, por lo general, más efectivas, al tener menos posibilidades de continuación la actividad empresarial por otros medios no humanos[62]. ¿Pero

---

62 Por contra, prescindir de la automatización, especialmente en los procesos industriales, pero también, por lo general, en mayor o menor grado, en cualesquiera actividades económicas y empresariales, supondría un importante incremento de los costes operativos de las empresas, con la consiguiente disminución de la rentabilidad y, por

es esta otra sociedad y este distinto modelo económico el que queremos?

Pese a las indudables consecuencias negativas que puedan señalarse, no puede obviarse el innegable progreso económico y el incremento exponencial en la calidad de vida de los individuos y de las sociedades que la mecanización, la ingeniería, la informática, las telecomunicaciones, la digitalización, la inteligencia artificial y, en general, el fenómeno tecnológico, han aportado a las sociedades modernas. En cualquier caso, en efecto, este es otro debate. Por el momento, baste aquí con subrayar que este no es, realmente, un problema de esquirolaje, sino de mayor alcance.

Pero bajo el modelo actual, si con carácter general se admite que la empresa en virtud de su libertad autoorganización puede recurrir a medios técnicos para el desarrollo de su actividad, también debería poder dar continuidad a estas mismas actividades, utilizándolos durante la huelga[63]. Del mismo modo, si, previamente, el uso de dichos medios, en determinados sectores, adquiere una preponderancia que resta el protagonismo de la mano de obra, el lógico que también durante la huelga esta también tenga más pro-

---

ende, con afectación negativa sobre el montante destinado por estas a la masa salarial. Frente a lo anterior podría aducirse, por supuesto, que el incremento de costes se puede repercutir en los precios, pero en tal caso, aun pudiendo mantenerse el mismo nivel global de salarios, el poder adquisitivo real de estos disminuiría por la inflación, con idéntico o similar resultado en términos reales.

63 Como Tascón López (2018a, p. 76 y ss.) advierte, en el llamado esquirolaje tecnológico no se produce ninguna alteración en las condiciones contractuales de trabajo, sino que estamos ante meras decisiones empresariales organizativas. A mi modo de ver, una cosa es que, en su caso, pudieran aceptarse ciertas limitaciones al *ius variandi* empresarial en la medida en que estas decisiones tienen una contraparte contractual, entendida como los trabajadores que, como conjunto, están paralizando la fuerza de trabajo de la que son titulares y aquéllas podrían desvirtuar el nuevo equilibrio buscado, y otra muy distinta es que esto mismo justifique que hayan de limitarse las facultades organizativas de los medios técnicos y productivos de los que sólo la empresa es titular.

blemas para hacer valer su posición y que su capacidad de presión y la efectividad de sus huelgas sea menor. Si no es admisible prohibir el uso de dichos medios técnicos en situación de normalidad, tampoco cabe impedir que puedan seguir utilizándose durante las huelgas.

De igual forma que no puede considerarse legítimo todo fenómeno huelguístico por el mero hecho de producir el efecto connatural de las huelgas, esto es, perjudicar a los intereses empresariales en defensa de los derechos de los trabajadores, pues, contrariamente —como es bien sabido—, junto a las que pueden reputarse lícitas, existen excepciones, como las manifestaciones ilícitas de la huelga y sus modalidades abusivas. Tampoco, aplicando esta misma *ratio*, puede afirmarse que toda continuidad de la actividad empresarial, en este caso por medios tecnológicos, debe considerarse lesiva del derecho fundamental de huelga, por el hecho de que pueda incidir negativamente en su visibilidad o limitar la paralización total de la actividad que hubieran pretendido los huelguistas. También del lado empresarial habrá que admitir que las conductas durante la huelga, por medios tecnológicos u otros, deberán poderse valorar como abusivas o ilícitas, según las circunstancias del caso, pero sin que se pueda negar, de antemano, por el mero hecho de emplear medios tecnológicos, que la actividad empresarial pueda ser calificada como lícita si no se demuestra que pretende impedir el libre ejercicio del derecho de huelga.

Como fue estudiado en su momento al analizar la evolución jurídica del tratamiento histórico que recibieron los problemas que sí que tienen que ver directamente con el derecho de huelga, ya en el S. XIX surgieron problemas de regulación. Debemos celebrar el progreso jurídico que se experimentó, desde su reprobable consideración como delito, pasando por su tratamiento como mera libertad, hasta que, finalmente, se alumbró su reconocimiento derecho, incluso, fundamental, como en nuestro caso. Esto implica una ampliación —muy necesaria— de las garantías constitucionales aplicables, pero tratar de dotar de mayor protección a este derecho no puede implicar sobrepasar su realidad ontológica que queda limitada a la paralización de la actividad laboral por los trabajadores que es aquello que les pertenece (lo relativo a la fuerza de trabajo), pero no puede suponer extender sus límites conceptuales para incidir sobre la libertad de empresarial de autoorganizar sus medios de producción los cuales no se insertan en la esfera de decisión y disposición de los trabajadores. Estos problemas no son nuevos, ya existían en el S. XIX. Sólo varían las manifestaciones con que el problema se concreta y exterioriza en la realidad (entonces eran sólo máquinas y ahora se añaden, entre otras posibilidades, la programación informática, la inteligencia artificial, etc.), pero la cuestión de fondo es la misma. Gracias a la lucha histórica del movimiento de obrero que presionó y contribuyó, así, al progreso y evolución de las sociedades, la solución jurídica de los problemas relativos a la eficacia del derecho de huelga se abordó y se logró en su momento sin desbordar los límites de su concepto jurídico, como ahora parece pretenderse.

Así las cosas, cabe argumentar, adicionalmente, que si no se discute que el empresario puede continuar su actividad con los trabajadores disponibles (no huelguistas) que, hipotéticamente, podrían ser la mayoría (si la huelga es minoritaria y no cuenta con gran apoyo laboral), ¿por qué no habría de emplear la empresa —incluso con mayor razón, puesto que no están relacionados con la gestión de la mano de obra— los medios tecnológicos a su disposición, cuando —como digo— nadie se opone a que pueda utilizar a los trabajadores no huelguistas en sus propias funciones, sin que ello implique una conducta antihuelguística? Lo contrario, supondría ir más allá de lo que el contenido esencial del derecho de huelga implica, en la medida en que, si resulta indiscutido que de éste no puede derivarse la anulación de la libertad de trabajo de los no huelguistas —también situada (art. 35 CE), como la libertad de empresa (art. 38 CE), en la Sección 2ª del Capítulo II del Título I— tampoco se puede deducir de él un deber de colaboración del empresario que vería así anulado su propio derecho ubicado juntamente —y con el mismo reconocimiento constitucional— con la indiscutida libertad de trabajo de los no huelguistas.

El éxito de la huelga y el logro de sus objetivos, una vez garantizado su nacimiento y normal desarrollo, debe depender del propio nivel de adhesión de los trabajadores, de la estrategia y momento elegido por los convocantes, etc. que tienen el derecho a paralizar su actividad laboral —configurando una causa legal de suspensión del contrato de trabajo—, pero no de obligar a la empresa a permanecer inerme y a abstenerse de actuar conforme a sus intereses, continuando su actividad con los medios humanos y técnicos disponibles, en ejercicio de su libertad empresa, así como tampoco implica que los trabajadores ejerciendo su libertad de trabajo no puedan colaborar con ésta en la continuidad de las actividades empresariales. De otro modo, extendiendo la prohibición de esquirolaje más allá de sus justos límites, se podría conducir a que cualquier huelga minoritaria, con escasa adhesión y no compartida por el sentir mayoritario de los trabajadores, tenga potencialidad para paralizar la actividad de la empresa (si la prohibición de esquirolaje se entiende —como parece que se pretende— como necesidad de abstenerse de cualquier actividad empresarial que no vaya sentido acorde con la huelga) y para perjudicar no solo los intereses empresariales sino también los de los trabajadores no huelguistas que, aunque en un momento dado puedan tener garantizado su salario por el art. 30 ET[64], pueden no comulgar con los intereses

---

64 Cuando los no huelguistas imposibilitados para prestar sus servicios por razón de la huelga son trabajadores de la propia empresa en huelga, ha prevalecido la consideración de que no se trata de fuerza mayor y el empresario debe retribuirlos con base en el art. 30 ET. Si bien el empresario podría escapar de este efecto, acudiendo al cierre patronal (en el caso de que el volumen de inasistencia o irregularidades en el trabajo impidan gravemente el proceso de producción, según lo previsto en el art. 12.1 c) RDLRT), provocando la suspensión de los contratos de trabajo (ex arts. 12.2 y 6.2 RDLRT y 45.1.m) ET). Por lo demás, con relación a los trabajadores de otras empresas que no puedan prestar servicios debido a la huelga, en

de los huelguistas y considerar más conveniente trabajar y coadyuvar al mantenimiento y desarrollo del negocio de la empresa que les proporciona el empleo que constituye su medio de vida.

El ordenamiento jurídico español prevé ciertas limitaciones al derecho de huelga y diversos mecanismos empresariales defensivos: servicios mínimos en servicios esenciales para la comunidad, cierre patronal en los casos en que legalmente proceda, garantías legales frente a los piquetes violentos o coactivos y, en particular, servicios de seguridad para las personas y mantenimiento de bienes. Así, el art. 6.7 RDLRT: "El Comité de huelga habrá de garantizar durante la misma la prestación de los servicios necesarios para la seguridad de las personas y de las cosas, mantenimiento de los locales, maquinaria, instalaciones, materias primas y cualquier otra atención que fuese precisa para la ulterior reanudación de las tareas de la empresa. Corresponde al empresario la designación de los trabajadores que deban efectuar dichos servicios". La STC 11/1981, de 8 de abril, únicamente puso impedimentos a la constitucionalidad de este precepto respecto de lo dispuesto en su último inciso (designación exclusiva por el empresario de los trabajadores encargados), pero no en lo restante. Y, precisamente, es en la parte constitucionalizada del texto donde se exige la garantía de los servicios que sean necesarios para asegurar la reanudación de las tareas de la empresa tras la huelga. Por tanto, hay una preocupación del legislador (constitucionalizada por la STC 11/1981), al igual que la hay cuando se reconoce un cierre patronal no ofensivo en caso de desorganización que pueda perjudicar el proceso productivo, en favor de que el empresario pueda salvaguardar la continuidad y viabilidad de su negocio y de su organización

---

general, se considera fuerza mayor que exonera a su empresario de sus obligaciones, salvo en supuestos excepcionales en que, habiendo sido declarada la huelga en empresas ajenas con antelación suficiente, constase que el empresario pudo adoptar las medidas preventivas oportunas para evitar sus efectos en su empresa.

productiva, mientras las actuaciones a ello conducentes no revelen una actitud directamente contraria a la huelga.

En definitiva, si el legislador (de manera constitucionalizada por el TC) garantiza un espacio jurídico seguro para los intereses empresariales, evitando que la huelga se convierta en abusiva: ¿Por qué no ha de reconocerse que pueda desarrollar otras actuaciones (tecnológicas o —como será tratado en el apartado siguiente— contratas con otras empresas) mientras no pretendan la sustitución directa del factor trabajo? Los servicios del art. 6.7 RDLRT deben ser los necesarios, como los del art. 10.2 han de ser mínimos, como exigencia de neutralidad y de invasión mínima sobre la eficacia de la huelga, pero —una vez garantizada esta— si la efectividad de la huelga es mínima (por ejemplo, por su escaso seguimiento) el empresario no está obligado a que los servicios desarrollados en la empresa durante la huelga sean, necesariamente, los mínimos —o los estrictamente necesarios—, pues obligar a ello supone que el sistema jurídico, abandonando su neutralidad, no sólo garantice la eficacia de la huelga, sino que tome partido coadyuvando a su efectividad. Mientras los trabajadores en huelga no sean sustituidos o el libre ejercicio del derecho de huelga por los trabajadores impedido, la empresa debería poder continuar su actividad empresarial, con los medios disponibles (no huelguistas, tecnológicos, o contratación empresarial externa), sin que sea exigible que la actividad se limite a los mínimos del art. 6.7 o 10.2 RDLRT, que constituyen un nivel mínimo —pero no necesariamente máximo— garantizado de actividad empresarial (STS de 11 de junio de 2012, Rec. 110/2011, en un sentido parecido).

Cuestión aparte es que se pruebe que la transformación (mediante la automatización, digitalización, etc.) de la estructura empresarial, en un hipotético caso concreto, se adoptó con ánimo represivo frente a la huelga, pudiendo incluso venir acompañada del despido de los huelguistas (o de los trabajadores asociados a los puestos transformados) a modo de represalia o penalización. En estos casos, las medidas empresariales, evidentemente, sí que deberían considerarse una vulneración del derecho de huelga y, por ello mismo, —como ya se anticipó— caso de producirse, dichos despidos deberían ser calificados como nulos. En todo caso, bajo la perspectiva de valoración de la preexistencia a la huelga de los medios disponibles que se propuso como punto de partida al inicio de este estudio, las mayores sospechas en este sentido deben recaer sobre los casos del llamado (Grau Pineda, 2021) *esquirolaje tecnológico externo*, en el que por contraposición al interno (por medios disponibles al tiempo de convocarse la huelga), se adquieren o arriendan medios técnicos nuevos para sustituir la actividad laboral con posterioridad al inicio del conflicto.

6.3. REFLEXIONES SOBRE LA PLURALIDAD DE SITUACIONES (MUY DISTINTAS CUALITATIVAMENTE) QUE ACTUALMENTE RECIBEN TRATAMIENTO UNITARIO BAJO EL DENOMINADO ESQUIROLAJE COMERCIAL U ORGANIZATIVO

En el apartado que ahora se inicia trataré de analizar, con un enfoque sistemático —no cronológico—, el tratamiento jurisprudencial de distintas situaciones que surgen relacionadas con relación a la efectividad del derecho de huelga en el ámbito de las contratas y de la descentralización productiva, en general. Aun cuando también en este ámbito, la propuesta formulada en este trabajo difiere en gran medida del planteamiento tradicional, en este momento, se seguirá un esquema más convencional tanto en la división de las materias como en el análisis, que tratará de dar cuenta de los criterios que tanto el Tribunal Supremo como el Tribunal Constitucional han establecido sobre este particular. Asimismo, el estudio se completará con la reseña de las principales opiniones de la doctrina sobre estos criterios jurisprudenciales, así como con su cotejo y contraste con las opciones arriba propuestas en este trabajo.

6.3.1. *Recontratación por el comitente o empresario principal*

En general, se ha admitido el recurso por la empresa principal (cliente o comitente) a nuevas contratas para suplir los déficits de actividad de la contratista en huelga (STS de 16 de noviembre de 2016, Rec. 59/2016, *ALTRAD RODISOLA*), salvo en los supuestos en que exista *vinculación especial* entre ésta y aquélla, como ocurre en los casos de grupos de empresas (SSTS de 11 de febrero de 2015, Rec. 95/2014, *GRUPO PRISA*; de 20 de abril de 2015, Rec. 354/2014, *COCA COLA IBERIAN PARTNERS*; y de 3 de octubre de 2018, Rec. 1147/2017, *GRUPO VOCENTO*, y Rec. 3365/2016, *GRUPO ZETA*).

– En el caso de la STS de 16 de noviembre de 2016 (Rec. 59/2016, *ALTRAD RODISOLA*), el TS entiende que la decisión de una empresa cliente (empresario principal o comitente de la contratista en huelga *ALTRAD*) de recontratar dicho servicio no prestado con otras contratistas no vulnera el derecho de huelga de los trabajadores de *ALTRAD*. Pues —a diferencia del caso *SAMOA* resuelto por el TC que será analizado más adelante—, en este caso *ALTRAD*, no se resolvió la contrata "sobrevolando" la sospecha de que las actuaciones estuvieran motivadas realmente por el deseo de la cliente de desvincularse de unas movilizaciones de los trabajadores que incluyeron denuncias ante la Inspección de Trabajo y Seguridad Social (ITSS) por cesión ilegal de trabajadores que implicaría a ambas empresas.

En este caso, la STS razona que la actuación de la contratista *ALTRAD* consistió únicamente en comunicar a todos sus clientes que no podía realizar los trabajos comprometidos con ellas durante la realización de la huelga por sus trabajadores. No tenía vinculación especial con sus clientes que le permitiera codecidir con ellas la realización de esos trabajos por terceras empresas de la competencia, ni estaba en condiciones de impedir que sus clientes los contratasen con terceros, como tampoco se benefició de ello. Por tanto, la sentencia concluyó que no puede imputársele una conducta que haya impedido o disminuido los efectos de la huelga. Pero respecto de lo que interesa en este apartado dedicado al análisis de las posibilidades del comitente de recontratar con otros los servicios incumplidos por la contratista afectada por la huelga, el TS entiende —como ya anticipé— que lo contrario "conduciría a consecuencias totalmente exorbitantes respecto de una adecuada protección del derecho de huelga, pues si se impidiese a los destinatarios de los trabajos, que no lo tengan prohibido por contrato, contratar con otras, llegaríamos a sostener, como señala en su informe el Fiscal de la Audiencia Nacional, que los consumidores habituales de un comercio no pudieran comprar en otro, en caso de huelga en el primero, o que, la empresa que tenga que realizar determinados trabajos no pudiera recurrir a otra empresa de servicios".

Comparto los argumentos de la sentencia *ALTRAD*. Es más, salvo que se prueben finalidades lesivas o de represalia, la ausencia de toda relación jurídica entre la empresa principal y los trabajadores de las contratistas determina, como principio general, que no pueda presumirse que aquélla esté perjudicando la efectividad o pretendiendo lesionar el derecho a una huelga que no es frente a ella y respecto de cuyas reivindicaciones no tiene responsabilidad ni capacidad de decidir. La hipótesis principal tampoco puede ser, salvo prueba en contrario, que la comitente reacciona resolviendo la contrata por "solidaridad frente a la huelga" con la contratista, pues, de entrada, tampoco esta solidaridad le favorece en nada a ésta, sino más bien lo contrario. Su relación jurídica es con la empresa contratista (y no con sus trabajadores) y si esta incumple la contrata mercantil (por huelga u otro motivo), la gestión de la concreta causa de tal incumplimiento es un asunto a solucionar por la propia contratista internamente, pero es totalmente lícito que la comitente pueda resolver el contrato por incumplimiento. Culpar a un tercero que reacciona ante el incumplimiento de la contraparte de la deriva de un conflicto del que no es parte sería exorbitado. La empresa contratista es quien debe asumir las consecuencias de no haber sabido o podido gestionar sus relaciones (y/o condiciones) laborales de manera que se evitase el conflicto y, en su caso, si la paralización de la actividad origina el incumplimiento de la contratista y la consiguiente resolución de la contrata por el comitente (que podrá recontratar el servicio con un competidor de aquélla) proporciona causa para un posterior despido por causa objetiva de los trabajadores, la situación no puede tratar de asimilarse a un esquirolaje que limita la eficacia del ejercicio del derecho de huelga.

Más bien, al contrario, nos encontramos ante las consecuencias de una efectividad desmedida de la huelga cuya paralización de la actividad puede repercutir tan negativamente en el negocio de la empresa que termine por producir efectos contraproducentes para los intereses de los propios trabajadores (huelguistas o no). Como ya se fue advirtiendo en otros momentos previos de este análisis, este es uno de los mayores peligros que puede acarrear una ampliación excesiva de los límites de la prohibición de esquirolaje, al tratar de condicionar y forzar a todo el entramado económico-empresarial (comprensivo de las demás empresas relacionadas, los trabajadores de éstas y a los clientes o usuarios-consumidores) y a la sociedad en general (comprometiendo otros derechos legítimos de los ciudadanos) a coadyuvar con los intereses de los trabajadores huelguistas. Por el contrario, como vimos en su momento, la configuración constitucional de un ejercicio responsable y atemperado de los derechos que respete los límites que configuran el contenido esencial de los demás derechos constitucionales, apoya la moderación y la contención en aras a permitir la conciliación de todos ellos. De otro modo, responsabilizar a la empresa principal de las consecuencias de la huelga y no al exceso de efectividad (o llegado al extremo a la abusividad) de la misma, pretendiendo que la solución pase por prohibir a aquélla ejercer su derecho a resolver un contrato que se está incumpliendo, es no querer darse cuenta del error de planteamiento y echar más leña al fuego en el mismo sentido equivocado.

Así pues, en mi opinión, por lo antedicho y de modo coherente con la solución propuesta para esta cuestión en el capítulo anterior, debería reconocerse ampliamente la libertad de empresa de la empresa principal (pertenezca o no al mismo grupo empresarial y tenga o no especial vinculación que la contratista afectada por la huelga), incluso para resolver la contrata con la contratista que sufre la huelga por incumplimiento de contrato y recontratar con nuevas contratistas, salvo que estas empresas con las que se recontrate la prestación de los servicios o la producción de bienes pertenezcan al mismo grupo o red de ambas o, en su caso, sólo de la contratista en huelga, en cuyo serían aplicables las precauciones específicas ya advertidas en el capítulo precedente y que serán desarrolladas más abajo. En los supuestos en que la empresa comitente o principal y la contratista en huelga no pertenezcan a un mismo grupo empresarial o red, la principal debería poder, incluso, recontratar la producción o la prestación de servicios en cuestión con nuevas contratistas de su mismo grupo, del mismo modo que hubiera podido pasar a desarrollar la actividad de que se trate por sí misma (reversión de la externalización), si cuenta o puede llegar a contar con los medios propios necesarios para ello. Pues, las situaciones problemáticas realmente surgen, únicamente, cuando, a instancia de la principal o de la contratista que sufre la huelga, se recontrate con una contratista controlada por esta última, o por cualquiera de las dos si todas ellas pertenecieran al mismo grupo empresarial o red.

Pero lo que, en todo caso, parece indiscutible, es que en caso de resolución por la empresa principal de la contrata con la contratista afectada por la huelga y nueva contratación con otro proveedor con quien no se mantenga vinculación especial, será evidente y manifiesto el daño provocado por la huelga (efectividad) sobre los intereses empresariales del contratista inicial. Ahora bien, llegados a este punto, cabe plantearse ¿es este un objetivo legítimo a perseguir por las huelgas? ¿lo que el sistema jurídico ordenador de las relaciones laborales debe apoyar es la pérdida de clientes por la empresa, favoreciendo a los competidores del empleador de los huelguistas, en detrimento de los intereses de aquél y de ellos mismos, así como los de los trabajadores no huelguistas? Realmente, la huelga sí que es efectiva en estos casos sobre el empresario de los huelguistas que es a quién la huelga se dirige y quién debe someterse a presión y no a terceros involucrados que no tienen capacidad de decisión para incidir en resolución del conflicto laboral, salvo vinculación especial, con dirección unitaria, etc. Pero, si llegamos a este extremo, ¿beneficia esto a alguien, salvo al nuevo contratista?

Grau Pineda (2021, p. 135) señala que "(...) es posible entender que la integridad del derecho fundamental de huelga requiere que las empresas afectadas soporten la inactividad que encuentra causa en el paro (ex art. 28.2 CE) y que, por tanto, el respeto de este derecho fundamental se puede exigir frente a cualquier vulneración y ello no solo frente al empresario sino frente a «cualquier otro sujeto que resulte responsable, con independencia del tipo de vínculo que le una al empresario (art. 177.4 LRJS)», admitiendo de este modo posibles lesiones procedentes de una «especial vinculación» interempresarial sea laboral como mercantil (...)".

El párrafo transcrito se ubica entre los comentarios de la autora sobre la posibilidad de que la resolución de una contrata por la empresa principal, si tiene una especial vinculación con la contratista afectada por la huelga, puede —tratándose incluso de un tercero— considerarse vulneradora del derecho de huelga. A mi modo de ver, esta conclusión es compartible en supuestos como el *caso SAMOA* (SSTC 75/2010 y 76/2010, de 19 de octubre, así como la serie de sentencias de 98/2010 a 112/2010, de 16 de noviembre) —que será analizado en su momento— en que pareció estar latente cierto ánimo de desvinculación del conflicto por parte de la empresa comitente como reacción a una huelga en la contratista que vino acompañada de una denuncia ante la Inspección de Trabajo y Seguridad Social por cesión ilegal de trabajadores. La decisión de la empresa principal contribuía con la resolución de la contrata a que la contratista encontrara causa objetiva para despedir a los huelguistas, y pareció sobrevolar cierto ánimo común revanchista de penalizarlos por el ejercicio del derecho de huelga. Aun cuando lo cierto es que en este supuesto no se llegó a probar la existencia de confabulación entre los empresarios comitente y contratista, lógicamente, en caso de acreditarse estas finalidades espurias, el atentado sobre este derecho fundamental podría proceder no sólo del empleador de los huelguistas sino de cuantos otros sujetos colaboren o coadyuven en tales conductas. De hecho, este es uno de los dos supuestos que he excepcionado de la premisa básica de libertad de empresa para recontratar con nuevos contratistas en el capítulo anterior y que, en caso de llevar aparejados despidos, debería acarrear su nulidad, por vulneración del derecho fundamental de huelga.

Sin embargo, fuera de estos supuestos, no puedo compartir que el empresario principal, aunque tenga vinculación especial con la contratista que sufre la huelga, tenga obligación de soportar también los efectos de la huelga sin recurrir a recontratar con terceros, salvo la excepción ya advertida de que estos nuevos contratistas también pertenezcan al grupo o tengan vinculación especial. También hay que reparar en que un tercero, eventual vulnerador del derecho de huelga, sí que podría ser, ejemplificativamente, una empresa subcontratista con la que las empresas principal (o la propia contratista que padece la huelga) recontrata (o subcontrata) la prestación del servicio o la producción de bienes para la principal si ello reúne los requisitos de una cesión ilegal (directa) de trabajadores, en la medida en que sería colaboradora de una especie de *esquirolaje externo encubierto*, si la que da instrucciones a los trabajadores de la nueva contratista es la anterior contratista en huelga (o, directamente, la principal), con el fin de asegurarse que el cliente-empresa principal siga recibiendo el servicio o los productos en las mismas condiciones que antes de la huelga.

Fuera de estos casos, que el empresario principal de la contratista en huelga recontrate el servicio con otras empresas no puede reputarse esquirolaje prohibido, sino que, por el contrario, constituye continuidad de la actividad empresarial en el ejercicio de su libertad de contratación mercantil, pues ni siquiera afecta al *factor trabajo* en huelga, ni lo sustituye. Es más, salvo que el empresario principal deba ser considerado un mismo empleador por las vinculaciones especiales existentes con la contratista (con los requisitos exigidos para los grupos de empresas, red: confusión de patrimonio, plantillas, contabilidades y toma de decisión única), es un error considerar que por el mero hecho de mantener una contrata entre ambas existe ya una vinculación especial. Pues el empresario principal o comitente, no deja de ser un cliente de la empresa contratista y, en este sentido, la práctica totalidad de las empresas tienen contratos con clientes y/o con proveedores, ya tengan estatuto jurídico de derecho mercantil o de derecho civil y, por ende, la correlativa consideración de empresarios o comerciantes o, simplemente, particulares (consumidores o usuarios). De otro modo, nadie escaparía a la consideración de "vinculado de manera especial" a cualquier empresa con la que mantenga relaciones comerciales, debiendo todos quedar sujetos a responsabilidad y a la *paralización* referida por Grau Pineda (2021, p. 135): "(…) la integridad del derecho fundamental de huelga requiere que las empresas afectadas soporten la inactividad que encuentra causa en el paro (ex art. 28.2 CE) y que, por tanto, el respeto de tener que sufrir las consecuencias de la huelga, limitándose su capacidad de recontratar el servicio con otros".

En efecto, el empresario principal que contrata la adquisición de productos de otras empresas (proveedores) —o la prestación de sus servicios— es su cliente. Este cliente puede ser un empresario como también lo puede ser, en otro tipo de contrataciones, un particular. Que, cuando se trata de empresarios, los arts. 42, 43 y 44 ET extiendan, bajo determinadas condiciones, la corresponsabilidad (solidaria) por deudas laborales y de seguridad social, cuando late el temor a que la externalización de estas producciones de bienes o prestaciones de servicios revele situaciones de cesión ilegal de trabajadores o, en todo caso, pueda perjudicar la garantía de sus derechos, no puede implicar, a mi juicio, que, durante la huelga dichos empresarios clientes, deban soportar las consecuencias y ver limitada su libertad de contratación mercantil por una huelga que no es la de sus trabajadores (en el caso de que los tenga), salvo que se trate de grupos empresariales en los que, de facto, pueda entenderse que sí lo son, por estar presentes las características especiales (unidad de plantilla, caja, dirección, etc.) determinantes de la consideración de un *grupo laboral* o empleador único.

Por lo demás, fuera de los supuestos exceptuados, prohibir a la empresa cliente la recontratación con terceros es tanto como prohibir a los clientes particulares, consumidores o usuarios, de un comercio en huelga que puedan acudir a otros establecimientos que estén operativos[65].

---

65 Baste recordar aquí el pasaje transcrito de la propia STS aquí comentada de 16 de noviembre de 2016, *Caso ALTRAD RODISOLA* (Rec. 59/2016): "conduciría a consecuencias totalmente exorbitantes respecto de una adecuada protección del derecho de huelga, pues si se impidiese a los destinatarios de los trabajos, que no lo tengan prohibido por contrato, contratar con otras, llegaríamos a sostener, como señala en su informe el Fiscal de la Audiencia Nacional, que los consumidores habituales de un comercio no pudieran comprar en otro, en caso de huelga en el primero, o que, la empresa que tenga que realizar determinados trabajos no pudiera recurrir a otra empresa de servicios" (F.J.3). Por su parte, la STS de 27 de septiembre de 1999 (Rec. 1825/1998), aunque referida al tema del denominado esquirolaje tecnológico estableció que:" Es claro que, cuando una empresa que presta un servicio público es escenario de una huelga, el usuario de la misma tiene plena libertad para utilizar los servicios coincidentes de otra empresa que concurra con la que no puede prestarle el servicio. Otra interpretación jurídica del alcance del derecho de huelga supondría que la situación de conflicto no estuviera dirigida únicamente contra la propia empresa, sino también contra los usuarios de los servicios de la misma; y es claro que tal alcance es absolutamente desproporcionado, pues incluso podría llevarse al extremo de que ni siquiera un usuario pudiera sustituir por sí mismo el servicio que le era negado por la empresa que habitualmente utilizaba, cuando en ella hubiera un paro laboral colectivo. En lenguaje llano, la huelga en una compañía de transporte público no me impide utilizar los servicios concurrentes previamente con los de la empresa en huelga, y, menos aún, mi propio

Pues, una cosa es tener estatuto mercantil de empresario y/o empleador laboral (si tienes trabajadores a tu servicio) o de particular, según el caso, y otra que por el mero de hecho de tener el primer tratamiento debas ser considerado necesariamente, en todo caso, empleador de los trabajadores que estén en huelga, aunque no estén a tu servicio, por el mero de ser cliente de la empresa de los trabajadores huelguistas. Tanto empresarios como particulares tienen un perfil de clientes en estos casos y no de empleadores y, por tanto, deberían mantener sus libertades de contratación intactas, en la medida en que la huelga no es frente a ellos, ni de ellos depende la fijación o negociación de las condiciones de trabajo que los huelguistas reclaman.

– En este mismo orden de cosas, la posterior STS de 13 de julio de 2017 (Rec. 25/2017, *INDRA*)[66] consideró que no existe lesión del derecho de huelga (ni tampoco esquirolaje tecnológico) cuando la empresa principal, contratante del servicio de telefonía (atención de llamadas telefónicas y resolución de averías) utilizó, como era habitual, un dispositivo automático para redistribuir entre los demás contratistas del servicio los requerimientos de llamadas cuando se produjesen picos de demanda.

Así, esta sentencia valoró que:

1) El dispositivo automático al que se achacó la vulneración del derecho de huelga estaba creado por la empresa principal, no por *Indra*, para distribuir los requerimientos entre los subcontratistas.

2) Dicho dispositivo estaba establecido de manera general en respuesta a los picos de demanda.

3) Se trataba de un sistema de reparto de llamadas (entre las contratistas), que ya venía operando con carácter previo a la huelga de la contratista.

---

medio de transporte, sin que ello suponga el más mínimo atisbo de «sustituir» a los trabajadores en huelga" (F.J.2).

66 Véase comentario crítico en Tascón López (2018b).

Se consideró decisivo, pues, que no se pusiera en marcha un recurso productivo específico para contrarrestar la huelga, sino que, por el contrario, simplemente funcionó el sistema habitual de redistribución de tareas.

– Mucho más recientemente, la STS de 22 de mayo de 2024 (Rec. 145/2023) resaltó —a mi juicio muy acertadamente— el hecho que las sentencias —recién analizadas en el presente subapartado de este estudio— que fundamentan la doctrina del TS, que descarta la vulneración del derecho de huelga en estos casos, tienen como nota común que la subcontratación de bienes o servicios (pertenecientes o no a la propia actividad de la principal) se produce entre empresas independientes entre sí que carecen de otro vínculo previo —salvo el contrato mercantil de subcontratación—, pues "son casos en los que el fenómeno de la descentralización productiva se produce libremente en el mercado y no en el seno de un grupo de sociedades".

La sentencia considera que "esta característica es clave para que las resoluciones examinadas entiendan que las relaciones interempresariales se limitan a la vertiente estrictamente mercantil, y no están condicionadas, en modo alguno, por estrategias conjuntas de producción, comerciales o de otro tipo.

En esas condiciones, no existiendo ninguna especial vinculación, ni ningún otro tipo de circunstancia que a la empresa principal le obligara a respetar la huelga y, consecuentemente, a no contratar con otros las obras que ya tenía contratadas, su actuación encargando las tareas a un tercero, se rechaza la vulneración del derecho de huelga[67]."

– Por último, en tiempos muy recientes, la STS de 14 de noviembre de 2024 (Rec. 227/2022) ha tenido que

---

67 Argumentos muy similares se reprodujeron también, aunque finalmente alumbraron un fallo decisorio en sentido contrario, unos años antes en las SSTS de 3 de octubre de 2018 (Rec. 1147/2017, *Grupo Vocento*, y Rec. 3365/2016, *Grupo Zeta*, que serán comentadas en el siguiente subapartado.

decidir si la empresa principal *TELEFÓNICA DE ESPAÑA, SAU* incurrió en conducta antisindical y vulneró el derecho de huelga al desviar la producción a otras empresas para sustituir la actividad de la empleadora de los huelguistas *CONSTRUCCIONES DE LAS CONDUCCIONES DEL SUR, SA,* (*COTRONIC*), durante el período de huelga que medió entre el 16/7/2018 y el 16/1/2019.

Concretamente, la empresa *COTRONIC*, estaba subcontratada por *TELEFÓNICA DE ESPAÑA, SAU* para la realización de tareas de instalación, mantenimiento y reparación de líneas telefónicas y demás productos que ofrece a sus clientes, consistiendo su actividad en reparar, conservar y mantener la red telefónica desde el domicilio del cliente hasta la entrada en la central telefónica. Según el sistema previamente estipulado, en el supuesto de aumento de demanda de servicios en una determinada zona geográfica de actuación, que no pueda ser atendida por la contratista con quién se concertó la actividad, se ofrecen las órdenes de servicio a terceras empresas contratistas a las que se les asigna entonces una distinta zona geográfica de actuación. *TELEFÓNICA DE ESPAÑA, SAU* en su normativa interna elaborada desde 2013 prevé y regula este denominado protocolo de "socorros y ayudas por empresas colaboradoras"[68] para realizar esas sustituciones entre empresas.

---

[68] Hay que subrayar el importante matiz de que el protocolo elaborado es un "protocolo de socorros y ayudas *por* empresas colaboradoras" y no "para" empresas colaboradoras como posteriormente se afirmará y podrá leer en el Fundamento Jurídico 5º, 4, párrafo 6 de la sentencia: "Al punto, incluso, de que TELEFÓNICA, en su condición de empresa principal, ha elaborado un protocolo de socorro y ayudas para empresas colaboradoras (...)". La cuestión no es baladí, puesto que no tiene el mismo cariz que la empresa principal asuma el papel de dirigir y ayudar a las empresas colaboradoras a organizar el desarrollo de sus actividades, que si —como es el caso— el protocolo está destinado a organizar la actividad de la propia empresa principal, determinando la forma en qué se irá recurriendo por la propia comitente a los servicios de las distintas contratistas cuando en ella surjan necesidades extraordinarias que requieran que los servicios correspondientes sean atendidos por estas en cumplimiento de las contratas previamente concertadas con ellas.

También aquí —en un supuesto de hecho, a mi juicio, muy similar al de la STS de 13 de julio de 2017 (Rec. 25/2017, *INDRA*) arriba comentada— la empresa principal procedió a desviar a otras contratistas las órdenes de servicios correspondientes a la zona geográfica asignada a la empresa contratista en huelga, ajustándose a los parámetros ordinarios y habituales (sin ninguna modificación en el sistema que evidenciase una reacción para reprimir o contrarrestar la huelga) en la gestión de las subcontratas que mantiene con diferentes empresas en las que ninguna de ellas tiene la exclusividad en una determinada zona.

En la sentencia que ahora se comenta, el TS —respaldando uno de los dos criterios básicos que apunté en el apartado dedicado al planteamiento de este trabajo— introduce expresamente como criterio primordial a la luz del que enjuiciar la eventual existencia de una vulneración del derecho de huelga: "determinar en primer lugar si la actuación de *TELEFÓNICA* durante la huelga ha sido la que normalmente sigue en cualquier otro periodo de su actividad empresarial, o ha supuesto por el contrario una modificación su habitual proceder". Sin embargo, a mi modo de ver, este criterio que, evidentemente, es fundamental y muy conveniente, es únicamente válido para valorar las actuaciones del empresario/empleador de los trabajadores en huelga, pero no es apto cuando las conductas pretenden imputarse a terceros que no son empleadores de los huelguistas y, por tanto, no pueden cometer esquirolaje (pues no sustituyen a sus trabajadores huelguistas por otros sino que, a lo sumo, desvían los servicios incumplidos por la contratista afectada por la huelga hacia otras) ni ninguna responsabilidad tienen ni en el origen ni en la solución del conflicto colectivo.

Por el contrario, tanto la STS ahora estudiada como la sentencia recurrida no sólo parten de la necesidad de aplicar este criterio, indiscutidamente, sobre la empresa principal en estas situaciones sino que, incluso en la del TSJ recurrida, dicho criterio se concretó en determinar si la actuación de *TELEFÓNICA DE ESPAÑA, SAU* durante la huelga se mantuvo en los mismos porcentajes habituales en los que se producen estas sustituciones entre empresas en los periodos normales de actividad, o supuso por el contrario un incremento porcentual muy superior en el desplazamiento a otras contratas de las órdenes de trabajo de la zona geográfica asignada a *COTRONIC*. Se contempla, además, el dato adicional a valorar a estos efectos que deriva del hecho probado que *TELEFÓNICA DE ESPAÑA, SAU* no impartió directrices para evitar que se produjera un número porcentual superior al habitual de sustituciones de *COTRONIC* durante la huelga. A la vista de lo cual, ya de entrada, surge la siguiente cuestión: ¿Hay un sistema que se considera el habitual y que no se cambia para la huelga, y cuando su funcionamiento —como es lógico— supone una activación mayor, como consecuencia de que una de las contratistas (por la huelga u otro motivo) deja de prestar servicios de manera sustancial, la principal debe paralizar el funcionamiento del sistema? ¿No hemos dicho que para valorar que no se vulnera el derecho de huelga debe mantener el funcionamiento normal de los sistemas previos al inicio de aquélla?

Por lo demás, los fundamentos jurídicos de la STS que ahora se analiza traen a colación y reproducen el argumento —en mi opinión muy acertado— de la antes comentada STS de 22 de mayo de 2024 (Rec. 145/2023) —con idéntico magistrado ponente— con relación a excluir la vulneración del derecho de huelga cuando las relaciones interempresariales entre las empresas principal y contratista se limitan a la vertiente estrictamente mercantil entre ellas. En estos casos no están condicionadas, en modo alguno, por estrategias conjuntas de producción, comerciales o de otro tipo, ni existe ninguna especial vinculación, ni ningún otro tipo de circunstancia que obligue a la empresa principal a respetar la huelga y, consecuentemente, a no contratar con otros las obras que ya tenía contratadas. Se reitera que se trata de supuestos en que se está ante una subcontratación de bienes o servicios que, perteneciendo o no a la propia actividad de la empresa principal, se produce entre empresas independientes entre sí que no tienen otro vínculo previo —salvo el contrato mercantil de subcontratación— y en los que, además, el fenómeno de la descentralización productiva se produce libremente en el mercado y no en el seno de un grupo de sociedades.

A continuación, incluso, se subraya que la doctrina anterior constituye una trascendental consideración que introduce un elemento de juicio especialmente relevante a la hora de valorar la actuación de una determinada empresa respecto a la huelga convocada por los trabajadores de una empresa diferente frente a los que no ostenta la condición de empleadora[69].

Sin embargo, cuando parecía que todo iba según el guion previsto y que el TS se movía en línea con la precedente doctrina jurisprudencial consolidada sobre libertad general de recontratación del comitente en caso de huelgas en sus contratistas (salvo grupos de empresa o vinculaciones especiales), la presente sentencia sorprende, al advertir que dicha doctrina no puede aplicarse en este caso, porque "la configuración del derecho de huelga, el nivel de protección que como derecho fundamental le corresponde", obliga a excepcionar la inocuidad de dicha libertad de recontratación de la comitente respecto al ejercicio del derecho de huelga de los trabajadores de las contratistas, no sólo en el caso de los grupos de empresa, sino también en todas aquellas situaciones en las que exista una especial

---

69 Lo que ocurre, sin embargo, realmente en el párrafo comentado es que, si bien se mira, aunque aparentemente da la sensación de que se confirma la doctrina anterior sobre libertad general de recontratación del empresario comitente en caso de huelgas en sus empresas contratista, en la forma de expresión del TS aparece un detalle de enorme trascendencia: lo que hasta ahora podía entenderse como un criterio claro derivado de una doctrina jurisprudencial previa consolidada, ahora, con toda naturalidad y sin mayores explicaciones, pasa a calificarse como un mero elemento de juicio más a tener en cuenta a la hora de valorar las eventuales vulneraciones del derecho de huelga por terceros distintos del empleador de los trabajadores huelguistas.

y directa vinculación entre la empresa principal y todas las demás implicadas. Y digo que sorprende, no por el contenido en sí mismo de estas afirmaciones que, en cuanto tales, no suponen modificación de la doctrina general comentada, sino por la fundamentación jurídica a la que se acude para hacer derivar la valoración en el caso enjuiciado de la existencia de tales vinculaciones especiales extra-grupo.

Así, en primer lugar, causa perplejidad que se vuelva a resucitar la manida expresión de la STC 123/1992 sobre que "la preeminencia del derecho de huelga produce, durante su ejercicio, el efecto de reducir y en cierto modo anestesiar, paralizar o mantener en una vida vegetativa, latente (...) la potestad directiva del empresario, regulada en el art. 20 del Estatuto de los Trabajadores", puesto que la STC en cuestión se refería a un muy concreto supuesto de esquirolaje interno (que nada tiene que ver con este tipo de recontrataciones en el seno de las contratas) y, adicionalmente, porque evidentemente el poder directivo al que el art. 20 ET se refiere —y que según la STC citada podría quedar anestesiado— es el poder directivo del empleador de los trabajadores en huelga (que, en todo caso, en este supuesto sería el del contratista afectado por la huelga), pero no la libertad de empresa de un empresario distinto, el principal o comitente para recontratar con otras empresas el encargo desatendido por la contratista en huelga, la cual nada tiene que ver con el poder directivo de un empleador sobre sus trabajadores a que se refiere el art. 20 ET.

Pese a haberse insistido con tanta claridad en la primera parte de la fundamentación jurídica de la sentencia —como he descrito antes— en la doctrina de la irrelevancia a estos efectos de eventuales vulneraciones del derecho de huelga de las subcontrataciones de bienes o servicios (pertenecientes o no a la propia actividad de la principal) que se producen entre empresas independientes que carecen de vínculos distintos de los que se derivan del contrato mercantil de subcontratación, a continuación, los fundamentos jurídicos de la STS comentada se concentran en la existencia previa de "acuerdos mercantiles de subcontratación" que incluyen unas cláusulas, que le permiten utilizar indistintamente los servicios de unos u otra de las empresas subcontratadas en la misma zona geográfica atribuida de ordinario a otra. La sentencia denuncia adicionalmente el hecho "incluso, de que TELEFÓNICA, en su condición de empresa principal, ha elaborado un protocolo" parar regula las sustituciones entre las contratistas en caso de aumento de demanda de servicios en una determinada zona geográfica que no pueda ser atendida por la contratista con quién se concertó la actividad, para derivar en esos casos las órdenes de servicio a terceras empresas contratistas.

Y, por último, se argumenta que tales acuerdos (pese a derivar sólo del contrato mercantil de subcontratación y de las condiciones en que ésta se ha acordado en él que se va a desarrollar con cada una de las distintas contratistas, como se describió previamente, y no de la existencia previa de otras vinculaciones diferentes, pues se reconoce expresamente: "aunque no se trate de situación de grupo de empresas"), por las posibilidades de coordinación y puesta en común de la estrategia productiva, *es* ciertamente *muy similar* a las dinámicas de funcionamiento coordinado de las empresas del grupo, pero sin que se concreten qué notas, elementos o características hacen que al TS le parezca *tan similar.* Sin mayores concreciones, ¿cualquier actuación coordinada u organizada entre distintas empresas sin vínculos entre ellas diferentes a la subcontratación (en general, las empresas suelen organizar y coordinar sus actividades en sus colaboraciones de forma diligente) habría de llevar a considerar la existencia, a estos efectos, de un grupo de empresas?

Tal vez anticipando cuestiones del tipo de la anterior, el TS seguidamente trata de explicar mejor sus argumentos: "Queremos decir con ello que en un supuesto tan singular como el presente *concurre las mismas razones que avalan esa doctrina,* en la medida en que la empresa principal ha incluido en todos los acuerdos con las subcontratas una previsión de actuación coordinada que le permite recurrir a los servicios de cualquiera de ellas cuando le resulte necesario en una zona geográfica distinta a la que cada una tiene asignada". Pero, sigue pendiente la tarea de concreción: ¿qué razones son? ¿Tal vez, que en las contratas mercantiles se prevean posibles aumentos del encargo con las contratistas y que estas, obviamente, en la medida en que estas situaciones incrementan su negocio, estén interesadas, lo acepten y muestren su disponibilidad para asumir mayores pedidos, se entiende equivalente a la existencia de una dirección unitaria dentro de un grupo empresarial? Si esto así, habría que ir más allá de sugerirlo.

En nuevo intento explicativo, se dice que: "En ese contexto, la actuación de la empresa principal es *sin duda similar y parangonable*" —nuevamente parece que nos movemos en el terreno de los parecidos razonables— "a estos efectos, con la que se produce en el seno de un mismo grupo empresarial, en la medida en que la principal ha tejido unos vínculos de interconexión entre las distintas empresas subcontratadas para garantizarse y poder exigir a cada una de ellas su intervención en defecto de las otras".

Para, finalmente, concluir que está "dentro de la libertad de mercado un pacto de esa naturaleza, libremente aceptado por todas las empresas implicadas. La regular y ordinaria activación de esa facultad por parte de *TELEFÓNICA* resulta perfectamente ajustada a derecho y no merece reproche judicial alguno. Pero la utilización de esa posibilidad resulta en cambio vulneradora del derecho de huelga, cuando se utiliza, precisamente, para sustituir la actividad de alguna de las empresas subcontratadas que se ha visto afectada por encontrarse sus trabajadores en huelga".

A mi modo de ver, hay que tener presente que el sistema establecido por la empresa principal en este supuesto no implica que imparta instrucciones a las empresas contratista ejerciendo una posición de dominio sobre éstas o que las mismas estén subordinadas y obedezcan a la dirección única de la empresa principal más allá de cumplir con los compromisos que han asumido voluntaria e independientemente con la empresa principal para satisfacer los incrementos de sus encargos. Pues, en cualquier caso, la coordinación de las distintas actividades de las contratistas formaba parte de la normativa interna de funcionamiento de la principal (desde 2013) como una norma de organización interna de la propia compañía para tener preestablecido a qué contratista acudir y cómo redireccionar las actividades en caso necesario, pero respecto de las contratistas en cuestión no implicaba más que solicitarle que cumpliera con los compromisos asumidos en la contrata cuando se le requiriera el incremento del volumen de sus actividades en las zonas estipuladas.

También ejemplificaré con un paralelismo o supuesto semejante. Imaginemos un consumidor (o usuario) particular que, por ejemplo, concierta un contrato de telefonía e internet con una compañía telefónica cualquiera y, como medida para garantizarse la disponibilidad del servicio, dado que considera muy importante disponer de servicio de internet continuado, concierta con otra compañía telefónica otro contrato sólo de telefonía, pero en el que, en una de sus cláusulas se reserva la posibilidad de activación instantánea de un servicio de internet cuando el cliente lo considere necesario, teniendo prefijadas las condiciones para el caso. Si la primera compañía no puede proporcionarle sus servicios porque su personal está en huelga, ¿si el cliente acude a la otra compañía para requerirle la activación del servicio de internet, como tenía previamente contratado, estará vulnerando el derecho de huelga de los trabajadores de aquélla? De ser así, todos los ciudadanos tendremos que ser precavidos con las contrataciones que realizamos en nuestra vida cotidiana y vigilar las eventuales huelgas de los trabajadores que acontezcan en las empresas de las que somos usuarios o consumidores habituales, puesto que —en los términos de esta sentencia— aunque no tengamos ninguna otra vinculación con tales empresas que nuestros contratos como clientes, si coordinamos nuestros contratos con ellas para garantizar no quedarnos sin servicio, parece que… ¿podríamos acabar siendo condenados a indemnizar a los trabajadores huelguistas de tales empresas, así como ser sancionados con multas por esquirolaje?

Desde mi perspectiva, frente a los argumentos de esta sentencia se pueden oponer, principalmente, tres objeciones:

1.- La sentencia traiciona su propósito inicial de concentrar su valoración de la actuación de la empresa principal en: "(...) si la actuación de *TELEFÓNICA* durante la huelga ha sido la que normalmente sigue en cualquier otro periodo de su actividad empresarial, o ha supuesto por el contrario una modificación su habitual proceder". En efecto, con independencia de que —a mi modo de ver, como ya he advertido antes— este relevante criterio sólo es apto para los verdaderos casos de esquirolaje en que las conductas sustitutivas son imputables al empleador de los trabajadores en huelga, lo cierto es que en esta sentencia termina por hacerse responsable al empresario principal justo por cumplir con el criterio inicial que pretendía aplicársele, es decir, precisamente por actuar, durante la huelga de los trabajadores de su contratista, según el mismo sistema que tiene activado para cualquier otro periodo de su actividad empresarial, sin modificación alguna en "su habitual proceder". Así pues, se le termina aplicando —a quien, además, insisto, no es empleador de los huelguistas— precisamente el criterio contrario del que se había considerado justo inicialmente, al exigírsele que modifique su habitual proceder (paralizando el sistema preestablecido) cuando los trabajadores de otras empresas con las que contraten (que no pertenecen a su grupo empresarial y con las que no mantienen otro tipo de vinculaciones especiales) estén en huelga.

2.- Pese a no existir —como expresamente reconoce la sentencia— ningún tipo de vinculaciones especiales, éstas se quieren hacer derivar del simple hecho de tener preestablecido en su normativa interna de funcionamiento y —de forma acorde con ello para hacer posible el funcionamiento ágil e inmediato del sistema— pactado previamente con sus contratistas un sistema de desvío de órdenes de servicio. Un tipo de sistema muy parecido se encontraba automatizado en el caso enjuiciado en la STS de 13 de julio de 2017

(Rec. 25/2017, *INDRA*) —arriba comentada— y el propio TS juzgó entonces favorablemente esta forma de proceder, sin que ahora —salvo error— se introduzca ninguna justificación —sólo se menciona tal sentencia sin, si quiera, comentarla— sobre este cambio de criterio de la doctrina jurisprudencial aplicable sobre un mismo o muy similar supuesto de hecho.

Parece que, a juicio de la presente STS, el problema radica, precisamente, en la existencia (y no paralización) de un sistema preestablecido, con carácter general, para cualquier tipo de carencias de actividad de las contratistas, de manera neutra, es decir, no sólo expresamente para las motivadas por huelgas en éstas (medida de la que —de entrada— no puede derivarse nada más allá que una muestra de que la empresa principal tiene coordinado de forma prudente el funcionamiento ordenado de su organización), sin que por la sentencia se valorase —ni en los hechos probados a valorar constase— que el sistema se hubiera urdido en previsión o como reacción a posibles huelgas. A sensu contrario, parece desprenderse del criterio de la sentencia que si, como ocurrió en el caso de la STS de 16 de noviembre de 2016 (Rec. 59/2016, *ALTRAD RODISOLA*) la comitente hubiera reaccionado, expresamente, frente una concreta situación de ausencia de actividad de la contratista afectada motivada por una huelga, recontratando, *a posteriori*, los servicios con una nueva contratista, aunque en esencia el efecto hubiera sido el mismo, este procedimiento se hubiera considerado aceptable y no reprochable en cuanto a sus implicaciones sobre el derecho de huelga, cuando precisamente, lo cierto es que, en estos casos —aunque, como he comentado en su momento debería permitirse esta libertad de recontratación—, al menos, sí que puede advertirse una reacción (o, en cierto modo, modificación del habitual proceder) de la empresa comitente, motivada precisamente por una huelga en su contratista.

3.- Por último, cabe subrayar que llegados a este punto de la evolución jurisprudencial, parece no importar ya si quiera —como ocurría en las sentencias que estudiaremos en el subapartado siguiente— la existencia de grupos de empresa o de vinculaciones especiales, sino que basta con tener preestablecido un sistema general de recontratación o desvío de la prestación de servicios o la producción de bienes entre las contratistas en previsión de caídas en la actividad de estas, para entenderlo equivalente, desde la perspectiva del derecho de huelga, a la existencia de vinculaciones especiales, obviando los criterios jurisprudenciales apuntados en su momento, puesto que en este caso no consta que las empresas contratistas implicadas pertenecieran al grupo empresarial de la comitente, ni que tuvieran una caja única o compartida, ni contabilidades compartidas con ella, ni que estuvieran dirigidas o controladas por la principal (más allá de las instrucciones, cambios o adaptaciones en las condiciones o volumen del encargo que cualquier cliente puede estipular en las contratas que formalice, ya vengan previstas previamente en ellas o se deriven de modificaciones que puedan acordarse posteriormente), ni tampoco que hubiera utilización indiferenciada de los trabajadores de las distintas empresas implicadas (plantilla única), sino que los trabajadores de la contratista (sin que se hubiera probado cesión ilegal) quedaron sujetos siempre al poder de organización y dirección de cada empresa contratista.

Según mi percepción, en esta sentencia —como también ocurrió unos años antes en las SSTS de 3 de octubre de 2018 (Rec. 1147/2017, *Grupo Vocento*, y Rec. 3365/2016, *Grupo Zeta*, que serán comentadas en el siguiente subapartado— si bien incluso en el presente caso sin que si quiera las empresas principal y contratista en huelga formen parte del mismo grupo empresarial, ante la ausencia del elemento de la especial vinculación, se parece querer imputar al fenómeno mismo de la descentralización productiva (por la simple actuación coordinada que supone) la existencia de una obligación conjunta de respeto de los derechos de los trabajadores, en este caso los colectivos (de huelga), aunque se reconozca expresamente que no hay grupo ni otras vinculaciones especiales y, por tanto, no es posible la comunicación de responsabilidades. El salto lógico de estas argumentaciones es abismal, pues si del hecho de que el recurso a la descentralización productiva se quieren derivar estas consecuencias nos encontramos ya no sólo con que se está queriendo aplicar, con una analogía forzada, lo previsto en art. 6.5 RDLRT al comitente en los casos de contratas cuando dicho precepto sólo se refiere al esquirolaje externo clásico del empleador de los huelguistas, sino que, ahora *por analogía de la analogía* —o simples similitudes— se deriva la aplicación de aquel precepto a comitentes que no guardan ninguna relación con sus contratistas más allá de los términos de sus contratas. En mi opinión, se está yendo muy lejos sobre la base de un precepto —el contenido en el art. 6.5 RDLRT— que, si nos detenemos, volvemos al origen y lo releemos, ninguna relación guarda con todas estas conclusiones.

A mi modo de ver, aunque —como posteriormente desarrollaré— no comparto el criterio del TC (SSTC 75/2010 y 76/2010, de 19 de octubre, así como la serie de sentencias de 98/2010 a 112/2010, de 16 de noviembre, *SAMOA*) en cuanto al recurso a preceptos como el art. 42 ET para imputar —además, en sentido inverso— la responsabilidad a la propia contratista empleadora de los huelguistas por la rescisión de la contrata de la comitente, me hubiera parecido más conveniente —de haber pretendido fundamentar el, en mi opinión, desafortunado fallo de esta sentencia— acudir al art. 42 ET y tratar de justificar, en todo caso, la analogía con éste y no con las vinculaciones de los grupos de empresa. Aunque, —por las razones que desarrollaré al referirme más adelante a las sentencias del caso *SAMOA INDUSTRIAL, S.A.*— el art. 42 ET tampoco tiene nada que ver con estas materias, lo cierto es que, al menos, a diferencia de los argumentos apuntados por la sentencia ahora comentada, acudiendo a la noción de la propia actividad del empresario principal y a la integración en ella de los contratistas, cuyos servicios (e, indirectamente, el producto del trabajo de sus trabajadores) repercuten en beneficio del conjunto del negocio de aquel, estableciendo así el paralelismo con la necesidad de protección de los derechos de los trabajadores que instrumentaliza dicho precepto mediante la imposición de responsabilidades solidarias (aunque especificando que sólo para materia salarial y de seguridad social) se podría haber tratado de encontrar cierto punto de apoyo para responsabilizar a *TELEFÓNICA DE ESPAÑA, SAU*, respecto de una eventual vulneración del derecho de huelga con estas actuaciones. Pero, bien pensado, ¿qué necesidad hay de ello?, ¿por qué este empeño en trasladar el centro de imputación de responsabilidades y, por ende, el debate jurídico fuera del ámbito de las empresas que sufren las huelgas y de las conductas de éstas con relación a sus trabajadores huelguistas?

Si el art. 6.5 RDLRT a lo que se refiere es a que el *empresario no podrá sustituir a los huelguistas por trabajadores que no estuviesen vinculados a la empresa al tiempo de ser comunicada la misma*, y la jurisprudencia, conforme al art. 1.6 CC, complementa el ordenamiento jurídico (no lo crea) al interpretar y aplicar los preceptos legales (y las demás fuentes del Derecho) convendría que nuestros jueces y tribunales concentraran el análisis de esta materia en dicho precepto, evitando extensiones analógicas tan dilatadas, con mayor motivo en casos como el que acaba de ser analizado que, además, tuvo efectos sancionadores (los cuales como subrayaré en el capítulo 7, no admiten extensiones analógicas por virtud del principio de tipicidad), y cuando tampoco en el art. 8.10 LISOS hay atisbo alguno de situaciones en las que encajen supuestos del estilo del aquí analizado.

6.3.1.a. Supuestos específicos de existencia de vinculaciones especiales, grupos de empresas o empresas red

Como se ha ido anticipando con motivo de la última sentencia comentada en el subapartado anterior y sin perjuicio del criterio general analizado en las sentencias del TS que la precedieron, favorables al reconocimiento de la libertad del empresario principal-cliente para recurrir a otras contratistas con el fin de suplir las carencias de actividad originadas por las huelgas en las contratistas iniciales, existe un grupo de sentencias en que dicho criterio quedó excepcionado por tratarse de empresas pertenecientes a un mismo grupo empresarial o entre las que existían determinadas vinculaciones especiales. Este bloque de sentencias viene integrado por las SSTS de 11 de febrero de 2015 (Rec. 95/2014, *GRUPO PRISA*); de 3 de octubre de 2018 (Rec. 1147/2017, *GRUPO VOCENTO*, y Rec. 3365/2016, *GRUPO ZETA*); y de 20 de abril de 2015 (Rec. 354/2014, *COCA COLA IBERIAN PARTNERS*).

– En el caso de la primera de estas sentencias, la STS de 11 de febrero de 2015 (Rec. 95/2014, *Grupo PRISA*), la huelga tuvo lugar en la empresa *PRESSPRINT SLU* que realiza la actividad de producción de todas las publicaciones de prensa diaria del *DIARIO EL PAÍS SL*, que, junto con aquélla y otras entidades, forman parte del *GRUPO PRISA*. La cuestión que se planteó era si se debía considerar contraria a los derechos de libertad sindical y de huelga, la decisión de las empresas editoras (a las que *PRESSPRINT SLU* les prestaba los servicios de impresión de diarios y que formaban parte también del *GRUPO PRISA*) de encargar la impresión de tales periódicos a terceras empresas no vinculadas al *GRUPO PRISA*, mientras duró la huelga en *PRESSPRINT SLU*. Todo ello habida cuenta que a la huelga se adhirieron la totalidad de los trabajadores de la plantilla de *PRESSPRINT SLU* y con esta estrategia se consiguió la impresión y distribución de la totalidad de los periódicos de las citadas empresas editoras.

El TS resuelve el caso considerando que, si bien es cierto que dichas entidades editoras clientes de *PRESSPRINT SLU* no mantienen relación laboral directa con los trabajadores huelguistas, no es menos cierto que la actuación de dichas empresas incidió seriamente en los efectos y repercusión de la huelga. A pesar de la huelga, el TS recuerda que durante dichos días los diarios de las citadas empresas salieron con normalidad, provocando la contratación de otras empresas para la impresión de los diarios un vaciamiento del contenido del derecho de huelga, o una aminoración de la presión asociada a su ejercicio. Así, para esta sentencia no cabe duda de que el hecho de la normal aparición durante los días de huelga de los diarios privó de repercusión apreciable a la huelga, arrebatándole su finalidad de medio de presión y de exteriorización de los efectos de la huelga al presentar una apariencia de normalidad contraria al derecho de huelga.

Y a partir de este punto el TS incide en un elemento que ya ha sido objeto de comentario más arriba: la tradicional tendencia a la equiparación entre la efectividad de la huelga y su repercusión pública. En efecto, el TS subraya en esta sentencia que, además de ser un medio de presión de los trabajadores para la defensa de sus intereses legítimos, la huelga tiene una vertiente externa, a saber, la de exteriorización de los efectos que produce, haciendo visible a los ciudadanos la perturbación que provoca, máxime en una actividad como la ejercida por las empresas demandadas. Y concluye que ambas finalidades han sido cercenadas con la contratación de empresas ajenas a *PRESSPINT SLU* para la impresión de sus diarios durante los días de huelga.

Sin embargo, la verdad es que, hasta aquí, las razones apuntadas por el TS para considerar vulnerado el derecho de huelga no difieren, en cuanto al fondo, del caso *ALTRAD* antes estudiado, respecto del cual el propio TS entendió admisible la recontratación del servicio por la empresa cliente con terceros. Que en aquel caso esta actuación tuviera por efecto que dicha empresa pudiera continuar obteniendo la prestación de los servicios de manos de otros contratistas y que, por tanto, la huelga no tuviera visibilidad externa, al continuar desarrollándose las actividades por una nueva contratista, no impidió considerar que la huelga fue efectiva pues el empresario de los trabajadores en huelga resultó perjudicado puesto que sus actividades sí se vieron afectadas. Lo mismo podría decirse en este caso a la vista de los razonamientos del TS expuestos hasta el momento (puesto que aunque los diarios salieron a la calle, no fueron impresos por *PRESSPINT SLU* que es la empresa contra la que se dirigía la huelga y cuya actividad se paralizó totalmente), si no fuera porque, a continuación, la sentencia incide en un dato que consideró fundamental: que la relación, en este caso, entre las empresas cliente y contratista en huelga es más intensa puesto que las citadas empresas pertenecen a un mismo grupo empresarial (*GRUPO PRISA*).

Bajo mi punto de vista, como ya expuse en el momento de formular mis propuestas de tratamiento jurídico, la vinculación especial que es trascendente es la que pueda existir entre la contratista que padece la huelga y la nueva contratista a la que se le hace el nuevo encargo, porque (tanto si este encargo procede de la empresa cliente como si lo hace la contratista en huelga) si la nueva contratista tiene vinculación con esta última, bien podría estar desviándose la producción hacia esta nueva empresa (no competidora real) para que sea esta quien incremente plantilla con el fin de atender el encargo. Así, en casos como el que fue objeto de esta sentencia en que tanto las empresas clientes como la contratista en huelga pertenecen al mismo grupo, si hubieran realizado el nuevo encargo a otra contratista del mismo grupo o controlada por ellas por cualquier otra vía, se podría entender que se está tratando de eludir la prohibición de esquirolaje para que sea esta otra empresa "amiga" la que se haga cargo de la producción o del servicio en cuestión y, en su caso, también de la contratación de trabajadores que la empresa en huelga no puede realizar por la prohibición de esquirolaje del art. 6.5 RDLRT. Estas actuaciones han de valorarse negativamente en la medida en que tratan de eludir la prohibición de esquirolaje externo contenida en el precepto citado y han de recibir el tratamiento que ya fue propuesto y comentado en su momento.

Sin embargo, cuando —como en el caso ahora analizado— las nuevas contratistas no pertenecen al grupo empresarial, a mi juicio, del mismo modo que defiendo que la empresa que sufre la huelga (aunque no forme parte de un grupo empresarial o red) ha de poder subcontratar, con total libertad, con terceros los servicios o la producción que no le prestan los trabajadores en huelga, siempre que la nueva contratista no sea una empresa controlada, también cuando la empresa cliente y la contratista que padece la huelga forman parte del mismo grupo la consecuencia debería ser la misma. Así, en el caso de que recontraten el servicio con una empresa que no forma parte del Grupo ni sea controlada de otro modo, no aparece que se esté lesionando el derecho de huelga de los trabajadores huelguistas, pues el grupo empresarial se está viendo obligado a satisfacer un precio a terceros por un servicio que condiciones de normalidad debieron proporcionarle sus propios trabajadores y, además, se estará favoreciendo a empresas competidoras de la contratista afectada por la huelga (en este caso, *PRESSPRINT SLU*).

En los hechos probados de la sentencia de instancia consta que los ingresos dejados de percibir por *PRESSPRINT SLU* procedentes de empresas del grupo ascendió a 319.831,26 €. Este importe, de no producirse la huelga, hubiera sido recibido por la contratista perteneciente al grupo procedente de las empresas editoras que pertenecen al mismo grupo empresarial como pago de los servicios de impresión que tenían concertados en la contrata mercantil que les unía. Es de imaginar que el precio que se hubo de satisfacer por el nuevo encargo puntual durante la huelga a empresas ajenas al grupo fue superior al que les cobraba normalmente una empresa, con un contrato de servicios estable, que pertenece a su mismo grupo empresarial, pero —en cualquier caso— el dato cierto e importante es que dicho montante que, sin huelga se hubiera satisfecho, como se habituaba, por empresas del grupo en favor de otra empresa del mismo grupo, ahora dejó de abonarse a esta, para beneficiar el negocio de otras empresas que no pertenecen al grupo y que, además, son competidoras. Por decirlo más claramente, el dinero que antes no salía del ámbito del *GRUPO PRISA*, ahora, como consecuencia de la huelga, salió para no volver y para beneficiar a competidoras de la empresa del grupo que sufría la huelga. ¿No es esto presión sobre los intereses económicos de *PRESSPRINT SLU* en concreto y, en general, del *GRUPO PRISA*?

A mi modo de ver, lo anterior prueba —muy claramente— que dicha actuación no minoró la efectividad de la huelga, sino que demostró todo lo contrario: que la huelga fue muy efectiva, puesto que salieron del Grupo probablemente no menos de los 319.831,26 € que se hubieran satisfecho a *PRESSPRINT SLU* en condiciones normales, mientras que el ahorro de salarios por la suspensión de los contratos de trabajo de los huelguistas, según los hechos probados de la sentencia de instancia, ascendió a sólo 40.132,00 €. No empleo estas cifras en el sentido que lo hizo la STS comentada para descartar la alegación de desequilibrio de sacrificios mutuos, pues —en mi opinión— esta cuestión no tiene mordiente alguno, pues es evidente que los daños económicos de la empresa normalmente serán cuantitativamente superiores a los que sufran los trabajadores, pues los costes salariales de estos son sólo una partida más de los gastos que deduce una empresa de sus ingresos ordinarios y, por tanto, si pierde éstos como consecuencia del cese de actividad han de ser por definición superiores al coste de tales ingresos, pues, de lo contrario, la empresa estaría sufriendo pérdidas, en situación de normalidad. De otro lado, tampoco tendría por qué tratarse de importes similares para que la huelga sea proporcionada y no abusiva, pues las posiciones económicas de partida de los distintos sujetos implicados pueden —y suelen— ser de magnitud muy distinta.

En realidad, estas cifras las traigo a colación por esta otra cuestión que nada tiene que ver con la que se planteó el TS con relación a ellas, esto es, como demostración palpable de que *PRESSPRINT SLU* sufrió un daño económico (al menos, un lucro cesante si no pérdidas) durante los días de huelga, por dejar de recibir unos ingresos que dejaron de permanecer en el ámbito de *GRUPO PRISA* para favorecer la posición económica de empresas ajenas al Grupo, sin que el ahorro de costes salariales lo compensara ni mucho menos.

La sentencia analizada realiza, además, un extenso repaso de la doctrina científica y de la jurisprudencia sobre los grupos de empresas para terminar por concluir que, en este caso, ha de estarse (muy particularmente desde la STS de 3 de mayo de 1990) a la doctrina más moderna, que persiste en la regla general de responsabilidad separada de las sociedades integrantes del grupo, pero que admite la trascendencia laboral del referido grupo en ciertas circunstancias o cuando tal dato va acompañado de elementos adicionales. Y así se dice expresamente que "el asunto ahora examinado se encuadra dentro de los supuestos especiales, a los que alude la sentencia anteriormente transcrita, que admite la trascendencia laboral del grupo de empresas en ciertas circunstancias".

Sin embargo, paradójicamente, este tratamiento a nivel grupo —y no de las empresas integrantes separadamente— se hace valer sólo para valorar negativamente (por considerar que anula la repercusión pública de la huelga) el intento de salvaguardar el negocio por la empresa cliente del grupo (por el Grupo, en definitiva), pero se hace caso omiso a que esa apariencia externa de continuidad de la actividad le supone, por un lado, a *PRESSPRINT SLU,* además de las importantes mermas de ingresos mencionadas, el favorecimiento de la posición de unos competidores y, por otro, al grupo en su conjunto un problema organizativo acompañado de unos daños económicos (los de *PRESSPRINT SLU* que son también los del *GRUPO PRISA* en su conjunto, puesto que el dinero que no se ingresa en favor de *PRESSPRINT SLU* no lo retienen tampoco las empresas editoras, sino que lo satisfacen a empresas ajenas al Grupo para conseguir que los diarios salgan a la calle).

No es mi intención ser reiterativo, pero mientras no se cambie el enfoque y se entienda que la huelga se dirige al empresario y no a los clientes o al público en general no se aplicarán criterios justos y adecuados. Pues no dejará de perjudicarse a terceros (clientes, usuarios y sociedad en general) por un empeño por equiparar la efectividad de las huelgas con la causación de daños a terceros, generando mal ambiente y crispación social —que se aceptan como indiscutido objetivo legítimo de las huelgas—, cuando, en realidad, la huelga es un mecanismo de efecto económico entre los trabajadores huelguistas y la empresa.

Este es un claro ejemplo de ello. Se entiende que la trascendencia del Grupo como tal a efectos laborales ha de servir de base para valorar la existencia de una lesión sobre la efectividad de la huelga por conseguir la empresa comitente eliminar su repercusión pública mediante la recontratación con terceros, cuando, a mi juicio, es todo lo contrario, pues, en realidad, constituye una demostración clara del importante daño económico que la huelga ha provocado al grupo en su conjunto y a la empresa afectada por ella, en particular. El intento de salvaguardar, al menos, la continuidad del negocio por esta vía, con el coste económico asociado correspondiente, a mi modo de ver, justo a la inversa, debe ser valorado muy positivamente como manifestación de la libertad de empresa que pretende la protección de la continuidad de la empresa y de su negocio y que beneficia a todos, incluidos los trabajadores (huelguistas y no huelguistas) y a la sociedad en su conjunto[70].

– Unos años más tarde, las SSTS de 3 de octubre de 2018 (Rec. 1147/2017[71], *Grupo Vocento,* y Rec. 3365/2016, *Grupo Zeta*) decidieron sobre unos supuestos de hecho muy similares al de la sentencia que se acaba de analizar. Lógicamente, el TS resolvió estos casos en un sentido similar.

Cabe destacar que, en esta ocasión, el TS reconoce expresamente que la regla general debe ser entender que las relaciones interempresariales se limitan a un aspecto estrictamente mercantil y cuando no exista especial vincula-

---

70 Desdentado Bonete (2016, p. 5) se refiere a esto mismo al comentar la sentencia analizada y expresa que ir más allá puede "no solo desarmar de forma completa al empresario, impidiéndole incluso reacciones legítimas de defensa de su organización productiva, sino también proyectar los efectos negativos sobre otras personas que ninguna responsabilidad tienen en el origen y desarrollo de la huelga y que ninguna medida pueden adoptar para solucionar el conflicto".

71 Véase el comentario a esta sentencia en Vicente Palacio (2019).

ción, ni otro tipo de circunstancia que obligue a la empresa principal o comitente, no puede entenderse como una vulneración del derecho de huelga si recontrata con otros la producción o la prestación de los bienes o servicios que ya tenía contratadas con la contratista que sufre la huelga.

Sin embargo, en el supuesto examinado por estas sentencias, en el que tiene lugar "un desvío del auxilio productivo habitualmente prestado por empresa del mismo grupo" y aunque, en tal grupo, se reconoce expresamente que no están presentes los elementos adicionales a las relaciones societarias y mercantiles que permiten la comunicación de responsabilidades, se atribuye al fenómeno de descentralización productiva (que produce cierta fragmentación de la actividad empresarial e impone una actuación coordinada que puede repercutir sobre algunos derechos de los trabajadores de cualquiera de las empresas del grupo) la consecuencia de que, aunque no haya comunicación de responsabilidades, sí existe una obligación conjunta de respeto de los derechos de los trabajadores, singularmente de los colectivos.

Como puede observarse, los argumentos anteriores adolecen de demasiada vaguedad e inconcreción como para fundamentar las importantes consecuencias que se les pretende asociar[72]. Sin embargo, poco importa, porque la *ratio decidendi* verdaderamente decisiva parece ser la siguiente: "A la vista de cuanto antecede hemos de resolver este liti-

---

72 Al respecto, podrían reiterarse los comentarios realizados más arriba con relación a los argumentos de la más reciente STS de 14 de noviembre de 2024 (*TELEFÓNICA-COTRONIC*), por cuanto —como vemos— ésta se inspira (reproduciendo parte de su contenido) en las SSTS que ahora son objeto de comentario. Pero en estas SSTS de 3 de octubre de 2018 (Grupos *VOCENTO y ZETA*), pese a que tampoco alcanzaban a darse las características determinantes de la comunicación de responsabilidades, al menos, las empresas implicadas pertenecían un mismo grupo de empresas, mientras que en aquélla ni siquiera eso. Por esta razón, aunque todas ellas decidan en un sentido similar, no he incluido en este subapartado la referida STS del caso *TELEFÓNICA-COTRONIC*.

gio en el mismo sentido que lo hace la sentencia recurrida, puesto que se basa, precisamente y de modo decisivo, en la doctrina sentada por nuestra STS de 11 de febrero de 2015 (Rec. 95/2014; *PRISA, PRESSPRINT*), que acabamos de recordar de modo detallado y que presenta enormes similitudes". (...) "Ninguna duda cabe que la intención de los huelguistas con la utilización del derecho fundamental era presionar a su empresa, entendiendo como fundamental la evitación de que las publicaciones pudieran aparecer con normalidad, trasladando a los consumidores y a la opinión pública su visión del conflicto existente. En esas condiciones, la radical alteración de las dinámicas de funcionamiento coordinado de las empresas del grupo, producida directamente como consecuencia de la convocatoria de huelga, vació de contenido, en parte, el derecho fundamental a la huelga privándole de la repercusión externa de la misma a través de una puntual modificación de los procesos productivos imperantes en el grupo empresarial". Siendo, por tanto, el motivo decisorio similar al de la STS de 11 de febrero de 2015 (Rec. 95/2014, *Grupo PRISA*), para evitar ser reiterativo, me remito a las valoraciones y consideraciones realizadas antes al analizar la misma.

– Por último, aunque forme parte de este mismo bloque de sentencias relativas a grupos de empresas, merece un estudio separado la STS de 20 de abril de 2015 (Rec. 354/2014, *COCA COLA IBERIAN PARTNERS*), relativa a un supuesto de hecho con diferencias importantes que exigió criterios de decisión distintos de los anteriores. Así, el caso se resume de la siguiente forma:

Las distintas empresas embotelladoras de la marca *COCA COLA* en España, Portugal y Andorra decidieron la formación de un grupo embotellador ibérico único, mediante su integración en una sociedad de nueva creación (*COCA COLA IBERIAN PARTNERS S.A.*) que se ocuparía, de manera única y exclusiva, de la fabricación, embotellado, distribución y comercialización de los productos de las marcas propiedad de *THE COCA-COLA COMPANY.* El nuevo grupo empresarial resultante presentaba algunas de las características que pueden dar lugar, según la jurisprudencia, a su caracterización como *grupo laboral*, pues supuso la unificación de la tesorería, la imagen de marca (embotellado, etiquetado) y, entre otros, la contratación externa unificada de algunos aspectos de la gestión de recursos humanos. El proceso de integración implicó, asimismo, el cierre de una de las plantas sita en Fuenlabrada, que motivó un expediente de regulación de empleo (*ERE*), frente al cual se convocó una huelga cuyo amplio seguimiento produjo la paralización de la actividad de la fábrica. En previsión de que las existencias de la factoría en huelga fueran insuficientes para atender la demanda, se hizo acopio de parte del *stock* de otras factorías del grupo que fue suministrado a la misma mediante su transporte por camiones.

La sentencia tuvo claro que la medida programada de despido colectivo, al ser previa a la huelga no fue una reacción empresarial (represalia) ante la huelga. Sin embargo, la STS valora como lesión en el derecho de huelga la "que se produce a través de la indirecta modalidad de utilización del trabajo de otros empleados para suplir la ausencia de producción en la embotelladora en huelga". Considera, pues, asimilable a un esquirolaje interno que, ante el paro completo de la embotelladora de Fuenlabrada (cuando cada una de las embotelladoras tenía asignado su propio territorio de fabricación, distribución y ventas) que significaba que en Madrid se produciría un desabastecimiento (un agotamiento de existencias previsto por la propia empresa para el día 20 de febrero), el grupo empresarial reaccionara surtiendo de productos elaborados en otras plantas embotelladoras a la plataforma logística del grupo en Madrid (*ECOPLATAFORM S.L.*) para su distribución en esta Comunidad Autónoma, en plena huelga y durante el desarrollo del complejo periodo de negociación del despido colectivo. Se concluye, así, que con esta conducta se intentó eliminar, minimizar o paliar el efecto de la huelga, lo que constituye una vulneración de ese derecho constitucional que incidió de manera directa y frontal en el proceso de negociación del despido colectivo, hasta el punto de que la minimización o eliminación de los efectos nocivos que el desabastecimiento de productos había de producir con ocasión de esa huelga privó a su vez de cualquier eficacia o fuerza a la posición que en la mesa pudieran tener los representantes de los trabajadores durante el periodo de consultas del *ERE*.

La sentencia ahora comentada cuenta con un voto particular que formularon los Excmos. magistrados Sres. D. José Manuel López García de la Serrana y D. José Luis Gilolmo López. El voto particular realiza una sencilla operación aritmética que muestra que si la empresa *ECOPLATAFORM S.L.* tenía productos suficientes para abastecer el mercado, al menos durante veinte días, si las ventas cayeron durante la huelga casi el 50 por 100 (como según afirman publicitaron los sindicatos y así publicó toda la prensa que se puede consultar en internet) puede afirmarse que la huelga fue un éxito, así como, también, que dado ese bajón en las ventas, cuando finalizó la huelga, el 21 de febrero, quedaba *stock* suficiente para cubrir las ventas hasta final de mes, lo que objetivamente contradice las argumentaciones sobre los efectos neutralizadores de la huelga que produjo el envío de 19 camiones de productos, durante la última semana de huelga, por cuanto esa mercancía debió almacenarse.

De otro lado, el voto particular destaca que la reorganización comercial, la centralización de las ventas y la forma de distribución ya estaba implantada previamente y cada embotelladora servía a la plataforma logística que decidía la empresa matriz. No existía obligación para la plataforma logística *ECOPLATAFORM S.L.* de comprar a la embotelladora de Fuenlabrada, sino que, más bien, el conflicto se originó por lo contrario, por estar implantándose ya un plan de cierre de dicha factoría y la supresión de su producción por la de otras distintas.

El voto particular concluye, así, que en la creación jurisprudencial —que no legal— de lo que es esquirolaje se va más lejos de lo que la norma permite y el término indica. Si existe una sola organización productiva con varios centros de trabajo (una única empresa, según el artículo 1.1 ET), la dirección, al estar centralizada la comercialización, puede organizar el reparto de su producción en la forma que estime más conveniente, sin que sea acogible el razonamiento de que *ECOPLATAFORM S.L.*, sociedad independiente, sólo podía servirse de la producción de Fuenlabrada, pues es un argumento voluntarista desprovisto del necesario apoyo fáctico. Por ello, era lícito que el grupo almacenara en *ECOPLATAFORM S.L.* productos producidos en diferentes embotelladoras, dado que el almacenaje era una de las actividades de su filial, sin que con ello se violara ningún derecho fundamental.

"La interpretación que hace la mayoría lleva al absurdo de imponer a la empresa única el deber no sólo de no interferir en la huelga del personal de un centro de trabajo, sino, también, el de asegurar el éxito total de la huelga: la aceptación de las propuestas de los huelguistas, o la paralización total de su actividad, para que a ella no se le impute una conducta ilícita porque el 90 por 100 de su plantilla siga trabajando y cubriendo la mayoría de las necesidades del mercado".

"En nuestra opinión en una empresa de este tipo con muchas factorías, el esquirolaje se produciría, si se aumentara la producción de las factorías que no están en huelga acudiendo a nuevas contrataciones o prolongado la jornada laboral del personal que no secunda la huelga, pero no cuando se redistribuyen los stocks existentes".

Comparto plenamente el criterio de este voto particular. Es más, la matización que se realiza en los dos últimos párrafos —los cuales he reproducido de manera literal, expresamente— refuerza totalmente las propuestas formuladas en este estudio. Pues, en efecto, cuando al grupo empresarial debamos dotarlo de un tratamiento de *grupo laboral* o empleador único (en el sentido del art. 1.1 ET), según mi propuesta de regulación jurídica habría que valorar —y respetar— el ámbito en que se convoca la huelga (la elección del ámbito es uno de los elementos que forma parte del contenido esencial del derecho de huelga) y no se podrá sustituir la plantilla de dicho ámbito (en este caso, el centro de trabajo de Fuenlabrada) con nuevas contrataciones de trabajadores para dicho centro o el incremento de la fuerza de trabajo disponible en el mismo mediante la movilidad de trabajadores desde otros centros o aumentos del tiempo de trabajo. Ahora bien, incluso como en este caso ocurre, tratándose de una huelga de centro de trabajo, la empresa podría tratar de desviar la producción a otros centros distintos que tengan capacidad productiva plena e independiente del centro en huelga e, incluso, acometer la contratación de trabajadores nuevos para la atención de incremento de producción en los mismos. Esto, evidentemente, constituiría una conducta fraudulenta que trataría de eludir la aplicación de la prohibición de esquirolaje del art. 6.5 RDLRT[73], que habría de impedirse mediante la aplicación de la norma que se trata de evitar, es decir, aplicando la prohibición esquirolaje en todos los ámbitos de la empresa (o en todas las empresas de grupo de empresas) utilizadas con tales finalidades fraudulentas. Pero, como recuerda el voto particular, nada de esto sucedió en el caso *COCA COLA IBERIAN PARTNERS*, pues no consta que se incrementara la producción en otros centros, sino que, simplemente, el *stock* ya existente se redistribuyó y comercializó de la forma que la empresa estimó más conveniente.

Si se acepta que a este grupo empresarial hay que otorgarle el tratamiento de un empleador único, ¿no debería poder vender el *stock* que posee en otras empresas o centros de trabajo del grupo aun en la zona en que esté ubicado el centro de trabajo en huelga? Ni siquiera hablamos de contratar externamente la producción nueva, ni de uso de medios tecnológicos, ni de sustituir internamente unos trabajadores por otros, sino solamente de vender la pro-

---

73 Art. 6.4. CC: "Los actos realizados al amparo del texto de una norma que persigan un resultado prohibido por el ordenamiento jurídico, o contrario a él, se considerarán ejecutados en fraude de ley y no impedirán la debida aplicación de la norma que se hubiere tratado de eludir".

ducción que ya se tiene almacenada, distribuyéndola y comercializándola del modo que se considere más adecuado. No permitir, si quiera esto, da la razón al voto particular cuando afirma que "(...) lleva al absurdo de imponer a la empresa única el deber no sólo de no interferir en la huelga del personal de un centro de trabajo, sino, también, el de asegurar el éxito total de la huelga (...) o la paralización total de su actividad".

6.3.1.b. Comunicación de la responsabilidad de la empresa comitente (o terceros involucrados) en la lesión del derecho fundamental de huelga de los trabajadores de la contratista a ésta

El TC (SSTC 75/2010 y 76/2010, de 19 de octubre, así como la serie de sentencias de 98/2010 a 112/2010, de 16 de noviembre, *SAMOA*) entendieron que la decisión de la empresa principal (*SAMOA INDUSTRIAL, S.A.*) de rescindir el contrato mercantil que mantenía con la empresa contratista (*UNIGEL, S.L.*) para la que prestaban servicios los trabajadores huelguistas que acarreó la extinción de los contratos de trabajo de los mismos por ésta, no puede llevar a la inexigibilidad de responsabilidad a aquélla por lesión del derecho de huelga, por el mero hecho de considerarse ajena a la relación laboral. Entre las motivaciones de la resolución de dicha contrata pareció estar latente el deseo de la comitente de no verse involucrada o relacionada —pretendidamente, pues no se probó— en las movilizaciones de los huelguistas de la contratista, pues la convocatoria de huelga vino acompañada de una denuncia ante la ITSS por cesión ilegal de trabajadores. El TC entendió que si no se les otorgarse tutela jurisdiccional por el hecho de estar fragmentada la posición empresarial mediante la descentralización productiva, se originaría una gravísima limitación de las garantías de los derechos fundamentales de los trabajadores en el marco de este tipo de estructuras organizativas empresariales.

Para el TC de poco servirían las prohibiciones, garantías y tutelas establecidas en la legislación laboral con relación a las actuaciones empresariales lesivas del derecho de huelga si se admitiera que éstas alcanzan únicamente al contratista, empresario directo en la relación laboral, y quedara siempre exonerado de responsabilidad "el empresario principal, que es sobre quien habrán de recaer en última instancia los efectos económicos lesivos de la huelga y quien, por tanto, podrá estar igual o más interesado que el contratista en combatirla". Para las precitadas SSTC la ausencia de previsión legal específica para garantizar los derechos fundamentales de los trabajadores ante vulneraciones cometidas por la empresa principal en los supuestos de subcontratación, cuando no se aprecia la concurrencia de una conducta directamente imputable a la empresa contratista, ha supuesto que, tradicionalmente, se concluya la inatacabilidad por parte de los trabajadores de cualquier actuación de la empresa principal, por considerarse ajena al contrato de trabajo.

Estas SSTC —en contra de lo que pudiera intuirse de antemano—, no es ya que se planteen que sea admisible que pueda apreciarse corresponsabilidad por vulneración de derechos fundamentales de los trabajadores (indirecta de la empresa principal motivada por su decisión de rescindir la contrata y directa por la decisión empresarial de extinción de sus contratos de trabajo adoptada por la empresa para la que prestan servicios), sin que para ello sea obstáculo el hecho de que ningún vínculo contractual ligue a dicha empresa principal con los trabajadores despedidos, sino que, yendo más allá de ello, se articula un complicado mecanismo para hacer responsable indirecto a la contratista (que es quien despide a sus propios trabajadores) de una lesión directa del derecho de huelga de los trabajadores de aquélla que se entiende imputable a la empresa comitente al rescindir la contrata. Para ello, el TC se apoya en una interpretación extensiva de las normas legales vigentes, superando el juicio sobre su constitucionalidad que le compete. En definitiva, se considera extensible la misma *ratio* subyacente en el régimen jurídico previsto legalmente en los arts. 42 ET, 168 LGSS y 24 LPRL para la protección de los derechos e intereses de los trabajadores de las empresas contratistas que se vean afectados por las decisiones y actuaciones cuya responsabilidad no corresponde a su empresario directo sino al empresario principal.

Bajo mi punto de vista, con el debido respeto al criterio del TC, el paralelismo buscado por parte de estas sentencias con los preceptos legales citados y con el régimen jurídico protector de los mismos no me parece el más acertado, por dos razones: por innecesario y por lo poco afortunada de la selección de los preceptos mencionados.

En primer lugar, me parece innecesario porque, tratándose de una sentencia del máximo intérprete de la CE, si lo que se pretendía era dejar claro que los trabajadores no pueden quedar desamparados ante vulneraciones de sus derechos fundamentales (como el de huelga) aunque tales lesiones procedan de un tercero distinto de su empresario, hubiera bastado con referirse a los arts. 24 y 53 CE. Es decir, el derecho a la tutela judicial efectiva y la especial protección jurisdiccional de los fundamentales (incluso en amparo ante el TC) legitimarían que puedan hacer valer sus derechos fundamentales frente a cualesquiera autores de actos lesivos. En este sentido, puestos a hacer referencia a algún precepto legal hubiera sido idónea la cita del entonces vigente art. 175. 1 de la LPL (Ley de procedimiento laboral cuyo texto refundido fue aprobado por RDLeg. 2/1995, de 7 de abril) dotándolo, en dicha sede constitucional, de una interpretación amplia en cuanto a legitimación pasiva, como la que hoy se desprende del actualmente vigente art. 177.1 de la Ley 36/2011, de 10 de octubre (LRJS) cuando reconoce que cualquier trabajador o sindicato que considere lesionados los derechos de libertad sindical, huelga u otros derechos fundamentales puede recabar su tutela a través del procedimiento especial de tutela de derechos fundamentales, incluyendo las que se formulen contra terceros vinculados al empresario por cualquier título, cuando la vulneración alegada tenga conexión directa con la prestación de servicios. En este sentido, el propio TC ha admitido también, por ejemplo, lesiones del derecho de huelga por parte de la autoridad gubernativa cuando fija servicios mínimos excesivos, abusivos o desproporcionados (STC 2/2022, de 24 de enero).

Pero la opción de estas SSTC por introducirse en el pantanoso territorio de la conexión con el régimen protector del art. 42 ET[74], 127 (hoy 168) LGSS y 24 LPRL me parece, además, desafortunada. El problema se suscita porque (con la excepción del art. 24.3 LPRL que puede generar responsabilidad para el comitente por responsabilidad *in vigilando* derivada de incumplimientos de las obligaciones de seguridad y salud laboral de sus contratistas correspondientes a la propia actividad) estos preceptos no están pensados para extender responsabilidades ante supuestos ilícitos o de vulneración de derechos. Realmente, lo que el art. 42 ET regula son supuestos de contratas totalmente lícitas y en las que no se produce, al menos *a priori*, ninguna acción lesiva de los derechos de los trabajadores, pero en garantía de los derechos salariales y respecto a la seguridad social —principalmente, frente al riesgo de insolvencia— se establecen determinadas responsabilidades solidarias entre empresario comitente y contratista, especificándose que la contrata ha de corresponder a la propia actividad del primero o, en otro caso, afectando la extensión de responsabilidad (subsidiaria, en este caso del art. 127 LGSS —ahora 168—) sólo a materia de seguridad social. Se trata con ello de garantizar un modelo social y económico que asegure, en un marco de libertad de empresa (y libertad autoorganizativa empresarial), que la estructuración organizativa de la producción en forma descentralizada responda a razones de optimización y eficiencia de los procesos productivos y no a la mera desvinculación de las empresas principales de

---

74 Grau Pineda (2018, p. 109) reconoce: "Concretamente, el citado precepto, ni atribuye responsabilidad alguna a la principal que incurre en incumplimientos graves ni establece mecanismos que permitan a los trabajadores de las contratistas actuar directamente contra la empresa cliente".

las responsabilidades laborales y de seguridad social que las necesidades de mano de obra de tales procesos llevan aparejadas, con el consiguiente riesgo en cuanto a la solvencia de la contraparte para los trabajadores afectados. Pero, insisto, estos preceptos —a diferencia del art. 43 ET— tratan de asegurar garantías con relación a contratas que son reales y legales. Además, para que pueda operar la responsabilidad solidaria en materia salarial (hasta un año tras la finalización de la contrata) y de seguridad social (hasta tres años después de la terminación del encargo) se exige que las contratas correspondan a la propia actividad del empresario comitente. Es más, mediante este mecanismo lo que se pretende es adicionar, cuando proceda, la responsabilidad del comitente a la del contratista empleador de los trabajadores, pero no tiene mucho sentido articular este tipo de normas para —en sentido inverso— implicar en responsabilidad a quien, evidentemente, la tiene de origen por ser el empleador de sus trabajadores.

En cualquier caso, sentado lo anterior, me parecería también muy descabellado, incluso, pretender aplicar este mecanismo legal al supuesto base consistente en adicionar la responsabilidad del comitente con el fin de extenderla a estos otros casos de lesión de derechos fundamentales por las contratistas, al menos, por tres razones: primero, por tratarse de actos de sus contratistas ilícitos o lesivos de los derechos de sus trabajadores que no se corresponden con el perfil de los supuestos de hecho (lícitos) de los arts. 42 ET y 168 LGSS; segundo, porque se aplica una misma solución sin especificar si ha de tratarse o no de propia actividad[75] y, tercero, sin que derive, si quiera, del incumplimien-

---

[75] El art. 42 ET articula la responsabilidad solidaria del comitente por entender que se produce un desdoblamiento de la figura del empresario al fraccionar un único proceso productivo correspondiente a la actividad principal de aquél, en diversas fases de las que se ocupan otros tantos empresarios. Así, siempre que se trate de propia actividad y respecto de las consecuencias salariales y de seguridad social relacionadas con tales procesos (no con relación a cualesquiera actuaciones de los contratistas) el comitente debe responsabilizarse,

to de una previa obligación *in vigilando* como ocurre en el caso del art. 24.3 LPRL (en la práctica esto sería, además, complicado de implementar en estos casos puesto que, salvo que se trate de una empresa controlada, no es posible conocer por la comitente las intenciones o decisiones internas de la contratista).

Puestos a buscar algún precepto con cierto parangón hubiera sido preferible el art. 43 ET que, al menos, establece la responsabilidad solidaria entre cedente y cesionario por las obligaciones contraídas con los trabajadores y con la seguridad social, en actos que sí son ilícitos (cesión ilegal de trabajadores) y lesivos de los derechos de los trabajadores y en los que, además, están implicadas (son culpables) ambas empresas. Pero lo que me parece totalmente desorbitado —y enrevesado— es que a través de la extensión forzada de estos mecanismos legales (que seguramente no compete interpretar al TC más allá de su adecuación a la CE) se trate de conseguir implicar a la empresa contratista (que es la empleadora de los trabajadores y la que los despide) en una vulneración del derecho fundamental de huelga que, de otro modo, —parece que habría de entenderse— que es imputable sólo a la comitente por el hecho de haber rescindido la contrata con ésta.

En cualquier caso, la comparación resulta muy forzada e innecesaria, pues —como hemos visto— es posible otorgar tutela a los trabajadores afectados por otros cauces jurídicos frente a cualesquiera sujetos, incluso con bases normativas meramente constitucionales, que no presentan tantas complicaciones. A lo sumo, tal vez, hubiera sido más adecuado que el TC pudiera haber dejado advertido que, en el caso de que en sede judicial se apreciase la existencia de cesión ilegal de trabajadores, dentro de las "obligaciones contraídas con los trabajadores" de las que debería responder solidariamente la empresa comitente (ex art. 43

---

evitando que la fragmentación de los procesos productivos suponga un debilitamiento de las garantías para los trabajadores implicados.

ET), podrían llegar a considerarse incluidas las indemnizaciones que, en su caso, se derivasen por lesiones de las contratistas del derecho fundamental de huelga de sus trabajadores cuando se trate de empresas vinculadas a ellas con este tipo de contratas simuladas o aparentes constitutivas de cesión ilegal.

Como podía anticiparse, el controvertido criterio mayoritario de la *doctrina SAMOA*, también fue objeto de múltiples votos particulares:

– El primer voto particular, formulado por el Excmo. magistrado D. Guillermo Jiménez Sánchez, considera inadmisible que se abra una vía para extender las responsabilidades derivadas del despido a quien es tercero a la relación laboral existente puesto que no se ha producido en el caso cesión ilegal de mano de obra, ni las empresas implicadas están integradas en un grupo de empresas, ni ha existido entre ellas convenio o concertación para el despido del trabajador, ni concurre ningún otro factor que conforme a la normativa laboral o mercantil justifique la extensión de responsabilidades. Se entiende, asimismo, en este primer voto particular que con esta conclusión no se deja inerme al trabajador, sino que se le otorga tutela, debiendo declararse, si procede, la nulidad del despido, pero imputando responsabilidad a su empresario y no a un tercero.

– El segundo voto particular que formula el Excmo. magistrado D. Vicente Conde Martín de Hijas, entiende que el TC, aunque a diferencia de los órganos de la jurisdicción ordinaria, tenga la facultad de declarar la inconstitucionalidad de las Leyes o de no aplicarlas en el caso si las considera inconstitucionales, cuando ello no ocurra no puede resolver al margen de ellas. Y esto es lo que considera que efectúa el criterio mayoritario: establecer una doctrina general aplicable para supuestos que el TC considera que no están bien atendidos por la regulación vigente. Para ello se sitúa, por virtud del art. 42 ET, a la empresa subcontratista (empleadora de los trabajadores) y a la empresa principal (no ligada jurídicamente con aquéllos con ningún contrato de trabajo) en la misma situación que a la empleadora en orden al juego de la garantía de indemnidad respecto al ejercicio por los trabajadores de sus derechos fundamentales, implicando que las vulneraciones de los derechos fundamentales de los trabajadores, cometidas por quien no está ligado con ellos con un contrato de trabajo, le son imputables a la empleadora, cuando ésta adopta respecto de sus trabajadores las medidas indirectamente derivadas de aquella directa conducta vulneradora. Por último, con razón este voto particular esgrime que para que esta doctrina opere es preciso que, a la decisión inicial de *SAMOA INDUSTRIAL, SA*, de rescindir su contrato mercantil con *UNIGEL, SL*, se le atribuya el carácter de represalia empresarial constitutiva de una vulneración de los derechos fundamentales de los trabajadores. Y pese a que tal vulneración se atribuye a la conducta de quien jurídicamente no está ligado con ellos por ningún contrato de trabajo, se extiende la vulneración producida por ese tercero al empresario empleador de los trabajadores.

Sinceramente, a mi modo de ver, tengo la sensación de que en la solución ciertamente forzada y complicada que articula el criterio mayoritario de estas sentencias, late la convicción de que hubo cierta connivencia entre empresario comitente y contratista empleador de los huelguistas o, al menos, la conjunción del deseo de desvincularse de una situación delicada por la comitente que rescinde la contrata con el ánimo de represalia de la contratista que despide al trabajador, pero el problema es que nada de esto constaba como hecho probado. De hecho, —dice este segundo voto particular— es bien posible que la rescisión de la contrata mercantil se produjera por el temor de la empresa comitente de verse involucrada en las actuaciones desarrolladas por los trabajadores de la empresa contratista, denunciando la existencia de una cesión ilegal de mano de obra entre ambas empresas y reivindicando una mejora de sus condiciones de trabajo que las igualara con las de los trabajadores propios de la empresa principal, pero —como el voto particular recuerda— esto no es lo que se desprende de los hechos probados de la Sentencia del Juzgado, no revisados en la del Tribunal Superior de Justicia. El motivo de rescisión de la contrata mercantil que figuraba, en cambio, en la comunicación de *SAMOA INDUSTRIAL, SA* a *UNIGEL, SL* es que dada la pérdida de competitividad que le suponía el mantener los servicios contratados, rescindía por completo el contrato de servicios.

Posteriormente, se subraya que —todo lo más— en la fundamentación jurídica del Juzgado se dice que: «Hay pues un principio de prueba, indicios de que la decisión extintiva pueda ser una reacción en contra del ejercicio de los derechos de huelga (...). Tras lo que sigue en ese fundamento una argumentación suficientemente precisa de por qué la causa de la extinción de los contratos obedeció a la causa especificada *ab initio* en el contrato de trabajo, y no a ninguna acción de represalia. En sentido parecido la Sentencia del Tribunal Superior de Justicia, que no modificó los hechos de la Sentencia del Juzgado, de manera contraria al criterio mayoritario de la sentencia del TC, expresó: «La extinción del contrato mercantil se produce al no asumir *SAMOA INDUSTRIAL, SA*, una nueva modificación de tarifas, razón por la cual se le comunica la decisión de rescindir la contrata. Y esto, no es una arbitrariedad, o una mera ficción para encubrir una extinción mutuamente aceptada de las relaciones laborales como sostiene el recurrente, sino una causa plenamente justificada para dar por extinguido el contrato de arrendamiento de servicios existente entre ambas empresas. Y como quiera que el contrato temporal que ligaba al recurrente con la empresa *UNIGEL, SL*, dependía de la duración de aquel contrato de arrendamiento de servicios, su cese no constituye un despido sino una válida extinción del contrato de trabajo, pues la relación laboral no era de carácter indefinido, sino una relación a término que surge cuando concluye la obra o servicio determinado que era la causa del contrato».

– El tercer voto particular, formulado por el Excmo. magistrado don Javier Delgado Barrio respecto de la Sentencia de 20 de octubre de 2010, dictada en el recurso de amparo núm. 3567/2006, se limita a la valoración de los hechos, pero, no por ello es de menor interés, sino todo lo contrario.

La base de su razonamiento es que en los hechos probados no se ha demostrado que exista connivencia entre ambas empresas dirigida a lograr la extinción de los contratos de los trabajadores, o, dicho de otra forma, que la decisión de rescisión de la contrata mercantil, determinante de la consiguiente extinción de los contratos laborales, fue adoptada única y exclusivamente por la empresa principal y «que no se ha apreciado tampoco la existencia de la denunciada cesión ilegal de mano de obra de la empresa contratista a la principal».

Es más, incluso con relación a la empresa contratista, las sentencias del Juzgado y del TSJ recogen el interés de *UNIGEL, SL,* en no ver rescindido el contrato mercantil, por obvias razones de pérdida de cuota de mercado, así como que ofreció la recolocación en otros centros a dos trabajadores despedidos antes y la conversión de la contratación temporal en indefinida a cambio de la retirada de la denuncia por cesión ilegal de mano de obra. Se subrayan «los intentos casi desesperados de la empresa *UNIGEL, SL,* por mantener la contrata» con la principal. Fracasados esos desesperados intentos por salvar el contrato, y por tanto para evitar el despido, la Sentencia del Juzgado razona así: «Rescindido el contrato mercantil desaparecían los servicios a prestar a *SAMOA, SA* y por consiguiente disminuía la demanda, con la directa repercusión que esto tiene en la necesidad de mano de obra y la conveniencia de organizar los recursos humanos de la empresa. Ello se convierte en causa válida para proceder a la amortización del puesto de trabajo». A la vista de lo expuesto, el tercer voto particular se pregunta muy brillantemente: ¿puede concluirse que ha vulnerado el derecho de huelga de sus trabajadores una empresa que intentó desesperadamente evitar el despido y que sólo llegó a éste cuando la disminución del trabajo, lo que repercute obviamente «en la necesidad de la mano de obra» la llevó a «organizar los recursos humanos» con los consiguientes despidos?

En cuanto a la empresa principal, se recuperan también los hechos probados: una vez que *UNIGEL, SL*, comunica a *SAMOA INDUSTRIAL SA*, el incremento de los precios correspondientes a sus servicios, ésta rescinde el contrato que la ligaba con aquélla «dada la pérdida de competitividad». El voto particular concreta que, con estos hechos, el nexo de causalidad discurre así: a) incremento de los precios de los servicios de *UNIGEL, SL*; b) pérdida de la competitividad de los productos derivados que fabricaba *SAMOA INDUSTRIAL S.A* y c) decisión de ésta de rescindir el contrato. Y aquí, de nuevo, el magistrado firmante de este tercer voto particular se pregunta muy incisivamente: ¿Resultaba conducta exigible a la empresa principal mantener un contrato que la llevaba a la pérdida de competitividad? ¿Cuál es la suerte que corre una empresa que fabrica productos sin competitividad? ¿Puede entenderse que, con la decisión de rescindir el contrato, inevitable so pena de ir a la ruina, se estaba vulnerando el derecho de huelga de los trabajadores de otra empresa?

Todas estas cuestiones evocan gran parte de las posiciones que se han defendido en este estudio. Pues, en efecto, en las reflexiones que formulé cuando me ocupé de mi propuesta de regulación sobre este aspecto concreto, subyacía un razonamiento similar. El comitente, salvo que actúe con ánimo de represalia (normalmente, en connivencia con la contratista —lo cual aquí no fue probado—) debe ser libre de resolver la contrata mercantil si se incumple por razón de la huelga o rescindirla si concurre cualquier otro motivo válido (en este caso, por subida de precio), y encargarla a otro contratista (o, incluso, revertir la actividad para ser desarrollada por sí mismo directamente si dispone o puede llegar a disponer de los medios necesarios para ello), pues, al fin y al cabo, está en su legítimo derecho de velar por la rentabilidad de su negocio (y también deber, puesto que —como es bien sabido— cabe la exigencia de responsabilidad a los administradores en caso de gestión negligente del negocio)[76] y, en todo caso, —como ya fue desarrollado en su momento— es esta una finalidad (la salvaguarda de empresas solventes) que a las sociedades y economías de todos los países conviene. Las posibles excepciones a este principio general de libertad de recontratación (o reversión) aparecerían, además del caso indicado de finalidades de represalia de la huelga y/o connivencia en tal sentido con el contratista, en los casos de cesión ilegal de trabajadores, así cuando se presenten elementos de vinculaciones especiales, grupos de empresas, red, etc. que ya fueron analizados en el apartado correspondiente de este estudio.

6.3.2. Subcontratación por la empresa contratista en huelga

Desde un primer momento, la jurisprudencia ordinaria —aunque no haya confirmación específica al respecto por parte del TC (Goerlich Peset, 2018, p. 11)— consideró una variante más de esquirolaje prohibido la formalización de contratas por las empresas que sufren la huelga con el fin de suplir los déficits en las prestaciones de servicios (o en la producción) originados por los trabajadores huelguistas de la propia empresa contratista.

En este sentido, la STS de 25 de enero de 2010 (Rec. 40/2009) estableció: "no es lícito emplear en los servicios mínimos a los huelguistas y a otras personas en atender el resto de los servicios, ni, menos aún, contratar con otras empresas que presten servicios de refuerzo para cubrir aquellos que no se pueden atender"[77].

---

76 Art. 225 del Real Decreto Legislativo 1/2010, de 2 de julio, por el que se aprueba el texto refundido de la Ley de Sociedades de Capital.

77 Asimismo, en suplicación, la STSJ (Navarra) de 28 de abril de 1995, citada por Pedrajas Moreno y Sala Franco (2008, p. 6), si bien viene referida específicamente a un supuesto de desvío de la producción a otros centros de trabajo del mismo grupo empresarial y la del TSJ (Baleares) de 12 de diciembre de 1996, comentada por Sempere Navarro (1996).

En la doctrina, desde antiguo, se sostuvieron posturas similares, entre otros, por Goerlich Peset (1994b, p. 96), Altés Tárrega (1996, p. 45) y Ferrando García (1999, p. 265). En efecto, este planteamiento tiene mucho sentido cuando las subcontrataciones no se realizan en favor de un competidor sino de otras empresas del mismo grupo empresarial o controladas de otro modo por la contratante, pues, en este caso, además, la situación podría llegar a ser asimilable y recibir el tratamiento propio de un solo empleador. No obstante, como se avanzó, bajo mi perspectiva, la clave para que se activen los riesgos, en estos casos, pasa porque sea la contratista afectada por la huelga (en solitario o conjuntamente con su empresa principal de un mismo grupo) la que mantenga dicha vinculación especial con la nueva subcontratista.

Sin embargo, a mi modo de ver, desde el enfoque que se deriva del planteamiento esbozado al respecto en el capítulo dedicado a mis propuestas de regulación, las implicaciones sobre la efectividad de la huelga, en los casos en que no estén presentes tales vinculaciones con la contratista afectada por la misma, podrían valorarse de una manera distinta. Y, para tal fin, considero interesante diferenciar dos posibilidades:

a) Si se trata de actividades de producción de bienes (actividades industriales, manufactureras, etc.) la empresa contratista que sufre la huelga debería ser libre de comprar la producción a otro proveedor y revendérsela al comitente/cliente, con el fin de mantener y no perjudicar el cumplimiento del contrato que le obliga con el mismo. A fin de cuentas, ello conducirá, normalmente, a pérdidas o, al menos, a reducción del beneficio, pues todo o parte de los márgenes que antes eran su beneficio propio ahora se trasladan o comparten con la subcontratada. La empresa podrá salvar su imagen y el contrato con la comitente, pero la huelga no habrá dejado de ser efectiva por cuanto a la empresa contra la que se dirige se le origina un daño económico y/u organizativo cierto. Ello, sin que deba soslayarse la posibilidad muy real de que pueda estar favoreciéndose en muchos casos a un competidor directo, cuya posición/flujos de caja, cuota de mercado y negocio, en general, se verán favorecidos como consecuencia del encargo forzado que se produce por parte de la contratista en huelga y en su propio perjuicio.

Esto no es sino manifestación o evidencia del daño (efectividad) que sí está ocasionando la huelga en la medida en que la empresa en huelga se ve obligada a satisfacer un precio a un tercero por una producción que podría, de otro modo, desarrollar directamente sin dicho coste añadido. El legítimo fin de no perder el contrato con el cliente principal o comitente, acarrea la consiguiente disminución o pérdida total del margen de beneficio (con potencialidad, por tanto, para incurrir, incluso, en pérdidas) que con dicho contrato obtenía y favoreciendo, eventualmente, la posición en el mercado de potenciales competidores.

b) Especialmente, si se trata de empresas de servicios (da igual aquí que la actividad sea materializada o desmaterializada), no hay que perder de vista que los trabajadores de la empresa subcontratada por la contratista en huelga presten sus servicios en la mismas instalaciones de la comitente o, en su caso, de la contratista, o, en cualquier caso, bajo las instrucciones y órdenes de una u otra, es decir, dentro de su ámbito de organización y dirección puesto que, en estos casos, más que de un problema de esquirolaje se trataría de una posible cesión ilegal de trabajadores o contrata simulada (empresario aparente).

Pero fuera de estos casos, el encargo por la contratista afectada por la huelga en favor de una subcontratista para que preste los servicios para la comitente, siempre que se desarrolle la actividad encomendada con sus propios trabajadores y situados dentro del

> ámbito organizativo y directivo de la propia empresa subcontratista, no debe considerarse directamente contrario al ejercicio del derecho de huelga. Al fin y al cabo, en caso de que se optase por una actitud pasiva por la contratista en huelga, si la comitente resolviera el contrato por incumplimiento, obteniendo una indemnización con la que podría contratarse a una nueva contratista, se entendería que se ha respetado el derecho de huelga de unos trabajadores que, probablemente, podrían terminar siendo despedidos —no por motivo de la huelga— sino por la causa objetiva derivada de la pérdida de la contrata por su empleador. Pero, si evitando este mal para la empresa y para los propios trabajadores, la contratista que sufre la huelga emplea el dinero que de otro modo hubiera destinado a indemnizar a la comitente por sus incumplimientos, en subcontratar (con un posible competidor) el mantenimiento del servicio, se estará salvando el negocio —que también interesa a futuro a los propios trabajadores— a la vez que no se perjudica la efectividad de la huelga (puesto que el daño económico es evidente, como también el favorecimiento de las empresas competidoras con las que se ve obligado a subcontratar cediéndoles el negocio que hubiera sido suyo de otro modo e, incluso, abriendo la posibilidad de que la comitente, a futuro, prefiera a la nueva prestadora del servicio en detrimento de la contratista anterior).

Una cosa es que se mantenga la apariencia de normalidad y otra muy distinta que la huelga no esté provocando daños a la empresa. Entender que la empresa, incluso sufriendo estos perjuicios económicos y favoreciendo a sus competidores, no puede tratar de salvar así el volumen de negocio a futuro, es abusivo, no sólo por cuanto perjudica más de lo necesario los intereses empresariales y anula el contenido esencial de la libertad de empresa, sino también porque convierte a las huelgas en contrarias y abusivas también respecto a los intereses de los propios trabajadores

—especialmente de los no huelguistas— cuya estabilidad en el empleo y condiciones laborales, contrariamente a lo buscado con el conflicto colectivo, se ven en riesgo en una empresa que se encuentra impedida para luchar por mantener su negocio mientras dura la huelga, incluso pagando un precio por ello.

Es cierto que, con ello, la empresa puede llegar a conseguir apariencia de normalidad y salvar el negocio con sus clientes. Evidentemente sí, pero ¿no debería ser éste un objetivo legítimo? (que, por cierto, —como digo— no se alcanza sin costes: daños/presión sobre la empresa). O ¿es que de lo que se trata es de cerrar todas las posibilidades de continuar con el negocio empresarial? Hay que valorar que, en caso de asfixia, la quiebra del negocio imposibilitará las propias reivindicaciones de los huelguistas, y no se podrán garantizar los derechos de los trabajadores no huelguistas, ni el mantenimiento de los puestos de trabajo de ambos colectivos (huelguistas y no huelguistas).

6.3.2.a. Desvío de clientes a otras empresas

Este tipo de situaciones fue objeto de análisis por el TS (STS de 11 de mayo de 2001, Rec. 3609/2000) con relación a la decisión de la empresa *OSATEK TECNOLOGÍA SANITARIA DE EUSKADI, S.A.* (creada con cargo al presupuesto del Servicio Vasco de Salud y adscrita al mismo) de remitir a los enfermos calificados de urgentes (a los cuales se circunscribían los servicios mínimos fijados durante la huelga) que no pudieran ser atendidos al Departamento de Sanidad del Gobierno Vasco quien a su vez los reenvió a otras entidades que contaban con el servicio de radiodiagnóstico.

La STS de 11 de mayo de 2001 (Rec. 3609/2000) reprobó que quiera verse el sentido del derecho de huelga en perjudicar o hacer mal a la empresa, cuando no es así, sino que es el derecho que tienen los trabajadores a no prestar el trabajo mientras la empresa no les conceda unas condiciones en el desempeño del mismo que se estiman exigibles. El cese en el trabajo, evidentemente, acarrea perjuicios a la empresa, pero este mal no es la finalidad y el objeto de ella sino obtener condiciones que mejoren los intereses profesionales de los trabajadores. De ahí que el art. 28.2 CE reconozca el derecho de huelga a los trabajadores para la defensa de sus intereses y que, de modo negativo, el art. 11 RDLRT declare ilegal la huelga cuando se inicie o sostenga con cualquier finalidad ajena al interés profesional de los trabajadores.

Por otro lado, los sujetos directamente concernidos en el derecho de huelga son los trabajadores y la empresa vinculados por el contrato de trabajo, pero no los clientes o público en general que goza o se sirve de las prestaciones realizadas por la empresa. Éstos están completamente desvinculados de la huelga y, por ello tienen absoluta libertad para buscar los servicios o prestaciones que la empresa en huelga les suministraba en otras empresas o por los medios que tengan por conveniente. Es más, el propio art. 28.2 CE se preocupa de que la huelga no pueda perjudicarles injustamente en sus derechos decisivos al encomendar al legislador establecer las garantías precisas para asegurar el mantenimiento de los servicios esenciales de la comunidad. Finalmente, la citada sentencia concluyó: "Así pues, es claro que, si el derecho de huelga no tiene por finalidad esencial perjudicar o hacer el mal a la empresa, es una manifiesta perversión del derecho a la misma tratar de perjudicar a terceros, máxime cuando se trata de terceros afectados en derecho tan vital como el de la salud" (F.J.3).

En mi opinión, tratándose de pacientes afectados por servicios mínimos (la sentencia recurrida es lo único que consideró probado) no debe haber duda que toda actuación conducente a su cumplimiento no sólo es lícita sino también preceptiva, puesto que incluso la normativa vigente admite —y nadie discute— como excepción a la prohibición de esquirolaje la posibilidad de formalizar nuevos contratos de trabajo para sustituir a los trabajadores adscritos a dichos servicios mínimos en caso de incumplimiento. Si para el cumplimiento de tales servicios mínimos se excepciona la prohibición misma de esquirolaje en sentido estricto, huelga decir que no tiene sentido tratar de extender dicha prohibición para impedir el desvío de los pacientes a otros centros con el mismo fin (o la formalización de contratas con otras empresas), so pretexto de que con ello se vulneraría el derecho de huelga.

Cuestión distinta sería que los pacientes (o, en su caso, clientes) redireccionados por la empresa afectada por la huelga no sean los afectados por los servicios mínimos. Entender que el reenvío (o la subcontratación con) a terceros por la empresa que sufre la huelga, para que estos pacientes o clientes sean atendidos por ellos priva de efectividad la huelga, es lo mismo que querer desconocer los perjuicios económicos que genera la huelga a la empresa afectada por ella. Así, en el ejemplo de la sentencia comentada, se parte del hecho probado de que "el 7 de mayo se hallaban en lista de espera un total de 1.900 pacientes, lista de espera que el 28 de mayo, al terminar la huelga ascendía a 2.559 pacientes, alcanzando las pérdidas económicas de la empresa por causa de la huelga próximamente a 50 millones de pesetas". No querer ver que tal incremento de la lista de espera supone un gran problema organizativo para la empresa que sufre la huelga o que unas pérdidas de unos 300.000 € no son un perjuicio suficiente para la misma si esta presión no va acompañada de daños adicionales para los usuarios del servicio, a mi juicio, supone —como dice esta STS— confundir al destinatario de la huelga (que debe ser la empresa) con la sociedad y equiparar erróneamente la efectividad de la misma con su repercusión pública o social.

Incluso en el caso de que no se tratase de servicios mínimos, a los cuales no alude el art. 28.2 CE directamente (aun cuando en nuestra tradición jurídica se ha considerado suficiente esta técnica para la protección de los servicios esenciales), lo cierto es que, con mayor razón estando en juego el derecho a la salud de los pacientes (urgentes o no), no resulta comprensible (ni coherente con el enfoque de preocupación por la garantía de los derechos de los ciudadanos con que el constituyente configura el derecho de huelga) el empeño por perjudicar el cuidado de su salud, obviando que la huelga está siendo realmente muy efectiva donde tiene que serlo, como prueban los importantes perjuicios económicos y organizativos para la empresa.

A mayor abundamiento, en este mismo sentido, cabe citar la STS de 27 de septiembre de 1999 (Rec. 1825/1998), ya referida más arriba que, aunque relativa a un tema del denominado esquirolaje tecnológico, estableció que: "Otra interpretación jurídica del alcance del derecho de huelga supondría que la situación de conflicto no estuviera dirigida únicamente contra la propia empresa, sino también contra los usuarios de los servicios de la misma; y es claro que tal alcance es absolutamente desproporcionado, pues incluso podría llevarse al extremo de que ni siquiera un usuario pudiera sustituir por sí mismo el servicio que le era negado por la empresa que habitualmente utilizaba, cuando en ella hubiera un paro laboral colectivo" (F.J.2).

6.3.2.b. Desvío de la producción a empresas vinculadas

A diferencia de la postura dominante adoptada por la jurisprudencia y doctrina —al principio reseñada— en favor de asimilar al esquirolaje la formalización de nuevas contratas por las empresas que sufren la huelga, como ha podido comprobarse a lo largo de las páginas de este trabajo, según mi propuesta, la preferencia es por salvaguardar la continuidad de la producción de bienes o de la prestación de servicios, siempre que se pueda compatibilizar con la eficacia del derecho de huelga. Así, —como ya se expuso en su momento— en los casos en que la contratista afectada por la huelga subcontrate con nuevas contratistas con las que no mantenga vinculación o control de ningún tipo, ya he justificado que, por virtud de la libertad de empresa de contratación mercantil, deberían poderse formalizar tales subcontrataciones libremente, salvo que se probasen finalidades espurias. Sin embargo, cuando las subcontrataciones se realizasen con empresas con las que existiera vinculación o control por parte de la contratista en huelga es necesario un tratamiento jurídico más específico, a la vista del riesgo muy cierto de que mediante tales contratos mercantiles se podría pretender desviar la producción hacia tales empresas vinculadas o controladas que al no estar afectadas por la huelga podrían contratar nuevos trabajadores para atender el encargo, eludiéndose la prohibición de esquirolaje externo.

La solución que he propuesto para estos casos pasa por permitir el desvío de la producción o de la prestación de servicios a tales subcontratistas, sobre la base de dos supuestos principales posibles, pero que, en todo caso, termina por reconducir a la aplicación de la prohibición del esquirolaje externo sobre todas las empresas vinculadas. Así, en el caso de tratarse de subcontrataciones en el seno de grupos empresariales a los que, de acuerdo con los criterios jurisprudenciales establecidos *ad hoc*, debamos dotar de un tratamiento de *grupo laboral* o empleador único (en el sentido del art. 1.1 ET) se debería aplicar la norma general de considerar a las diferentes empresas del Grupo como si de distintos centros de trabajo de la misma empresa se tratase y si, durante una huelga convocada en una de dichas empresas del Grupo, se pretendiera desviar la producción a otras empresas del grupo empresarial, habría que considerarlo fraude de ley y aplicarse la prohibición de esquirolaje externo a todo el Grupo. En los demás casos de empresas controladas, aunque para evitar el riesgo de elusión de la norma —como se dijo— se hubiera podido optar, directamente, por prohibir las subcontrataciones en favor de tales empresas controladas, he considerado también más acorde con la libertad de empresa de contratación interempresarial permitir la formalización de estas nuevas contratas con otras empresas vinculadas a la contratista, pero aplicando la prohibición de contratar nuevos trabajadores externamente (y ampliar tiempos de trabajo) a todas las empresas con vinculaciones implicadas.

Se daría de este modo una solución más coherente a estos supuestos de desvío de pedidos o clientes hacia otras empresas intragrupo o vinculadas que la que resulta de la aplicación de la doctrina tradicional, como ocurrió en el caso de la STSJ (Navarra) de 28 de abril de 1995 (comentada en Altés Tárrega, 1996). Del razonamiento contenido en esta sentencia (el cual reproduciré ampliamente de forma textual por la claridad de su contenido) se extraen algunas notas argumentativas muy similares a las que fundamentan la propuesta formulada en este trabajo en cuanto a que la gestión sustitutiva de la mano de obra no tiene lugar en las prácticas de recontratación o subcontratación mercantil de las actividades afectadas por la huelga —y que, a mi juicio, excluyen la consideración de esquirolaje—: "En primer lugar, el empleador es el titular de una amplia gama de prerrogativas en materia de organización y control de la fuerza de trabajo y la producción en la empresa (...) se encuentran, no solamente aquéllas, más elementales, vinculadas con la administración del personal, sino también las que se relacionan con la gestión económico-productiva de la empresa. Las agresiones que puede llevar a término mediante el empleo de las primeras se caracterizan por orientarse básicamente contra los derechos sindicales de carácter individual".

Pero, finalmente, se termina concluyendo que pese a que "a primera vista pueda parecer que las decisiones empresariales relacionadas a la gestión económico-productiva de la empresa no se vinculan con la administración de la fuerza de trabajo", "en la medida en que en muchos casos son capaces de afectar el ingreso y la posición del conjunto de los trabajadores de la empresa, son también utilizables, al lado de las motivaciones técnico-productivas aducidas, como una forma de presión o reacción antisindical. Dentro de estas prácticas es posible situar entre otras, las que adoptó la empresa recurrente en el supuesto de autos (desviación de pedidos de clientes y de productos de importación a otras zonas), ya que dicho comportamiento constituye una modalidad de utilización en clave antisindical de los poderes empresariales imponiendo, a través de aquél, obstáculos al libre ejercicio del derecho de huelga, vaciando el mismo de contenido, con lo que la huelga no obtuvo la finalidad pretendida por los trabajadores convocantes".

Como habrá advertido sin dificultad el paciente lector de esta obra, por todo lo ya expuesto en ella con anterioridad, es esta última parte de la fundamentación jurídica de la sentencia citada la que no termina de encajar en mi concepción del tema. Pues, en efecto, se debe admitir que, si se demuestra una motivación antisindical, conductas coactivas o que impidan adherirse o proseguir libremente la huelga por medio de cualesquiera estrategias que impidan la eficacia del derecho (ya sea en un contexto de desvío de producción u otras fórmulas, como subcontratación, medios tecnológicos, etc.) las actuaciones empresariales en cuestión han de reputarse de ilícitas.

Pero no es aceptable presumir —como ocurre en el caso de esta sentencia— que, por regla general, toda actuación empresarial conducente a la continuidad de su actividad "constituye una modalidad de utilización en clave antisindical de los poderes empresariales", equiparando/confundiendo "los obstáculos al libre ejercicio del derecho de huelga" (eficacia del derecho de huelga) con que no se "obtuvo la finalidad pretendida por los trabajadores convocantes" (efectividad de la huelga).

Es justo cuando se termina de reconocer de una manera tan expresiva que "las decisiones empresariales relacionadas a la gestión económico-productiva de la empresa no se vinculan con la administración de la fuerza de trabajo" y quedando, por tanto, ahuyentado el fantasma del esquirolaje, el momento en que —para mi desencanto— en lugar de apostar por la presunción de la legitimidad de las actuaciones de la empresa (salvo prueba de conductas antisindicales o que, indirectamente, se genere el esquirolaje externo en la empresa de destino de los pedidos) se solventa la cuestión, simplemente, considerando antisindical toda actuación que choque con la finalidad pretendida por los trabajadores huelguistas.

7. Régimen sancionador del esquirolaje

Tras haber formulado en los capítulos precedentes mi propuesta de regulación y, una vez analizadas las cuestiones relativas al régimen sustantivo del esquirolaje y al tratamiento jurídico general que recibe, a continuación, parece de gran interés dedicar las siguientes páginas al estudio de las cuestiones controvertidas que el marco jurídico actualmente vigente suscita en cuanto al ejercicio de la potestad administrativa sancionadora laboral en esta materia.

Sin perjuicio de eventuales referencias puntuales a la propuesta *lege ferenda* aquí formulada y del planteamiento de otras posibles soluciones a adoptar sobre la situación actual en este ámbito, ha de tenerse presente que, en este capítulo, el objeto principal de análisis, así como la crítica jurídica de los desajustes aplicativos, recaerá sobre los problemas que se derivan del régimen jurídico vigente (y de su aplicación e interpretación por la doctrina judicial) para el regular ejercicio de la potestad sancionadora, pero adoptándose aquí una metodología clásica de análisis pues, a diferencia del capítulo anterior, el enfoque no estará basado en el contraste o confrontación con una propuesta previa *lege ferenda.*

Lo cierto es que, una vez justificadas —mediante el método anterior— las ventajas del modelo general propuesto y, de este modo, indirectamente, sugerida la preferencia de la adopción de sus criterios frente a los vigentes, en lo que se refiere al concreto ámbito sancionador, la tarea regulatoria propuesta estaría ya, prácticamente, concluida y, por ello, en este capítulo el interés ha de centrarse necesariamente en denunciar las disfuncionalidades que provoca el tratamiento actual del esquirolaje. Pues, en efecto, realmente, una vez solventados los problemas y carencias de las que adolece el régimen sustantivo del esquirolaje vigente con un nuevo precepto como el que en este trabajo se propuso en el capítulo 5, la tarea del legislador en materia sancionadora se simplificaría y facilitaría enormemente, puesto que bastaría con incluir, en la propia LISOS (o en la hipotética norma correspondiente), una referencia del estilo siguiente:

Cualquier conducta del empleador de los trabajadores huelguistas que sea constitutiva de esquirolaje en los términos previstos en la legislación sustantiva correspondiente, en cuanto expresión de una vulneración del derecho fundamental de huelga, habrá de ser sancionada como infracción muy grave.

Al haber quedado delimitadas todas las conductas constitutivas de esquirolaje con precisión en el precepto que determina su concepto así como sus posibles variantes o manifestaciones, quedarían plenamente garantizadas con esta fórmula remisiva las exigencias del principio de tipicidad. Asimismo, la referencia en cuanto al eventual infractor, circunscrita al empresario/empleador de los huelguistas, solventaría también posibles problemas de ajuste al principio de responsabilidad/culpabilidad. En fin, la propia técnica de la remisión evitaría los problemas de incoherencia entre el contenido de las normas sustantivas y sancionadoras que actualmente se producen y que, en lo que sigue, pondré de manifiesto:

7.1. MARCO NORMATIVO

Como ya ha sido apuntado en diversos momentos de cuanto antecede, el art. 8.10 LISOS tipifica como infracciones muy graves: "Los actos del empresario lesivos del derecho de huelga de los trabajadores consistentes en la sustitución de los trabajadores en huelga por otros no vinculados al centro de trabajo al tiempo de su ejercicio, salvo en los casos justificados por el ordenamiento".

Por su parte, el art. 19.3.a) de la misma norma considera, en el ámbito de los contratos de puesta a disposición celebrados con empresas de trabajo temporal (ETT), constitutivos de infracciones muy graves de las empresas usuarias: "Los actos del empresario lesivos del derecho de huelga, consistentes en la sustitución de trabajadores en huelga por otros puestos a su disposición por una empresa de trabajo temporal".

Si bien las ETT no quedan directamente sujetas a responsabilidad administrativa como consecuencia de hechos constitutivos de esquirolaje, pues —como vemos— la LISOS sólo se refiere expresamente a las empresas usuarias, tradicionalmente la doctrina ha considerado subsumible el supuesto en art. 18.2 (infracciones graves de las ETT), cuyo apartado c) se refiere genéricamente a "formalizar contratos de puesta a disposición para supuestos distintos de los previstos en el artículo 6.2 de la Ley 14/1994, de 1 de junio, por la que se regulan las empresas de trabajo temporal" (Grau Pineda, 2021, p. 83). A mi juicio, esta expansión del alcance del precepto citado no tiene cabida porque, tratándose de una conducta atentatoria de un derecho fundamental, como es el de huelga, debería ser tipificada como infracción muy grave como ocurre en los casos de los preceptos antes comentados referidos a la empresa usuaria. Asimismo, por virtud de los principios de tipicidad y prohibición de extensión analógica (art. 27.4 de la Ley 40/2015, de régimen jurídico del sector público) —a los que me referiré específicamente más adelante—, este tipo de subsunciones extensivas no son admisibles respecto de supuestos de hecho que son objeto de normas sancionadoras. Por último, tampoco cabe tal ampliación porque en el art. 18.2.c) LISOS parece que la intención del legislador es responsabilizar a la ETT de verificar, en el momento de su formalización, que el contrato de puesta a disposición se ajusta a una de las modalidades de contratación temporal permitidas en el art. 6 de la Ley 14/1994, de 1 de junio, por la que se regulan las ETT, pero no parece plausible que pueda exigirse que la diligencia debida de la ETT alcance hasta el punto de vigilar la no utilización por la empresa usuaria de los trabajadores, una vez cedidos, para finalidades prohibidas por el art. 8 de la misma norma.

Por último, en el ámbito penal, el art. 315 del Código Penal (CP), desde antiguo, ha tipificado como delito la conducta de los que, mediante engaño o abuso de situación de necesidad, impidieren o limitaren el ejercicio de la libertad sindical o el derecho de huelga, con previsión de un tipo penal cualificado, con penas superiores, cuando las conductas reseñadas se llevaren a cabo con coacciones.

De otro lado, —como es bien sabido— del art. 25.1 CE se derivan simultáneamente tres principios limitadores de la actividad administrativa sancionadora: legalidad, tipicidad e irretroactividad de las disposiciones sancionadoras no favorables o restrictivas de derechos individuales (art. 9.3 CE), los cuales confluyen con otros inspirados también en el orden penal: culpabilidad, proporcionalidad y *non bis in idem* (Pons Carmena, 2022, pp. 132-133).

El principio de legalidad exige que la relación de las infracciones y sanciones, incluidos los criterios para su graduación, y la determinación de quiénes y conforme a qué procedimientos pueden sancionar, se contenga en normas con rango de Ley. De este modo, conforme al principio de legalidad reconocido en el art. 9.3 CE, el ejercicio de la potestad administrativa sancionadora ha de ajustarse a lo establecido en una norma legal (SSTC 77/1983 y 25/1984). En aras a la seguridad jurídica (art. 9.3 CE), se requiere que sea previsible, con suficiente grado de certeza, la consecuencia punitiva derivada del incumplimiento de una norma (STS de 25 de mayo de 1997, Rec. 10413/1991), lo cual se obtiene, entre otras garantías que implica la reserva de Ley, a través del principio de publicidad de las normas que aquella lleva aparejado y de la concreción en la identificación de las conductas constitutivas de infracción y en la determinación de las sanciones aplicables que el principio de tipicidad impone.

Así, el principio de tipicidad implica que se definan ("otorgando en su descripción la suficiente certeza sobre el ámbito del ilícito sancionable y sobre la sanción imponible": STS de 6 de junio de 1997, Rec. 9318/1990) las acciones u omisiones constitutivas de infracción, así como las sanciones que corresponden a cada una de ellas, sin que sea posible en este caso la aplicación analógica de las normas (vid. arts. 25 y 27 de la Ley 40/2015, de régimen jurídico del sector público).

Asimismo, adquiere gran relevancia, a estos efectos, el denominado principio de culpabilidad (o responsabilidad en terminología del art. 28 de la Ley 40/2015). Este principio actúa de manera muy diferente en el ámbito penal y en el sancionador administrativo, pues para el primero son delitos o faltas, las acciones u omisiones dolosas o culposas penadas por la ley, de forma tal que no hay pena sin dolo o culpa, puesto que la culpabilidad se integra en la misma configuración del delito o falta en virtud del conocido aforismo *nulla poena sine culpa.* Como es sabido, la culpabilidad puede entenderse en forma dolosa: conciencia y voluntad de realizar el tipo objetivo de un delito o en forma culposa: como imprudencia o negligencia (Pons Carmena, 2022, pp. 136-137). Por el contrario, en materia de infracciones administrativas laborales, la culpabilidad se interpreta de manera flexible en su vertiente subjetiva. Pese a que el TC (SSTC 55/1982 y 76/1990) ha entendido que la conducta culpable debe concurrir en el sujeto infractor, lo cierto es que la culpabilidad a estos efectos —especialmente, en materia de prevención de riesgos laborales— prácticamente se objetiviza y los elementos volitivos y cognoscitivos se entienden, implícitamente, incluidos en la conducta típica (STS 23 de enero de 1998, Rec. 5397/1992 y 26 de enero de 2002, Rec. 6087/1996). Pero, el aspecto de este principio que más interesa a este estudio es el relativo a que, desde el punto de vista subjetivo, la imposición de sanciones administrativas exige el respeto al principio de imputabilidad y de personalidad de la pena o sanción que se traduce en que *nadie puede ser responder por infracciones ajenas.*

7.2. VARIANTES DE ESQUIROLAJE SUBSUMIBLES EN EL SUPUESTO DE HECHO TIPIFICADO EN EL ART. 8.10 LISOS

Como punto de partida, cabe afirmar que en la medida en que el art. 8.10 LISOS se refiere literalmente a la sustitución de los trabajadores en huelga por otros no vinculados al centro de trabajo al tiempo de su ejercicio, resulta claro que es sancionable administrativamente la sustitución de trabajadores no vinculados a la empresa al tiempo de convocarse la huelga (art. 6.5 RDLRT), en cuanto resulta evidente que estos trabajadores no estando vinculados a la empresa, tampoco podrían estarlo, obviamente, a ninguno de sus centros de trabajo.

Del mismo modo, parece evidente que legalmente también se autoriza por este precepto la imposición de sanciones sobre los supuestos conocidos como esquirolaje interno en los que los trabajadores huelguistas son sustituidos durante la huelga por otros que, aunque vinculados a la empresa, estaban adscritos a centros de trabajo distintos al tiempo de convocarse aquella. Si bien este supuesto de sustitución de trabajadores huelguistas no está prohibido expresamente por el art. 6.5 del RDLRT, lo cierto es que —como vimos— la jurisprudencia (SSTS de 18 de marzo de 2016 y de 20 de julio de 2016, Recs. 78/2015 y 22/2016) ha entendido que subyace en ellos la misma *ratio legis* que fundamenta la prohibición en tal norma y, con aplicación de cierto criterio analógico, ha extendido su aplicación a estos otros supuestos. No tratándose en este caso de una norma sancionadora (art. 6.5 RDLRT) y a la vista de que la norma sancionadora aplicable (8.10 LISOS) sí que prevé este supuesto expresamente, la *analogía legis* comentada no merece ningún reproche jurídico, sin perjuicio de la procedencia de cierta crítica en cuanto a la incoherencia entre estas dos normas que evidencia la falta de cohesión interna del ordenamiento jurídico en este aspecto.

Sin embargo, no ocurre lo mismo con otros supuestos que han sido considerados también por la jurisprudencia como esquirolaje interno por interpretación analógica del art. 6.5 RDLRT, pero a los que no se refiere expresamente la norma sancionadora. Se trataría de casos en los que la sustitución del trabajador huelguista se efectúa por otros trabajadores del mismo centro de trabajo, de distinta categoría profesional (SSTS de 8 de mayo de 1995, Rec. 1319/1994; de 11 de febrero de 2015, Rec. 95/2014) e, incluso, de la misma categoría profesional y funciones, pero de distinto turno y programas (STS de 30 de abril de 2014, Rec. 213/2013).

A mi modo de ver, sin perjuicio de que la jurisprudencia precitada pueda tener virtualidad a otros efectos (v. gr.: indemnizaciones por lesión del derecho de huelga), con la redacción vigente del art. 8.10 LISOS, estos supuestos en que los trabajadores sustitutos están vinculados al mismo centro de trabajo que los huelguistas no pueden ser sancionables con fundamento en el mismo, dado que escapan claramente de la literalidad del precepto sancionador ("sustitución de los trabajadores en huelga por otros no vinculados al centro de trabajo") y, por virtud del art. 27.4 de la Ley 40/2015, su contenido no es susceptible de extensión analógica.

Con relación a los supuestos del denominado esquirolaje tecnológico se pueden apuntar impedimentos similares derivados de la literalidad de la norma sancionadora, puesto que en ella no se contempla como infracción administrativa el esquirolaje por medios técnicos o digitales, sino únicamente la sustitución de los trabajadores en huelga por otros (trabajadores) no vinculados a su mismo centro de trabajo.

7.3. LA CONTROVERTIDA APLICACIÓN DEL RÉGIMEN SANCIONADOR GENERAL A LOS SUPUESTOS DEL LLAMADO ESQUIROLAJE ORGANIZATIVO O COMERCIAL

Por su parte, merece un análisis diferenciado la cuestión que tiene por fin dilucidar la aplicabilidad del precepto sancionador antes comentado (art. 8.10 LISOS) a los supuestos en que la actividad afectada por la huelga se encarga, durante la misma, a terceras empresas mediante la formalización de contratas o subcontratas.

Excepción hecha de que la contratación mercantil en cuestión se efectúe por medio de ETTs para la obtención de mano de obra sustituyente, que —como se anticipó al principio— es un supuesto que viene expresamente contemplado como infracción administrativa muy grave de la empresa usuaria en el art. 19.3.a) LISOS, la posibilidad de sanción de las demás variantes de contratación mercantil durante la huelga presenta serias dificultades, a la vez que complejas e interesantes cuestiones jurídicas controvertidas, por cuanto además del problema de la falta de tipificación expresa de estas conductas, intervienen otras circunstancias que complican la resolución jurídica del asunto. Así, v. gr., el concurso en el ámbito de la libertad de contratación mercantil empresarial (extraña al ámbito laboral/mano de obra propio de la huelga) de otro derecho constitucional (libertad de empresa: art. 38 CE) o, por ejemplo, la posibilidad —estudiada más arriba en términos generales— de que la empresa que encargue a terceros contratistas la actividad empresarial afectada por la huelga no sea la empresa que la sufre directamente, sino un eventual empresario comitente o principal (con las dificultades de imputabilidad de la conducta que derivan del principio de culpabilidad o responsabilidad).

De estas y otras cuestiones me ocuparé en lo que sigue empleando un esquema muy similar —pero diferente— a aquel en que se ha estructurado esta materia en los capítulos anteriores:

7.3.1. La empresa en huelga (en su caso, contratista) subcontrata con otros

Desde mi perspectiva, ya se trate de una empresa que sufre una huelga que no forma parte de una organización productiva descentralizada, como de una contratista en huelga, si decide subcontratar con terceras empresas o autónomos la prestación de los servicios o la producción de bienes afectadas por la huelga, no es esquirolaje sustitutorio sancionable.

Pues hubiera podido concurrir en estos casos, eventualmente, el principio de culpabilidad en cuanto que la actuación, en su caso, podría ser imputable a la empresa que sufre la huelga y que realiza el encargo, pero no el de tipicidad en la medida en que el art. 8.10 de la LISOS prohíbe el esquirolaje externo e interno (entre centros de trabajo distintos), pero no la contratación mercantil con terceras empresas y aunque la jurisprudencia (STS de 25 de enero de 2010, Rec. 40/2009) lo considere igualmente esquirolaje, este tipo en concreto no está en el precepto sancionador estudiado y —como sabemos— su contenido no puede extenderse analógicamente a otros supuestos no previstos en la norma.

Cuestión distinta sería que, aunque formalmente el encargo se realice en favor de una empresa subcontratista diferenciada, en la realidad, el control de la actividad desarrollada permanezca en manos de la empresa en huelga que realiza el encargo, quedando los trabajadores sujetos al poder directivo y organizativo de ésta. No estaríamos en estos casos ante auténticas contratas reales y legales, sino ante el recurso a empresarios aparentes o interpuestos (cesión ilegal de trabajadores prohibida por el art. 43 ET) y, por añadidura, con que la utilización mediante cesión directa ilegal de estos trabajadores se realizaría con el fin de sustituir, de facto, el trabajo de los huelguistas.

Evidentemente, si de acuerdo con el art. 19.3.a) de la LISOS, la formalización de contratos de puesta a disposición con ETTs para sustituir a los trabajadores huelguistas ha de reputarse como infracción administrativa muy grave de la empresa usuaria, con mayor motivo lo será obtener la cesión directa de trabajadores con idéntico fin si para ello no se recurre si quiera a tales entidades institucionalizadas para estos fines y dotadas de las garantías necesarias por la Ley 14/1994, de 1 de junio, sino que se contrata directamente para la sustitución prohibida de la actividad de los huelguistas con terceros que ni siquiera reúnen tales garantías mediante una pura cesión ilegal de trabajadores.

En este caso, el principio de tipicidad no será obstáculo jurídico para la imposición de la sanción a la empresa afectada por la huelga que realiza un encargo que reúna los perfiles de una cesión ilegal de trabajadores, puesto que ninguna extensión analógica del supuesto tipificado legalmente se produce sino mera aplicación directa del contenido del art. 19.3.a) de la LISOS. Pues, en efecto, hay que reparar aquí en que no estamos ante un supuesto no previsto en la Ley, pero similar, para el que se pretenda una aplicación de la técnica de la *analogía legis* por subyacer una ratio semejante, lo cual —como ya se ha expuesto— no es posible con relación a los tipos legales sancionadores. En realidad, se trata aquí del mismo supuesto de hecho contemplado en el art. 19.3.a) de la LISOS (cesión directa de trabajadores para sustituir a trabajadores huelguistas) pero que, mediante un argumento *a fortiori, a minori ad maius*, lleva a concluir que si esta misma conducta (no otra no tipificada como infracción) es sancionable cuando se recurre con tal finalidad a una ETT (que si no se pretendiera sustituir a huelguistas y cumplidos los demás requisitos hubiera sido una fórmula admitida legalmente de cesión directa de trabajadores, ex art. 43.1 ET) con mayor razón se estará incurriendo en esta misma infracción tipificada cuando para ese mismo fin ilícito se hace uso de contratas simuladas o aparentes que, constituyendo por sí mismas una cesión ilegal de trabajadores, ponen en riesgo, adicionalmente, otros intereses y derechos asociados de los trabajadores, al no contar con las garantías previstas en la Ley 14/1994, de 1 de junio.

De cualquier modo, todo ello sin perjuicio de que, constatada la existencia de cesión ilegal de trabajadores, adicionalmente se apliquen además de los efectos generales del art. 43 ET, las responsabilidades administrativas específicas previstas también como infracción muy grave en el art. 8.2 de la LISOS.

7.3.2. *La empresa principal no está vinculada a la contratista en huelga de ningún modo y recurre a otras contratistas*

El caso en que la actividad empresarial se encuentre externalizada y, ante la huelga en la contratista, el comitente (con o sin resolución previa de la contrata con aquélla) recontrate el desarrollo de la actividad con nuevas contratistas o, incluso, la asuma directamente (reversión) si adquiere o ya cuenta con los medios (técnicos y humanos) necesarios para ello, ni está contemplado expresamente por el art. 8.10 de la LISOS ni, por virtud del principio de culpabilidad/responsabilidad hubiera podido imputarse —en caso de apreciarse— la conducta de esquirolaje sobre un tercero (el comitente) que ninguna vinculación guarda con los trabajadores en huelga, ni tiene capacidad de negociación y decisión sobre los intereses en juego en el conflicto colectivo.

De hecho, —como vimos más arriba— incluso más allá de los efectos sancionadores que aquí se estudian, estos casos —a diferencia de los que he contemplado en el subapartado anterior— ni siquiera se han considerado incluibles en la prohibición de esquirolaje del art. 6.5 RDLRT por nuestra jurisprudencia (STS de 16 de noviembre de 2016, Rec. 59/2016, *ALTRAD RODISOLA*, salvo consideración de la existencia de vinculaciones especiales, siendo admisible, asimismo, el redireccionamiento de los usuarios de la empresa en huelga a otras que se encuentren en plena actividad: STS de 11 de mayo de 2001, Rec. 3609/2000, STS de 13 de julio de 2017, Rec. 25/2017, *INDRA*).

7.3.3. *La empresa principal y contratista forman parte de un mismo grupo empresarial, red o mantienen vinculaciones especiales*

En este ámbito es preciso distinguir en función del tipo de vínculo que une a la empresa principal y la contratista inicial, según la relación entre las distintas empresas implicadas suponga la existencia de ciertos vínculos especiales entre ellas, pero sin llegar a reunirse las características especiales que la jurisprudencia exige para la consideración de la existencia de un empleador único en el sentido del art. 1.1 ET y aquellas otras en que, por aplicación de dicha doctrina, particularmente en los casos de grupos empresariales, el grupo mercantil en cuestión deba ser considerado, a su vez, como *grupo laboral*. Asimismo, hay que diferenciar aquellas situaciones en que las nuevas subcontrataciones durante la huelga se realizan en favor de nuevas empresas contratistas no vinculadas a ellas de aquellas otras en las que sí existe vinculación con la nueva subcontratista.

a) Subcontrataciones en favor de nuevas empresas contratistas no vinculadas a ellas.

Se trataría aquí de los casos —diferentes de los que se acaban de describir en el subapartado anterior— a los que se refirió la jurisprudencia comentada en el capítulo anterior (SSTS de 11 de febrero de 2015, Rec. 95/2014, *GRUPO PRISA* y de 3 de octubre de 2018, Rec. 1147/2017, *GRUPO VOCENTO* y Rec. 3365/2016, *GRUPO ZETA*) que, —como ocurre en los grupos de empresas— por la existencia de especial vinculación entre la contratista en huelga y la empresa comitente, quedaban excepcionados de la libertad de recontratación de ésta.

Sin perjuicio de las críticas que realicé en su momento a la aplicación unívoca de esta solución jurisprudencial, por abarcar también los supuestos de contratas durante la huelga en favor de nuevas contratistas que no pertenecen al mismo grupo empresarial que la empresa en huelga, lo cierto es que, por lo que se refiere a los efectos sancionadores que aquí interesan, la solución aplicable, por virtud del principio de tipicidad debe ser la misma que resultaba para los casos anteriormente analizados. Puesto que, aunque exista vinculación especial entre la comitente inicial y la contratista en huelga, no existe sustitución por trabajadores nuevos sino recurso a contratas mercantiles con empresas no controladas, que no constituye esquirolaje en sentido estricto tipificado como infracción en el art. 8.10 LISOS, salvo que también en estos casos no se tratase de una verdadera contrata sino de una cesión ilegal de trabajadores perpetrada con el objetivo adicional de sustituir a los huelguistas.

b) Subcontrataciones en favor de nuevas empresas contratistas vinculadas o pertenecientes a un mismo grupo empresarial.

– En estos casos, si existen vinculaciones especiales que puedan llegar a determinar, incluso, la existencia de un grupo societario mercantil, aunque no un *grupo laboral*, en la medida en que la empresa contratista nueva pueda estar controlada por la empresa en huelga (o su grupo), podríamos estar ante supuestos del tipo de los que he ido advirtiendo sobre el sometimiento de los trabajadores de la nueva contratista al poder de organización y dirección de la empresa en huelga que subcontrata la actividad afectada por la misma y, por ello, considero que podría ser aplicable también aquí —*a fortiori* o mayor abundamiento por sí mismo, sin necesidad de extensión analógica— el art. 19.3.a) de la LISOS.

– Cuando existan vinculaciones especiales que puedan determinar la existencia de un grupo societario mercantil que, simultáneamente, pueda ser considerado como *grupo laboral* (por la concurrencia de los criterios jurisprudenciales que llevan a la consideración del grupo como un solo empleador único en el sentido del art. 1.1 ET) resultará directamente aplicable el art. 8.10 de la LISOS, puesto que al considerarse todo el grupo como un único empresario laboral, las subcontrataciones de tareas de empresas afectadas por la huelga en favor de subcontratistas pertenecientes al mismo grupo empresarial, bajo el tratamiento jurídico actual (STS de 20 de abril de 2015, Rec. 354/2014, *COCA COLA*), habrían de ser consideradas sustitución de la actividad laboral de los trabajadores huelguistas por medio de trabajadores adscritos a otros centros de trabajo (empresas integrantes) de una misma empresa (grupo empresarial).

En estos supuestos se cumple con el principio de responsabilidad por cuanto por virtud de la jurisprudencia sobre grupos de empresas y empresario laboral único en el sentido del art. 1.1 ET, estamos en presencia de una misma empresa y también se incurre en el supuesto tipificado en el art. 8.10 LISOS (principio de tipicidad) por tratarse, bajo el régimen vigente, de un esquirolaje interno por medio de trabajadores de otros centros de trabajo de la que puede considerarse una misma empresa constituida por todo el grupo empresarial.

7.4. ALGUNOS PRONUNCIAMIENTOS JUDICIALES RELEVANTES SOBRE ESTAS MATERIAS

Contrariamente al planteamiento conceptual, diferenciador de distintas situaciones cualitativa y jurídicamente muy distintas, que acaba de describirse, en este caso, de *lege data* (construido, por tanto, sobre las implicaciones lógicas derivadas del régimen jurídico vigente y del tratamiento jurisprudencial general actual del esquirolaje), lo cierto es que la realidad judicial y administrativa-sancionadora evidencia que gran variedad de los supuestos comentados en los apartados precedentes son sancionados de forma un tanto indiscriminada y las correspondientes sanciones son confirmadas, en muchos casos, en vía judicial.

A continuación, se abordará una revisión de aquellas resoluciones judiciales que me han parecido más significativas con relación a las cuestiones aquí analizadas, conectadas con la exigencia de responsabilidades sancionadoras por parte de la Administración Laboral. Todo ello sin ánimo de exhaustividad, pues, si bien —como hemos visto— existen numerosas sentencias (incluso del TS) sobre el tema general del esquirolaje en contratas, lo cierto es que el bagaje jurisprudencial sobre el aspecto sancionador, hasta la fecha, es todavía muy limitado y, en su mayor parte, no ha constituido doctrina casacional del TS, apareciendo disperso en diversos pronunciamientos judiciales de instancia o dictados en suplicación[78].

7.4.1. STSJ (Comunidad Valenciana) de 12 de diciembre de 2017 (Rec. 18/2017)

La sentencia que aquí es objeto de comentario viene referida a otra empresa afectada por una huelga perteneciente al Grupo empresarial *COCA COLA IBERIAN PARTNERS* —que, como se recordará, motivó ya con anterioridad una STS sobre estas materias analizada en el capítulo anterior— la cual recurrió al trabajo realizado en otras empresas del grupo para suplir la ausencia de producción de los trabajadores en huelga durante la negociación de un despido colectivo, lo cual se consideró que tuvo una incidencia directa en la negociación del período de consultas que se desarrollaba. Dicha conducta fue sancionada por considerarse constitutiva de infracción administrativa muy grave y la sentencia recurrida, desestimando la demanda interpuesta por la *COMPAÑIA LEVANTINA DE BEBIDAS GASEOSAS, S.A. (COLEBEGA)*, confirmó la sanción que le había sido impuesta como consecuencia del acta de infracción extendida por la ITSS, en materia de relaciones laborales, por importe de 72.000€, al entenderse que los hechos infringían los art. 6.5 del RDLRT, en relación con el art. 28.2 CE y el art. 4.1.e) ET[79].

La recurrente argumentó que no se puede exigir a ninguna empresa que anticipe un nuevo criterio doctrinal y

---

[78] Ello no obstante, cabe subrayar que algunas de las SSTS estudiadas en el capítulo anterior (por ejemplo, la STS de 20 de abril de 2015, Rec. 354/2014, *COCA COLA IBERIAN PARTNERS*) partieron de la base de la existencia de actas de infracción sobre los hechos, aun cuando el objeto principal del debate jurídico en ellas no fuese el aspecto sancionador.

[79] Repárese en que ninguno de estos tres preceptos tiene carácter sancionador específicamente y que no existe referencia a la LISOS que es la norma que habría de fundamentar la imposición de sanciones.

jurisprudencial sobre el esquirolaje interno en el ejercicio del derecho de huelga, que no hubo sustitución física de trabajadores en *COLEBEGA*, como tampoco hubo alteración de los procedimientos de trabajo en las empresas del grupo, si bien se admitió que se suministró producto de otras embotelladoras.

Obviamente, la sentencia de suplicación ahora comentada se remite a la previa STS de 20 de abril de 2015 (Rec. 354/2014) —a la que antes me he referido— sobre este mismo grupo de empresas, considerando lógico aplicar ahora al centro de Alicante la misma solución que el Tribunal Supremo consideró procedente para el centro de trabajo de Fuenlabrada, dado que el proceder de la empresa fue muy semejante. Pero, en el caso de esta sentencia, se estimó adicionalmente la concurrencia de esquirolaje interno en sentido estricto al constar como hechos probados que durante los días de huelga la dirección de la empresa ordenó que los *promotores* realizaran el trabajo de los *preventivistas* en huelga. Según la sentencia, el trabajo de estos últimos consiste, fundamentalmente, en visitar a los clientes de la zona que tienen asignada. De tal manera que se recogieron los terminales y los móviles de los *preventivistas* en huelga para que pudieran ser utilizados por los *promotores* cuya tarea consiste en supervisar y controlar la política comercial en su zona. El TSJ de la Comunidad Valenciana fundamentó su decisión respecto a esta segunda conducta en la jurisprudencia sobre el esquirolaje en sentido estricto contenida en la STC 33/2011, de 28 marzo y en las SSTS de 8 de junio de 2011 (Rec. 144/2010), 5 de diciembre de 2012 (Rec. 265/2011) y 11 de febrero de 2015 (Rec. 95/2014), entre otras. De este modo, la sentencia desarticuló el argumento de la recurrente sobre la imprevisibilidad de las nuevas doctrinas sobre esquirolaje interno, aludiendo expresamente a las fechas de las sentencias citadas y concluyendo que la doctrina del esquirolaje interno ni era nueva en el año 2014 (año de los hechos sancionados) ni supuso ningún cambio doctrinal o jurisprudencial.

No obstante, en mi opinión, si bien esta última afirmación es válida para la sustitución interna de los *preventivistas* en huelga por los promotores (esquirolaje en sentido estricto), no lo es tanto respecto de la asimilación a estos supuestos —y la consiguiente consideración como esquirolaje— del recurso a la producción de otras empresas del mismo grupo empresarial durante la huelga. Pues, en efecto, aunque de acuerdo con el planteamiento general que he realizado en este estudio, me parece correcta la subsunción en el supuesto contemplado en el art. 8.10 LISOS, cuando por aplicación de la doctrina jurisprudencial sobre esta materia proceda la consideración del grupo como un empleador laboral único, lo cierto es que en los casos ahora analizados las sentencias en cuestión no especifican que la operatividad de dicho precepto sancionador deriva, simple y directamente, de dicho tratamiento de empleador único en el sentido del art. 1.1 ET (excluyendo los grupos de empresas o empresas vinculadas en que dicho tratamiento no proceda).

Pero, sobre todo, tampoco concurrió en ellos sustitución física de trabajadores, sino que se asimiló a ella el recurso a la producción por otros centros de trabajo (e, incluso esto parece discutible pues —como ya se anticipó— parece que más bien se produjo una redistribución del stock de productos ya fabricados). Como ya ha sido explicado más arriba, a mi parecer, es adecuado considerar fraudulento el encargo en favor de otro centro de trabajo del mismo grupo empresarial-empleador único, en la medida que, aunque no sean movilizados los trabajadores de otros centros de trabajo, el resultado es el mismo si se aumenta la producción de dichos centros incrementando el tiempo de trabajo de sus trabajadores o se pretende la contratación de nuevos efectivos para los mismos so pretexto de que, tratándose de una empresa formalmente distinta a la afectada por la huelga, no estaría sujeta a la prohibición del art. 6.5 RDLRT. Sin embargo, aun siendo, en mi opinión, el descrito el planteamiento correcto y la solución propuesta la más adecuada, lo cierto es que debo otorgar la razón en este aspecto a la recurrente, pues la verdad es que, a día de hoy, esta especificación no se contempla expresamente en dicho precepto sancionador (art. 8.10 LISOS) y no fue abordada por la jurisprudencia del TS (en lo que a desviaciones de producción intragrupo se refiere) hasta la sentencia de 20 de abril de 2015 (Rec. 354/2014) antes comentada. Con posterioridad, pues, a los hechos enjuiciados.

En efecto, siendo así, —como argumentó la recurrente— no se puede exigir a ninguna empresa —o ciudadano— que anticipe un nuevo criterio doctrinal y jurisprudencial sobre el esquirolaje interno en el ejercicio del derecho de huelga. A lo cual yo añadiría que los principios de legalidad, tipicidad y seguridad jurídica implican que, precisamente, no sean las sentencias —sino las leyes previamente publicadas— las que innoven sobre los tipos jurídicos sancionadores. En este sentido, debe exigirse al legislador un esfuerzo de actualización de los preceptos sancionadores y de delimitación precisa de los supuestos constitutivos de infracción para dar cabida a las nuevas realidades concretas que se consideren sancionables en cada momento, evitando interpretaciones y aplicaciones extensivas forzadas de los preceptos vigentes que no pueden admitirse por virtud del principio de prohibición de la *analogía legis* respecto de las normas sancionadoras. En esta tesitura es cuando más se evidencian las carencias de la obsoleta regulación legal vigente sobre la huelga, cuya actualización y acomodación al mandato del constituyente acumula ya más de 45 años de retraso.

7.4.2. Sentencia del Juzgado de lo Social N.º 1 de Toledo, de 4 de octubre de 2021 (Sentencia 515/2021)

Más recientemente, cabe destacar el supuesto de hecho de esta sentencia de instancia que, además de por su relativa actualidad, resulta muy sugestiva porque ofrece múltiples elementos de interés jurídico con aptitud para poner en práctica gran parte de los criterios desarrollados en los apartados anteriores.

Aconteció aquí que la ITSS concluyó que la conducta de *AIRBUS OPERATIONS, S.L.* (empresa principal o comitente) de suspender la contrata con la empresa contratista en huelga *ISS FACILITY SERVICES, S.A.* (ISS) y contratar con tres empresas (*DURALCOR, S.L., DE LA FUENTE INTERNATIONAL MOVERS, S.L.* y *AERONÁUTICA GESTIÓN, S.L.*) los trabajos que se tendrían que haber desarrollado por *ISS* si no se hubiera producido la falta de prestación de sus servicios por el hecho de ser secundada la huelga por la totalidad de sus trabajadores, constituía infracción del art. 28.2 CE, en relación con art. 4.1.e) ET y art. 6.5 RDL 17/1977 de 4 de marzo, de Relaciones de Trabajo. Considerando, asimismo, que dicha conducta era subsumible en el supuesto de hecho tipificado como infracción muy grave en el art. 8.10 LISOS y atendiendo a la intencionalidad en la conducta de la empresa titular del centro de trabajo y al número de trabajadores afectados (55) se graduó en el grado medio proponiendo sanción en cuantía de 25.001 €, si bien, tras el correspondiente recurso de alzada, se dictó resolución estimándolo parcialmente en lo relativo a la aplicación de los criterios de graduación y rebajando la sanción al importe de 6.251 €.

La sentencia comentada, en sus fundamentos jurídicos, describe cómo por parte de la Administración demandada se fundamentó la imposición de la sanción a la empresa *AIRBUS OPERATIONS S.L.* (la empresa principal o comitente que suspende la contrata con la contratista cuyos trabajadores son los que están en huelga) en una pretendida vulneración, con dichos actos, del derecho de huelga de tales trabajadores, en tanto que, con posterioridad a la suspensión de la contrata, procedió a recontratar los trabajos afectados por la huelga con otras tres empresas vinculadas a *AIRBUS*, (...) "señalando la ITSS que tales hechos constituyen la infracción tipificada en el art. 8.10 LISOS, siendo indiferente que no se trate de la empresa empleadora, tratándose de la sustitución interna de una contrata que debe tener el mismo tratamiento que el esquirolaje interno".

Creo que el contenido del texto entrecomillado, extraído de la sentencia en su literalidad, merece detenerse para analizarlo con atención. Si bien existe jurisprudencia, incluso del TC, que podría llegar a fundamentar, en su caso, la vulneración del derecho de huelga de estos trabajadores (que no el esquirolaje) por la comitente (particularmente, la ya comentada en esta obra doctrina *SAMOA*), lo cierto es que afirmar —pese a que, como veremos, quedó acreditado que no estábamos ante un grupo empresarial, ni siquiera sin tratamiento de empleador único, sino que lo único que se pretendió fue derivar de la existencia de contratas de otro tipo con las nuevas contratistas la existencia de vinculaciones con la comitente— que constituye una sustitución *interna* asimilable al esquirolaje *interno* el recurso por la comitente a otras contratistas para suplir los déficits de actividad de la contratista en huelga, cuando esta (y sus trabajadores en huelga) constituyen una empresa diferente y las nuevas contratistas ninguna relación guardan tampoco la contratista anterior, resulta cuanto menos exorbitado, si no descabellado. Tildar como sustitución interna digna del tratamiento propio del esquirolaje interno a una situación en la que no nos encontramos ante una sustitución de los huelguistas dentro de la misma empresa o grupo empresarial (e, incluso, contemplando también el desvío de la producción) conduce, por sí mismo, al absurdo y evidencia el voluntarismo de pretender forzar la aplicación del art. 8.10 LISOS a sabiendas de que este tipo de esquirolaje es el único remotamente aplicable aquí al que se refiere expresamente dicho precepto como susceptible de sanción. Pues, aunque a mi juicio, en este caso no concurre ningún tipo de esquirolaje, de ser algo relacionado con el mismo, necesariamente habría de ser externo, dado que en el interior de la empresa afectada por la huelga no se hace absolutamente nada más que padecerla y soportar sus consecuencias negativas sobre el negocio de la misma, al ver cómo se suspende su contrata por la empresa cliente.

A continuación, la sentencia procede a desarrollar los fundamentos de Derecho de su decisión cuyo objetivo explícito, tal y como se expresa literalmente en ella, habla ya, por sí mismo, de lo desacertado del planteamiento mismo: "Siendo estas las indiscutidas circunstancias del caso, se trata de establecer si se ha producido vulneración del derecho de huelga a raíz de la actuación empresarial descrita. Concretamente si la empresa sancionada llevó a cabo acción u omisión que promoviese el esquirolaje interno, sustituyendo sin habilitación y de forma ilícita a los trabajadores en huelga por terceros trabajadores de tercera empresa ya contratada, en intolerable movilidad funcional". Parece, pues, que llega a admitirse en este planteamiento la posibilidad de que no sólo sea sancionable la comisión del esquirolaje mismo (que ya por sí mismo tiene sus dificultades con base en la dicción literal del art. 8.10 LISOS para estos supuestos en el ámbito de las contratas) sino que, incluso más allá de ello, se acepta como posibilidad sancionable con base al mismo su mera promoción. En efecto, da la sensación de que, al estar latente la dificultad de imputar la sustitución "sin habilitación y de forma ilícita" de los trabajadores en huelga, así como el ejercicio de una "intolerable movilidad funcional" a quien no es empleador de los mismos, sino un tercero, parece sugerirse que el fundamento de la sanción podría encontrarse en que "promoviese" el esquirolaje (¿interno?), cuando en la tipificación operada por el precepto sancionador, evidentemente, no hay referencia alguna, ni distalmente, a tales actitudes de promoción del esquirolaje.

En cuanto a la consideración del esquirolaje como interno, parece que el único atisbo de explicación puede tratar de encontrarse en que pese a concretarse la presunta sustitución a través "*terceros* trabajadores de *tercera* empresa" distinta de la contratista en huelga y de la propia comitente, tales trabajadores supuestamente sustitutos estaban vinculados a una empresa "ya contratada" por la comitente para otras tareas. Entonces, ¿el mero hecho de que una contratista mantenga ya una contrata con una empresa comitente convierte a aquélla en parte de ésta y a ésta en empleadora de los trabajadores de aquélla? Pero, además,

¿constituye esquirolaje interno —como si de una misma empresa se tratase— formalizar una nueva contrata con la misma, cuando son los trabajadores de otra contratista distinta los que están en huelga? Sinceramente, creo que un salto en el razonamiento lógico-jurídico de tal envergadura, sin mayores explicaciones o un hilo argumental adicional, es demasiado aventurado si no se fundamenta en la existencia de un grupo empresarial que haya de ser considerado como empleador único en el sentido del art. 1.1 ET y en el que haya participación, directa o indirecta, de la propia empresa contratista en huelga que pertenezca a dicho grupo empresarial en el encargo a otras empresas del mismo grupo durante la misma.

Por lo demás, entrando ya en la fundamentación jurídica que sustenta el fallo desestimatorio de la demanda interpuesta por la mercantil sancionada y la consiguiente confirmación de las resoluciones sancionadoras impugnadas, la sentencia procede a reproducir la práctica totalidad de la doctrina del TC y del TS sobre esquirolaje (no sólo interno). No termino de entender —aunque, lamentablemente, se haya convertido en costumbre— la necesidad de estas reproducciones cronológicas, extensas y cuasi literales de la jurisprudencia precedente, pero en este caso, a mi modo de ver, todavía está, si cabe, más fuera de lugar. En primer lugar, porque carece de sentido —si lo que se pretende es dilucidar un asunto que, por el propio juzgador, se considera relacionado con el esquirolaje interno— referirse a sentencias que vienen relacionadas con otros tipos de esquirolaje distinto, pero, adicionalmente, incluso respecto del interno, porque de lo que se trataba en este supuesto no era determinar o justificar la existencia misma de la noción de esquirolaje interno, ni si quiera su dificultosa concurrencia o imputabilidad en estos casos en que media la intervención de una tercera empresa comitente en los hechos, sino de fundamentar en el art. 8.10 de la LISOS (u otro precepto sancionador) la pertinencia de la sanción impuesta por unos hechos que no aparecen tipificados específicamente en tal norma.

En este caso, en mi opinión, se acumulan diversas circunstancias de gran trascendencia con relación a la materia objeto de este estudio:

a) En primer lugar, se imputa a un tercero (a la empresa principal o comitente *AIRBUS OPERATIONS S.L.*) la lesión del derecho de huelga de unos trabajadores (los de la contratista *ISS*) que no están contratados directamente a su servicio. Como ya se ha comentado más arriba, el principio de responsabilidad e imputabilidad de las sanciones implica que nadie deba ser sancionado por actos ajenos. Difícilmente, se puede considerar que el comitente comete esquirolaje de unos trabajadores que no están a su servicio. En este sentido, la empresa demandante alegó la vulneración de los principios de tipicidad y culpabilidad en tanto que la empresa sancionada no tiene una relación de carácter laboral con los trabajadores en huelga, no siendo la empleadora de los mismos, ni siendo en su empresa donde la huelga había sido convocada.

   Cuestión distinta es que lo que se impute a la comitente no sea el esquirolaje en sentido estricto sino la vulneración indirecta, minando su efectividad, del derecho de huelga de los trabajadores de la contratista, que es lo que las sentencias del llamado caso *SAMOA* (SSTC 75/2010 y 76/2010, de 19 de octubre, así como la serie de sentencias de 98/2010 a 112/2010, de 16 de noviembre) de una forma un tanto enrevesada y forzada trató de establecer. Pero la doctrina *SAMOA*, realmente, no trató sobre esquirolaje directamente, ni de sancionar a la comitente sino de repercutir en la empleadora contratista las consecuencias de los actos de comitente.

b) En la sentencia ahora analizada se reconoce expresamente que ninguna de las empresas implicadas forma parte de un grupo empresarial común. Pero, ello no obstante, como fundamento final de su decisión se acude a las SSTS de 3 de octubre de 2018 (Rec. 1147/2017, *Grupo Vocento*, y Rec. 3365/2016, *Grupo Zeta*) que, como su predecesora de 11 de febrero de 2015 (Rec. 95/2014, *Grupo PRISA*), se referían a recontrataciones realizadas por la comitente perteneciente al mismo grupo que sus contratistas habituales en huelga en favor de nuevas contratistas ajenas al mismo. Mi disconformidad general con la doctrina de este grupo de sentencias del TS ya fue desarrollada en su momento, pero ahora la aplicación que de ella se pretende en la sentencia que es aquí objeto de análisis, a mi juicio, es de todo punto desacertada, pues en ella trata de residenciarse la existencia de vinculaciones especiales y la caracterización como empresas controladas de las contratistas por la empresa principal por el mero de hecho de que esta última esté facultada para decidir la suspensión de la contrata con la empresa en huelga y para encargarles las tareas a otras contratistas con las que ya mantenía otras contratas para otras tareas, en el seno de una estructura organizativa descentralizada.

Se dice así que "(…) la subcontrata *ISS FACILITY* a la que pertenecían los trabajadores en huelga como los otras tres subcontratas cuyos trabajadores fueron utilizados para realizar los servicios que se habían dejado de prestar por los huelguistas, aunque no conforman un grupo de empresas, actúan coordinadamente bajo la dirección de una empresa principal, *AIRBUS OPERATIONS, S.L.* en unos términos que demuestran una vinculación especial, como lo demuestran las comunicaciones que la principal dirige a las subcontratas en las fechas coetáneas con el ejercicio del derecho a la huelga, imponiendo por un lado la suspensión de la contrata cuyos trabajadores estaban en huelga y a las demás unos trabajos o pedidos extraordinarios fueran del ámbito de sus contratas (…)". "Con ello se demuestra, siquiera indiciariamente, una situación de hegemonía de hecho sobre las empresas contratistas que nos aleja del marco habitual de libre competencia, propiciando una sumisión de las contratistas a la principal aún cuando les impone actuar fuera del ejercicio regular de los términos de las contratas. Un indicio reforzado si tomamos en consideración que la actividad de la empresa contratista directamente afectada por la huelga está integrada en el ciclo productivo de la empresa principal, sin la cual este ciclo no podría funcionar".

De ser así, el mero ejercicio de la libertad de contratación mercantil empresarial (derivada de la libertad de empresa reconocida en el art. 38 CE) que permite a una empresa tanto suspender o resolver, conforme a lo pactado y a las reglas generales del Derecho civil por incumplimiento de contratos, como realizar nuevas contratas mercantiles lícita y libremente (o modificar el objeto de las preexistentes), por el mero hecho de tener lugar en el seno de una estructura productiva externalizada, pasaría a convertirse, automáticamente, en una actuación que se "impone" (término introducido sin justificaciones adicionales por la sentencia comentada[80]) sobre sus contratistas que, por ello, se considerarían como empresas controladas. Y, aun cuando lo anterior se reconozca que, a lo sumo, puede constituir un mero indicio —que no prueba— de la hegemonía de la principal sobre las contratistas implicadas, este indicio sería suficiente —parece ser— no sólo para considerar la existencia entre las empresas implicadas de vinculaciones

---

80 A fin de cuentas, como argumentó la demandante, la suspensión del contrato mercantil con *ISS* derivó de las propias cláusulas contractuales que permitían tal suspensión en caso de retraso justificado, y la contratación con terceras empresas en caso de huelga está admitida por la jurisprudencia (*ALTRAD*) y depende de estas contratistas el modo de gestionar sus servicios sin injerencia alguna por parte de la comitente.

especiales a los efectos de la vulneración del derecho de huelga que se resolvía también en las SSTS invocadas de 3 de octubre de 2018 (Rec. 1147/2017, *Grupo Vocento*, y Rec. 3365/2016, *Grupo Zeta*), sino, incluso, para merecer una especie de tratamiento de empresa única (aun —como en este caso ocurre— sin estar en presencia siquiera de un grupo empresarial) sobre el que fundamentar la aplicación la figura del esquirolaje interno que se sanciona en el art. 8.10 de la LISOS. Debiendo advertirse, además, por cierto, que de la aplicación de este precepto sancionador, que es sobre cuya adecuación jurídica debía resolver la sentencia, sin embargo, no se encuentra referencia expresa en ninguna en las argumentaciones finales que parecen fundamentar el sentido del fallo.

Como ya he referido antes, cada vez más se echa en falta en los razonamientos jurídicos de las sentencias un mayor esfuerzo argumentativo con relación a la *ratio dedicendi* que anude adecuadamente a los fundamentos de Derecho (preceptos normativos a aplicar) las consecuencias jurídicas que determinan el sentido del fallo, en lugar de amplias reproducciones de los pronunciamientos judiciales precedentes, en muchos casos muy dispares en fundamentos fácticos y contenido de la pretensión, que por la mera razón de su enorme extensión no justifican en mayor medida decisiones que sólo pueden quedar fundamentadas suficientemente en la aplicación de las normas correspondientes, en las pruebas pertinentes y en el razonamiento lógico-jurídico aplicable al supuesto de hecho concreto de cada caso a enjuiciar.

A mi modo de ver, —como ya fue desarrollado más arriba— si no existe tratamiento de empleador único (en caso de grupos de empresas que reúnan las características exigidas), no es posible considerar que el recurso al trabajo de los trabajadores de otras contratistas es equivalente a la sustitución de los huelguistas por trabajadores de otros centros de trabajo de la empresa a que se refiere el art. 8.10 de la LISOS. Y, si de lo que se trata es de dilucidar la licitud de una actuación administrativa sancionadora, es este tipo de enjuiciamiento (verificar la existencia de una norma sancionadora que la justifique) el que procede por virtud del principio de tipicidad, sin entrar en justificaciones exorbitantes referidas más a eventuales vulneraciones del derecho de huelga relacionadas, *in extenso*, con la posible anulación o minoración de la efectividad de la misma que con la regularidad de la sanción administrativa impuesta.

Pero es que, incluso si nos adentramos en este otro tipo de consideraciones, no hay que obviar que en las propias SSTS de 3 de octubre de 2018 (Rec. 1147/2017, *GRUPO VOCENTO*, y Rec. 3365/2016, *GRUPO ZETA*) aducidas por la sentencia aquí analizada, el TS reconoce expresamente que la regla general para este tipo de supuestos debe ser entender que las relaciones interempresariales se limitan a un aspecto estrictamente mercantil y cuando no exista especial vinculación, ni otro tipo de circunstancia que obligue a la empresa principal o comitente, no puede entenderse como una vulneración del derecho de huelga si recontrata con otros la producción o la prestación de los bienes o servicios que ya tenía contratadas con la contratista que sufre la huelga. En este mismo sentido, cabría mencionar la STS de 16 de noviembre de 2016 (Rec. 59/2016, *ALTRAD RODISOLA*) —a la que no se prestó atención en la sentencia aquí comentada— en la que el TS entendió que la decisión de una empresa cliente (empresario principal o comitente de la contratista en huelga *ALTRAD*) de recontratar con otras contratistas el servicio no prestado por ésta por causa de la huelga no vulneró el derecho de huelga de los trabajadores de *ALTRAD*.

En realidad, la visión de esta sentencia del Juzgado de lo Social 1 de Toledo, en favor de la equiparación de la mera descentralización productiva (aun sin presencia de un grupo de empresas) con la existencia de vinculaciones especiales, parece premonitoria del criterio de la posterior STS de 14 de noviembre de 2024 (Rec. 227/2022, *TELEFÓNICA-COTRONIC*), pero en el caso que ahora estudiamos se presentan, incluso, dos dificultades adicionales a las ya advertidas más arriba al comentar la referida STS: 1) cuando se aborda la materia sancionadora es preciso salvar el escollo que representa el principio de culpabilidad/responsabilidad y el de tipicidad; 2) en este caso, ni siquiera, existía el protocolo previo de actuación que el TS consideró elemento determinante de la vinculación especial. En estas condiciones, el supuesto de hecho (mera descentralización productiva, sin existencia de grupo empresarial como sí ocurría en los casos *ZETA-VOCENTO* y sin previo protocolo de actuación como en el caso *TELEFÓNICA-COTRONIC*) parece más bien subsumible en la doctrina del TS del caso *ALTRAD* citado, según la cual la actuación del comitente que recontrata, a posteriori, con otras contratistas las actividades incumplidas por la contratista en huelga no vulneran el derecho de huelga de los trabajadores huelguistas de ésta y, por tanto, —sin necesidad de ningún otro argumento adicional— una actuación que el TS considera lícita no debería poder ser sancionada.

c) Por último, llama la atención la tendencia general —no sólo en este caso— por parte de la ITSS en sus actas de infracción, así como en las correspondientes resoluciones administrativas sancionadoras de la autoridad laboral competente, ante las carencias generales de la regulación del art. 8.10 LISOS y, en particular, su insuficiencia para abarcar estos otros supuestos relacionados con el recurso a contratas, a recurrir como fundamento de sus sanciones a la constatación de la vulneración del art. 28.2 CE, del art. 4.1. e) ET (derecho a la huelga entre los derechos básicos de los trabajadores) y del art. 6.5 del RDLRT. Obviamente, no puede desconocerse que, incluso en el caso de que tales conductas pudieran subsumirse como incumplimiento de los mandatos de estos preceptos (lo cual —como ya ha sido desarrollado— tampoco en este caso de las contratas se deriva directamente del tenor de estas normas), si no se trata de normas sancionadoras, tales incumplimientos podrán tener otras consecuencias jurídicas (indemnizaciones por lesión del derecho de huelga, nulidad de eventuales despidos, etc.) pero, si no se han tipificado y calificado previamente por el legislador (principio de legalidad y tipicidad) como infracciones administrativas específicas, acompañando la fijación de los criterios concretos para determinar la sanción asociada y su graduación, la autoridad laboral no puede fundamentar su actividad sancionadora, sin más, en la pretendida vulneración del derecho de huelga con base en preceptos tan genéricos como el art. 28.2 CE, el art. 4.1. e) ET o similares.

Desafortunadamente, nuestra —ya no tan corta— historia democrática da la impresión que no ha sido suficiente para que los principios constitucionales que limitan las actuaciones de los poderes públicos en garantía de los derechos de los ciudadanos se hayan aprehendido o asimilado profundamente en el seno de nuestras instituciones públicas, manteniéndose cierta tendencia al cumplimiento prioritario de los objetivos fijados para los organismos correspondientes, bajo criterios de justicia material y/o con simple ánimo recaudatorio, en muchos casos, posiblemente, prescindiéndose del fundamento jurídico formal adecuado (y necesario), con el consiguiente riesgo de arbitrariedad y abuso de derecho (o de poder, más bien en estos casos), que sería inaceptable en el marco de un Estado de Derecho. Si bien lo cierto es que, en los casos aquí analizados, no es posible afirmar rotundamente ni atribuir a la presencia de este ánimo o finalidades espurias como fundamento de la falta de rigor jurídico en el tratamiento de estas situaciones, puesto que la causa principal muy probablemente sea la indolencia del legislador para acometer una regulación del fenómeno huelguístico completa, moderna y formalmente ajustada a la CE. De modo que, mientras no se disponga de este tipo de normativa, lo justo es reconocer que no podrá determinarse certeramente si este recurso a preceptos no sancionadores (a la extensión analógica del contenido de los sancionadores) por parte de la autoridad laboral (y sus confirmaciones por el poder judicial) es la causa o la consecuencia.

7.4.3. STSJ (Comunidad Valenciana) de 23 de mayo de 2023 (Rec. 330/2023)

Al hilo de las últimas reflexiones realizadas al finalizar el subapartado anterior sobre la falta de rigurosidad jurídica en este tipo de actuaciones administrativas sancionadoras (y, en determinados casos, en las subsiguientes en sede judicial), resulta muy oportuna esta reciente sentencia del TSJ de la Comunidad Valenciana de 23 de mayo de 2023. Pues, en ella, se resuelve sobre un supuesto esquirolaje estimado por la sentencia de instancia sin que, pese a derivarse de hechos reflejados en acta de la ITSS, la empresa en cuestión hubiera sido sancionada por virtud de la misma, y pese a que, adicionalmente, por la STSJ termina por establecerse que, ni en el acta de la ITSS, ni en los hechos probados de la sentencia impugnada, consta un solo caso de sustitución de un trabajador huelguista (que debe ser de la propia empresa[81]) por una empresa externa o un autónomo.

---

81 Por otro lado, llama poderosamente la atención que la sentencia se refiera con tal contundencia a la necesidad de que la sustitución afecte a trabajadores de la propia empresa, cuando —como hemos

De esta sentencia de suplicación se deriva que lo único que parecía desprenderse del acta es que la empresa demandada *TRANSPORTES ALONSO SALCEDO S.A.* (*TAS*) siguió subcontratando viajes durante la huelga (que no fue por jornadas completas, sino que consistió en paros parciales de unas horas durante dos días a la semana), pero no con nuevos autónomos o empresas externas que no colaborasen con ella de forma habitual antes de la huelga, sino que, simplemente, siguió contratando en un "promedio similar".

Esta STSJ acepta las argumentaciones de la empresa al entender que esto, por sí solo, no implica que realizase actos de esquirolaje, pues no quedó acreditado que los huelguistas fueran sustituidos por otros trabajadores, ni extraños a la empresa ni de su propia plantilla. Y, por ello, no se demostró que el derecho fundamental de huelga se vulnerase, porque este derecho garantiza que los huelguistas puedan realizar los paros sin ser sancionados por ello (lo que así fue), pero "no asegura su éxito, ni en el logro de los objetivos pretendidos, ni en el de conseguir el cese total de la actividad empresarial" (STS de 4 de julio de 2000, Rec. 75/2000).

En línea con esto último, se puso de relieve la petición de la empresa apoyando una ponderación del contenido y los límites de dos derechos constitucionales en presencia, como son el derecho fundamental de huelga, consagrado en el artículo 28.2 CE, pero también el de libertad de empresa, que se reconoce en el artículo 38 del mismo texto legal, y que se consideró vulnerado por el fallo de la sentencia impugnada al pretender que, fuera de los días de paros, la empresa *TAS* no pudiera seguir con su actividad normal y ordinaria, incluso incrementarla, si así se lo pedían sus

---

comprobado en diversos pronunciamientos judiciales anteriores estudiados— ni siquiera este dato parece ya importar demasiado, puesto que, a través de distintas posibilidades, sin demasiados ambages, se imputa responsabilidad en cuanto al esquirolaje a terceras empresas que no son las empleadoras de los huelguistas.

clientes y tenía capacidad productiva para hacerlo, lo que incluía, no solo la realización de transportes con su propio personal, sino también con las empresas externas y trabajadores autónomos habituales con los que venía colaborando desde hace años.

7.4.4. STSJ Andalucía (Contencioso-administrativo) de 29 de febrero de 2000 (Rec. 2762/1997)

En este supuesto, el TSJ estima el recurso interpuesto y anula la resolución impugnada por ser contraria a Derecho, recordando —en coherencia con los criterios defendidos en este trabajo— la importancia que, en el orden administrativo sancionador, presenta el principio de tipicidad, de modo que, como puso de relieve la STC 127/1990, la descripción del hecho o conductas constitutivas de infracciones administrativas debe ser lo suficientemente precisa como para que quede asegurada la función de garantía del tipo, esto es, de ellos se debe de desprender con la máxima claridad posible cuál es la conducta prohibida (STC 159/1986).

Asimismo, la sentencia contiene una referencia al principio de culpabilidad —también abordado en este estudio— como otro elemento esencial del Derecho administrativo sancionador, que ha de considerarse como elemento estructural básico de la infracción administrativa. No puede, pues, existir reproche sancionador sin un previo reproche de culpabilidad, al estar desterrada la responsabilidad objetiva del «ius puniendi» estatal, sin que el Derecho administrativo sancionador sea más que una manifestación de aquél. No bastaría, pues, con la constatación de que el día de la huelga fueron o estaban contratados un importante número de trabajadores, sino que hubiera resultado preciso acreditar que dichas contrataciones se hicieron con el propósito buscado de sustituir a los trabajadores en huelga; lo que —según la sentencia— de modo alguno se desprende de la conducta empresarial, lo que en todo caso hace surgir la duda que dado el ámbito en el que nos movemos (sancionador) ha de resolverse a favor del imputado.

El valor de esta sentencia a efectos del presente estudio reside en la importancia de clarificar que el esquirolaje como tal no sólo se define por las características del procedimiento de sustitución empleado (externo, interno, etc.) sino que, resulta fundamental —y condición *sine qua non*— la verificación de la finalidad o propósito de sustitución de los trabajadores huelguistas quedando fuera de la noción esquirolaje y, por tanto, del tipo jurídico sancionable aquellas otras manifestaciones que no compartan estas finalidades de sustitución.

Si esto es admisible respecto de la contratación directa de trabajadores por la empresa en huelga, con mayor razón debería aceptarse como principio general (por virtud de la libertad de empresa reconocida en el art. 38 CE) la posibilidad de contratar con empresas ajenas, tanto por la empresa en huelga como, en su caso, por sus clientes o comitentes, sin ser sancionados por ello, cuando de lo que se trata es de dar continuidad al negocio empresarial y siempre que tal contratación mercantil no tenga por objeto la cesión directa de trabajadores (ya sea mediante ETTs o, si se prescinde de ellas, por cesión ilegal de trabajadores).

7.4.5. STS (Sala 3ª) de 18 de septiembre de 1997 (Rec. 12078/1991)

La sala de lo contencioso-administrativo del TS, en sentencia de 18 de septiembre de 1997 (Rec. 12078/1991), entendió que no concurría la infracción laboral muy grave actualmente tipificada en el art. 8.10 de la LISOS, en los casos de asunción de tareas por el propio empresario, por otros socios de la empresa o por personas de su entorno familiar (Pedrajas Moreno y Sala Franco, 2008, p. 6).

El asunto dilucidado en esta sentencia tuvo por objeto una resolución administrativa sancionadora por virtud de acta de infracción contra la estación de servicio de gasolinera *VISTA NEVADA, S.A.*, un día de huelga a nivel nacional en el sector de gasolineras, por encontrarse en el centro de trabajo un hijo de un socio y un socio de la sociedad, expendiendo gasolina.

La sentencia resuelve, resumidamente, que es indudable que el artículo 6.5 del RDLRT prohíbe al empresario sustituir a los huelguistas por trabajadores que no estuviesen vinculados a su organización a lo largo de la duración de la huelga (salvo que se desatendiese el cumplimiento de los servicios a que se refiere el apartado 7 del mismo artículo) y que, con esa prohibición, se persigue evitar el fracaso práctico de una huelga legal. Pero eso no quiere decir, sin embargo, que cualquier tipo de actividad laboral desempeñada por persona ajena a la plantilla signifique incurrir en la prohibición aludida.

Pues, además, hay que valorar que art. 6.4 RDLRT ordena respetar la libertad de trabajo de aquellos operarios que, formando parte del personal de la empresa, no quisieron sumarse a la huelga; y, en segundo término, concede la razón a la sentencia apelada en cuanto a que cabe extender esa misma facultad a la persona misma del empresario, puesto que ningún precepto le prohíbe asumir voluntariamente el desempeño de la tarea laboral respectiva, siempre y cuando se respete la prohibición de sustituir a los trabajadores de plantilla por otros que no estuvieren vinculados a la empresa: "Sostener lo contrario implicaría tanto como respetar la libertad laboral de cualesquiera trabajadores asalariados, mientras se negaba el derecho del empresario a asumir por sí mismo la tarea propia de la empresa que regenta". Y, asimismo, la sentencia concluye que cabe extender esta misma consideración cuando la facultad que se acaba de mencionar se ejerce —en caso de persona jurídica titular de la empresa— a través de los socios miembros de la misma, o de sus familiares de grado más próximo. En este último sentido, se considera que las esporádicas actividades realizadas por las dos personas cuya presencia motivó el levantamiento del acta, no pueden ser encuadradas en el ámbito de relación laboral de clase alguna. Incluso en el caso del socio de *VISTA NEVADA, S.A.* quedó acreditado que se trata de un trabajador con industria propia, afiliado como autónomo a la Seguridad Social, con lo que toda posible relación laboral con la empresa de la que resulta condueño —siquiera fuese esporádica— no resulta verosímil, y sí resulta, por el contrario, innegable su derecho como copropietario de la gasolinera de asumir por libre decisión la realización de las tareas propias del servicio propio de la misma.

La conclusión, pues, para esta sentencia es clara: "La prohibición que el último de los preceptos indicados consagra ha de ser interpretada dentro de su recto sentido: no cabe sustituir por otros a los trabajadores en huelga; pero, de la misma manera que no se puede privar a aquellos trabajadores que decidan no sumarse a ella de su derecho a continuar trabajando (artículo 6.4 de la misma disposición), tampoco se puede considerar como infractor al empresario individual o colectivo que suple con su actividad, desinteresada económicamente, la labor de los huelguistas, o que apela a los servicios benévolos de sus familiares inmediatos".

Bajo mi punto de vista, de esta sentencia del TS cabe destacar el hecho de que el dato clave que sobresale en su fundamentación jurídica como relevante, a efectos de integrar la definición de lo que por esquirolaje sancionable deba entenderse, es que las personas sustituyentes han de poder ser encuadradas en el ámbito de una relación laboral que las una a la empresa en huelga. De hecho en el caso del socio de *VISTA NEVADA, S.A.* el hecho de que quedara acreditado que se trataba de un trabajador con industria propia, afiliado como autónomo a la Seguridad Social, excluyendo "toda posible relación laboral con la empresa de la que resulta condueño —siquiera fuese esporádica-", determinó la imposibilidad de aplicar la prohibición de esquirolaje a este supuesto. A mi juicio, por esta misma *ratio decidendi*, a mayor abundamiento, si la consideración de un socio de la propia empresa afectada por la huelga como autónomo con industria propia, excluye que su actividad pueda considerarse constitutiva de esquirolaje, con mayor razón habría que considerar que no puede admitirse la figura del esquirolaje, ni —por ende— su sanción, cuando de lo que se trata es de contrataciones mercantiles con personas jurídicas o físicas (autónomos) que no forman parte de la empresa en huelga.

Sin duda podrá aducirse en contra que la sentencia comentada es ya antigua y que podría entenderse superada por la evolución jurisprudencial de la que a lo largo de este estudio se ha ido dando cuenta, pero lo cierto es que el contenido normativo de los preceptos sancionadores que regulan esta materia —como tantas veces ha sido denunciado— no ha sido todavía actualizado y, siendo —en lo fundamental— los mismos mandatos legales los vigentes, sin perjuicio de los ajustes o adaptaciones necesarios (por ejemplo, la existencia de las ETT desde 1994), quizás sería conveniente —a la vista del desbarajuste jurisprudencial expuesto— no distanciarse demasiado de los criterios originales básicos que sirvieron para resolver estos casos.

7.5. ALGUNAS REFLEXIONES CRÍTICAS SOBRE EL RÉGIMEN SANCIONADOR DEL ESQUIROLAJE

Como hemos visto, de los arts. 9.3, 24 y 25 de la CE se desprenden una serie de principios formales y materiales que han de guiar la labor del legislador en general y, en particular, en el ámbito administrativo-sancionador y penal, delimitan el alcance de las actuaciones de las Administraciones públicas y las de los jueces y tribunales en su tarea aplicativa del Derecho. Concretamente, los principios de legalidad, culpabilidad/responsabilidad y, en especial, el de tipicidad están al servicio de la seguridad jurídica en una materia tan sensible para los derechos de los ciudadanos e inciden y determinan los criterios a implementar a través de las técnicas legislativas a emplear en la redacción de las normas. Pese a la radical importancia de estas cuestiones en el marco de un Estado democrático de Derecho, en el que ha de primar el imperio de la Ley y la garantía de los derechos fundamentales de los ciudadanos frente a todo género de eventuales actuaciones arbitrarias por parte de los poderes públicos, llama poderosamente la atención que la propia Ley, y en concreto la norma más paradigmática y ejemplificativa a estos efectos como es nuestro Código Penal, en su art. 315, con potencialidad, incluso, para limitar la libertad misma del individuo (penas de prisión de hasta dos años —o tres años, si media coacción—), limite su esfuerzo de concreción y tipificación del supuesto de hecho punible a una redacción tan genérica como: "Serán castigados (...) los que mediante engaño o abuso de situación de necesidad, impidieren o limitaren el ejercicio de la libertad sindical o el derecho de huelga". Como consecuencia de una redacción tan amplia se abren dos posibilidades principales: O bien, en caso de aplicación del precepto, queda en manos de los criterios de equidad del juez o tribunal la ponderación de las concretas conductas a enjuiciar, emergiendo seriamente el riesgo de arbitrariedad, o bien, ante semejante reto para la interpretación, concreción y aplicación de un mandato legal tan genérico, con tan trascendentes consecuencias potenciales, se termina por rehusar su aplicación convirtiéndose, de facto, en una norma meramente declarativa o enunciativa, pero de nula o escasa relevancia práctica. Es, más bien, esto último lo que está ocurriendo, en el ámbito penal, con el precepto comentado.

Sin embargo, en el ámbito administrativo sancionador, el resultado de estas mismas deficiencias en cuanto a la técnica legislativa empleada en concurrencia con la falta de rigor en la aplicación del principio de tipicidad en el desarrollo de sus actuaciones sancionadoras por parte de la Administración Laboral es justo el contrario, pues deriva en una amplificación inaceptable de las posibilidades sancionadoras del texto de los preceptos legales que sustentan estas actividades. Esto ha llevado a que sean objeto de sanción tanto conductas que, aun tipificadas legalmente en art. 8.10 LISOS, no coinciden con las prohibidas por la literalidad del art. 6.5 RDLRT, como otros supuestos de hecho (como el denominado esquirolaje organizativo o comercial) a los que no se refieren expresamente ni uno ni otro precepto, con la aquiescencia de nuestros jueces y tribunales.

Así, como se deriva de lo expuesto en este capítulo, la insuficiente e imprecisa regulación del régimen legal vigente de infracciones y sanciones en materia de esquirolaje (art. 8.10 y 19.3.a LISOS) y las incoherencias con el precepto de la norma preconstitucional (6.5 RDLRT) que regula su régimen sustantivo, tiene como consecuencia no sólo deficiencias en cuanto a la tutela del derecho fundamental de huelga, sino lo que es peor, provoca, además, que la actuación administrativa sancionadora, con el beneplácito del poder judicial, trate de compensar tales carencias penalizando supuestos de hecho que se sitúan más allá de los límites que se derivan del tipo legal descrito en tal norma sancionadora, obviando los condicionantes que la CE impone en este ámbito en garantía del respeto de los derechos de los ciudadanos y, en particular, el principio de tipicidad.

8. *Consideraciones finales*

Como se analizó en su momento, la historia del tratamiento jurídico de la huelga ha evolucionado desde su tipificación como delito, pasando por su consideración como libertad (con las consecuencias que, eventualmente, pudieran derivarse del incumplimiento contractual), hasta su reconocimiento como derecho y, más concretamente, como derecho fundamental. Este último tratamiento implica que el trabajador individual tiene derecho a adherirse a la huelga —y los sujetos colectivos que la promuevan a convocarla— sin ser sancionados por ello (penal, administrativa o disciplinariamente) y, por tanto, sin asumir responsabilidad contractual (al configurarse la huelga como causa de suspensión del contrato de trabajo y como situación de alta especial respecto a la seguridad social, pero no como incumplimiento contractual).

De ello también se deriva que, en cuanto derecho fundamental, el ejercicio de la huelga queda garantizado constitucionalmente (art. 53.2 CE) con reserva de Ley Orgánica, aplicabilidad directa e inmediata ante los tribunales ordinarios por un procedimiento preferente y sumario, así como recurso y cuestión de inconstitucionalidad e, incluso, recurso de amparo ante el Tribunal Constitucional. Pero, más allá de ello, no implica su prevalencia sobre la libertad de empresa, aunque ésta esté reconocida como simple derecho cívico (STC 11/1981, de 8 de abril), hasta el punto de tener potencialidad para limitar o paralizar enteramente la actividad empresarial (pues los derechos constitucionales deben ser conciliados conforme al tan auspiciado jurisprudencialmente principio de proporcionalidad que impide que el ejercicio de un derecho vacíe de contenido a otro), ni mucho menos que el empresario deba colaborar con los trabajadores —su contraparte en el contrato de trabajo— para que la huelga sea efectiva y para que los huelguistas consigan sus objetivos, cualquiera que sea su precio para los intereses de la empresa, para los de los trabajadores no huelguistas, e, incluso, —una vez finalizado el conflicto— para los de los propios trabajadores que convocaron y/o participaron en la huelga.

El derecho de huelga debe ser respetado por el empresario y ha de quedar garantizada su eficacia, entendida como que la huelga pueda nacer y desarrollarse, si es lícita y no abusiva, con normalidad, presionando los intereses empresariales, con intensidad variable en función de su seguimiento, de la situación financiera y/o comercial de la empresa, del sector, del mercado y del momento elegido. El empresario ha de abstenerse, así, de conductas que, directa o indirectamente, pretendan anular el paro laboral (mediante medidas de sustitución prohibidas, fraudulentas o abusivas), pero más allá de ello, una vez garantizado el respeto de dicho derecho fundamental, no es exigible que el mero hecho de ser convocada una huelga implique que aquél no pueda pretender defender sus intereses —también legítimos— mediante la preservación de su negocio y de la actividad empresarial con los medios disponibles. Que la huelga deba nacer y desarrollarse con total libertad no implica que la misma sea necesariamente compartida por los demás trabajadores implicados, ni mucho menos por la empresa. "La relativamente fácil posibilidad de que el empresario, abandonando la actitud de neutralidad frente a los huelguistas que de él se espera" a la que se refiere Sanguineti Raymond (2014, p. 877 y ss.), más allá de lo que implica que deba abstenerse de conductas lesivas del derecho de huelga, represivas o antisindicales, no es tan *esperable*. La neutralidad, en su caso, debe exigirse del sistema judicial para la aplicación de los mandatos constitucionales y legales, y del empresario cabe esperar su cumplimiento, pero no que permanezca imparcial ante un conflicto del que es parte y, respecto del que, si bien no puede pretender anular la eficacia del derecho de huelga, sí que debería poder adoptar aquellas medidas que, sin negación de aquél, conduzcan a la continuidad y mantenimiento de su negocio. Cada cual, trabajadores no huelguistas y empresa tienen también su propia libertad (libertad de trabajo —incluso, si se quiere, derecho de huelga y libertad sindical en sus versiones en sentido negativo— y libertad de empresa, respectivamente) para continuar con su actividad laboral y empresarial, respectivamente, sin perjudicar el derecho fundamental de quienes han decidido convocar y/o sumarse a la huelga.

De las consideraciones realizadas en esta obra se desprende que, ante el hipotético supuesto base de una empresa que sufre una huelga, también el legislador debería posicionarse con cierta neutralidad ante el juego de las distintas fuerzas e intereses enfrentados entre empleador y trabajadores huelguistas (garantizando la eficacia del derecho de huelga, pero también la continuidad de la actividad en empresarial en todo aquello que no perjudique directamente a aquella). Habría de ocuparse de proteger, a su vez, los derechos de los no huelguistas y terceros implicados: clientes, ya sean empresarios o particulares (consumidores y usuarios) y de la sociedad en general. Para esta tarea legislativa —y, también, en particular, para la judicial aplicativa— puede resultar de gran utilidad el criterio —que ya se vislumbraba al principio, en el momento de plantear los objetivos de este análisis— consistente en verificar si se mantiene la situación previa preexistente a la convocatoria de la huelga (o, más bien, al nacimiento del conflicto colectivo). Resultando, pues, los casos en que el empleador, tras la convocatoria de la huelga (o, afinando más, extendiendo este criterio a las medidas previas que este pueda adoptar preventivamente al sentir la amenaza de la probabilidad de huelga), adopte medidas nuevas que traten reconfigurar la situación preexistente, los más problemáticos y respecto de lo que serán más necesarios criterios de valoración o enjuiciamiento concretos —como los propuestos en este trabajo— a la hora de dilucidar si se está vulnerando el derecho de huelga.

Mientras esto no quede demostrado, en línea con el TS en alguna de las primeras sentencias comentadas sobre el esquirolaje tecnológico (STS de 4 de julio de 2000, Rec.

75/2000) y con el propio TC (STC 17/2017, de 2 de febrero), a mi modo de ver, el ordenamiento jurídico y su regulación del sistema de relaciones laborales, no debería tener por objeto garantizar el éxito de la huelga, sino más bien limitarse a garantizar las condiciones justas (las de partida) para que este se logre en caso de que sea secundada por suficientes trabajadores huelguistas, en ejercicio de modalidades no abusivas, pero sin que ello implique impedir que —por la continuidad de la actividad de la empresa con sus propios medios de producción preexistentes (incluidos los tecnológicos) y con los trabajadores no huelguistas— la huelga pueda fracasar, eventualmente.

En definitiva, la huelga no debería ser regulada como un derecho de resultado o, en otras palabras, el régimen jurídico de la huelga debería garantizar y proteger la eficacia del derecho (posibilidad de que cumpla su fin: que los trabajadores puedan secundar libremente el cese colectivo en la prestación de trabajo) pero sin alcanzar la garantía de su efectividad, siendo admisible (auspiciado por la libertad de empresa, ex art. 38 CE) que la empresa utilice los medios de que disponga al gestarse la huelga y/o los trabajadores no huelguistas para tratar de dar continuidad a su actividad con la mayor normalidad posible.

Este es, a mi juicio, el criterio más coherente y que casa mejor con la noción defendida por la STC 11/1981, de 8 de abril (F.J. 11), en cuanto la titularidad de la huelga (individual, pero de ejercicio colectivo) y con la supresión por inconstitucionales de los requisitos de *quorum* (en las huelgas sindicales) y del refrendo por el 25% de la plantilla del sometimiento a votación (en el caso de las salvajes o espontáneas) de la decisión de convocatoria de las huelgas (STC 11/1981, de 8 de abril, F.J. 15). En efecto, el TC al entender que estas exigencias ahogaban el nacimiento de la huelga puesto que aquí no rigen los principios democráticos de la mayoría, sino que procede facilitar el inicio de los procesos huelguísticos y dejar el éxito de la misma en manos de la libertad individual de cada trabajador de sumarse a la huelga, parece que viene a reflejar un planteamiento en el que el legislador debe tratar de garantizar el mantenimiento las condiciones normales previas para que sea la propia libertad de individual de los trabajadores de sumarse a la huelga y las características propias de la actividad empresarial las que determinen el grado de cesación de actividad que se alcance y, en general, la efectividad y éxito de la huelga misma. La prohibición de modalidades abusivas y la interdicción del recurso al esquirolaje, de esta forma, quedaría explicada desde esta perspectiva de garantía de un *juego limpio* o *fair play* que debería asegurar la normativa para posibilitar el desarrollo en condiciones justas de las huelgas y, de este modo, proteger el ejercicio del derecho fundamental del huelga, pero sin que sea admisible, a mi juicio, que este papel garantizador pueda alcanzar un implicación del legislador y de la doctrina judicial hasta el punto de comprometerse al establecimiento (o prohibición) de medidas que supongan tomar partido, favoreciendo siempre el éxito de las huelgas y oponerse a toda medida o actividad empresarial que —aunque pueda mermarlo como efecto colateral— no trate de contrarrestar la huelga directamente o sancionar/penalizar el ejercicio de este derecho.

En resumidas cuentas, una cosa es garantizar el ejercicio del derecho fundamental de huelga, entendido como proceso (y no como resultado), prohibiendo las medidas o actuaciones que puedan menoscabarlo y otra, bien distinta, es que el sistema de relaciones laborales deba garantizar —a nivel de su efectividad— el éxito de toda huelga que se plantee y —en el ámbito de los contenidos— contribuir al logro de sus objetivos.

En conclusión, la efectividad de la huelga debe depender, exclusivamente, de los méritos o deméritos de los propios huelguistas, en función del volumen del seguimiento de la misma, del momento elegido, estrategias adoptadas, etc., pero el papel del ordenamiento jurídico (y de sus operadores) debe limitarse a garantizar la eficacia del derecho, entendida como posibilidad de que cumpla su fin (que se desarrolle libremente el proceso huelguístico como tal y con todas garantías propias que aseguren la realización del contenido esencial de este derecho fundamental, ex art. 53.2 CE) pero no como garantía por el sistema legal y judicial de éxito de toda huelga que se convoque en el sentido de asegurar el logro de sus objetivos y reivindicaciones (ni siquiera su efectividad que —como he señalado— debe depender de sí misma).

De lo contrario, conectando con lo antedicho sobre la supresión por la STC 11/1981, de 8 de abril, de las restricciones de *quorum* de las huelgas sindicales y refrendo de la iniciativa de huelga en las espontáneas o salvajes, se estaría permitiendo, a la vez, que las huelgas sean convocadas por sujetos eventualmente muy poco representativos, pero que, sin embargo, acabarían teniendo gran capacidad (por virtud de tal efectividad forzada de la huelga) para paralizar la actividad y afectar a los intereses y derechos de la empresa, de los trabajadores no huelguistas y de los usuarios, incluso si por sí mismo el proceso huelguístico en cuestión cuenta con escaso o nulo seguimiento por los trabajadores llamados a participar.

Por otro lado, cabe mencionar, que no son pocos los autores y opiniones, muy acreditadas y respetables, que denuncian que es precisa una ampliación de los límites de la prohibición de esquirolaje, para paliar los efectos contraproducentes que la expansión del fenómeno tecnológico y la generalización de la externalización de los procesos empresariales tienen sobre la efectividad de las huelgas. Se ha reiterado así, no sólo con relación al llamado esquirolaje tecnológico —como ya se comentó arriba— sino también con respecto a las relaciones entre huelga y contratas, que "la regulación española del derecho de huelga no responde a las necesidades de las relaciones laborales del siglo XXI" (Grau Pineda, 2022). Y es cierto que con una política legislativa neutral y de intervención limitada en este aspecto —como la que se propone en mi análisis— se facilita la continuidad del negocio empresarial durante las huelgas, y estas dependerán en mayor grado de sí mismas para alcanzar cierta capacidad de presión y, por ende, para el logro de sus objetivos y reivindicaciones. Obviamente sí, pero, tratando de aislarnos de criterios de oportunidad política que deben dejarse en manos del devenir que determine el libre juego y enfrentamiento entre los distintos intereses y grupos-operadores políticos y sociales, desde el punto de vista del legislador de una materia propia de Ley Orgánica como la huelga ¿no es, acaso, esta neutralidad la que mejor casa con la conciliación de todos los importantes derechos constitucionales implicados?

El Estado Social y Democrático de Derecho (art. 1.1 CE) implica que el ordenamiento jurídico ha de propugnar, garantizar y ser sensible a la necesidad de requilibrio de las situaciones de desigualdad (art. 9.2 CE), así como, entre otras cosas, atender a una redistribución más justa de la riqueza (art. 40.1 CE), habiendo demostrado la experiencia histórica que la acción sindical, apoyada en el eficaz ejercicio del derecho de huelga, es un instrumento especialmente efectivo para tales objetivos y, en general, para el progreso social y económico que, por ello, debe ser protegido con las garantías propias de un derecho fundamental (art. 53.2 CE). Sin embargo, el modelo constitucional de Estado que nos rige está basado también sobre principios de convivencia y de satisfacción de los derechos e intereses de toda la colectividad: "(...) el respeto a la ley y a los derechos de los demás son fundamento del orden político y de la paz social" (art. 10.1 CE). La regulación por Ley Orgánica para esta materia (art. 81.1 CE) y la exigencia de mayoría absoluta en el Congreso (art. 81.2 CE), como una de las garantías adicionales propias de los derechos fundamentales, remite a la necesidad de prosecución de regulaciones en estas materias especialmente conciliadoras y ponderadas que permitan el acomodo de los distintos intereses y derechos tutelables, bajo la premisa del interés general.

En cualquier caso, no hay que perder de vista —como ya fue desarrollado en el capítulo correspondiente— que, si bien la efectividad de la huelga puede quedar muy limitada o matizada, en determinados sectores de actividad por el uso de medios tecnológicos durante la misma, o, en general, por la libertad de contratación y autoorganización empresarial por medio de contratas, lo cierto es que este, en realidad, no es un problema específico de esquirolaje.

Los problemas son de mayor alcance, a nivel modelo socioeconómico de Estado. De nada sirve limitar la libertad de empresa durante la huelga, si una vez finalizada esta, la empresa puede hipotéticamente externalizar o digitalizar totalmente su actividad empresarial. Tal vez la efectividad de una concreta huelga sea salvada, pero será la última huelga en dicho ámbito. Del mismo modo, *ex ante*, una prohibición extensiva del esquirolaje que "ahogue" las posibilidades de continuidad de las actividades empresariales, puede llevar a que las empresas, preventivamente, desde su constitución organicen sus estructuras, prescindiendo en lo posible de la contratación, al menos directa, de mano de obra y favoreciendo el factor tecnológico y la externalización. En lugar de solucionar el problema general de base, lo estaríamos agravando.

Se trata más bien, a mi modo de ver, de una opción de política legislativa general (más bien constitucional): ¿queremos seguir totalmente conectados a un mundo globalizado? Se trata de un modelo en que la tecnología —pese a todas las consecuencias negativas de todo tipo (climático, psico-social, laboral, etc.) que todo fenómeno puede llevar aparejadas y que hay que contrarrestar— ha contribuido a un impresionante progreso y desarrollo económico, social y en las condiciones de vida en los países desarrollados. Dicho modelo se articula también sobre la libertad de empresa y de autoorganización y contratación empresarial que parece haber demostrado ser el instrumento más apto (o, si se quiere, menos malo) para la generación de riqueza pues, en tiempos recientes, ha sido posible apreciar cómo, incluso países formalmente *comunistas* como China u otros, han terminado, de facto, por "subirse al carro" de la economía de mercado y el capitalismo, incluso con mayor agresividad y convicción que la propia de los países occidentales.

O, quizás, en cambio, ¿preferimos seguir sólo parcialmente adscritos a este modelo?, pero teniendo en cuenta que —desafortunadamente—, en la práctica, como Estado —y como economía— no tenemos autonomía financiera real, pues dependemos de las relaciones comerciales y de apoyo financiero de nuestro entorno (UE y BCE), bajo la espada de Damocles de nuevas crisis financieras y ataques a la deuda pública de los países mediterráneos. Incluso, al extremo, quizás habrá quien quiera optar por opciones más radicales cercanas a las de los movimientos ludistas del siglo XIX.

A mi juicio, todas estas opciones, no ya legislativas sino más bien constitucionales, son teóricamente posibles, e incluso defendibles (aunque en la práctica —guste o no—, seguramente, sólo la primera de las vías parece la más pragmática o realmente plausible), pero, en cualquier caso, no tienen que ver con el esquirolaje. Mientras el modelo sea el vigente, extender la prohibición de esquirolaje hasta limitar la libertad de empresa de autoorganización y contratación, más allá de lo preciso para garantizar el ejercicio del derecho de huelga en sentido propio, a mi juicio, no tiene encaje constitucional, ni tampoco creo —dicho sea de paso— que sea lo más conveniente para los intereses de nadie, ni para las empresas ni para los trabajadores que, si bien tienen derecho a paralizar su prestación de trabajo mediante la huelga para reivindicar legítimamente mejoras en sus condiciones económicas y de trabajo, obtienen su medio de vida de la existencia y del mantenimiento de la rentabilidad de la empresas para las que prestan servicios y de las que contratan con ellas y generan su negocio.

En fin, cabe retrotraer aquí las consideraciones realizadas en el capítulo 3 sobre el *valor empresa,* no entendida bajo un concepto antagonista de lucha de clases sino como instrumento clave a preservar como elemento generador de riqueza y empleo que a todos interesa, cuya protección obliga a atemperar el alcance de las consecuencias de la presión ejercida legítimamente por los huelguistas, así como a limitar el espectro de las eventuales prohibiciones que puedan pretenderse en su apoyo. No se me malinterprete, no es este un alegato neoliberal. Nada tiene que ver.

Esta obra ha pretendido ser puramente un estudio de ciencia del Derecho, en el que se han tratado de fundamentar y motivar jurídicamente cada una de las argumentaciones realizadas y las proposiciones formuladas. He aplicado toda la asepsia política que en estas cuestiones es posible, en un intento de ofrecer un modelo de regulación neutral que satisfaga los intereses generales de la sociedad, con respeto a los derechos de todos, especialmente del derecho huelga —ubicado, en mi opinión con toda justicia y necesidad, entre los derechos fundamentales de la sección 1ª del capítulo II del título I CE—, pero sin desconocer que, si bien este es un instrumento fundamental para el reequilibrio y la justicia social, el elemento empresa —bajo una noción de amplias miras como la antes esbozada— es el motor de la creación de riqueza y del progreso económico.

O más sencillamente: una cosa es garantizar el legítimo ejercicio del derecho fundamental de huelga y otra muy distinta es que por el ordenamiento jurídico mismo se llegasen a sustentar actuaciones o prohibiciones exorbitantes que terminasen por destruir o reducir el tejido empresarial y la viabilidad futura de las empresas y del empleo. Baste recordar, en tal sentido, la afamada fábula atribuida a Esopo: “La gallina de los huevos de oro”.

Bibliografía

Altés Tárrega, J. A. (1996). La utilización de los poderes empresariales durante la huelga. A propósito de la sentencia del TSJ de Navarra de 28 de abril de 1995. *Relaciones laborales.* (14), pp. 42 y ss.

Baylos Grau, A. P. (2005). Continuidad de la producción o del servicio y facultades empresariales en casos de huelga. En AA.VV. Baylos Grau, A. P. (coord.), *Estudios sobre la huelga.* (pp. 89-110). Bomarzo: Albacete.

Bécares Guerra, J. A. (2013). La sustitución de los trabajadores huelguistas como forma de evitar los perjuicios ocasionados por la huelga. Una visión comparada del ordenamiento jurídico español e italiano. *Anuario Coruñés de Derecho Comparado del Trabajo.* (5), pp. 29-52.

Calamandrei, P. (1954). Significato costituzionale del diritto di sciopero, *Rivista Giuridica del Lavoro,* (I), pp. 222 y ss.

Casas Baamonde, Mª. E. (1994). Derecho de huelga y Constitución: ¿nuevas perspectivas? *Relaciones Laborales: Revista crítica de teoría y práctica.* (1) pp. 44-53.

Cordero Gordillo, V. (2019). La sustitución de los trabajadores huelguistas por medios tecnológicos. *Lex Social: Revista de los derechos sociales.* 9 (1), pp. 338-354.

Criado Martos, E. (2020). La configuración del derecho de huelga en España: especial atención al esquirolaje «tecnológico». *Revista CEFLegal.* (232), pp. 119-146.

Desdentado Bonete, A. (2016). ¿Una nueva dimensión del derecho de huelga? Más allá de la existencia de una lesión imputable y más allá del grupo de empresas. El caso Pressprint. *Revista de jurisprudencia. El Derecho* (2). Disponible en http://www.elderecho.com/tribuna/laboral/derecho-huelga-lesion-imputable-Pressprint_11_921430002.html

Domínguez Bautista, J.C. (1993). Algunos apuntes sobre el Proyecto de Ley Orgánica de Huelga. *Boletín de la Facultad de Derecho de la UNED.* (3), pp. 9-43.

Escribano Gutiérrez, J. (2011). El derecho de huelga en el marco de la descentralización empresarial. *Temas Laborales: Revista andaluza de trabajo y bienestar social.* (110), pp. 195-206.

Escribano Gutiérrez, J. (2017). Derecho de huelga, ius variandi y esquirolaje tecnológico. *Temas Laborales: Revista andaluza de trabajo y bienestar social.* (139), pp. 217-228.

Ferrando García, F. (1999). *Los efectos de la huelga en el contrato de trabajo.* Pamplona: Aranzadi.

García-Perrote Escartín, I. (1993). *El proyecto de Ley orgánica de huelga de 1993: la huelga en los servicios esenciales de la comunidad como telón de fondo.* Santander: Servicio de publicaciones de la Universidad de Cantabria.

García-Perrote Escartín, I. (2005). Derecho de huelga y libertad de empresa. *Revista Jurídica de Castilla y León.* (5), pp. 13-54.

García Murcia, J. (1985). La protección del Estado y de los intereses de la comunidad frente al conflicto colectivo de trabajo: Del Código Penal de 1848 al de 1928. *Revista de Política Social.* (147), pp. 25-53.

García Murcia, J. (2014). Huelga y conflicto colectivo de trabajo. En AA.VV., García Murcia, J. (coord.), *El sistema español de relaciones laborales a la altura del siglo XXI: Representación en la empresa, negociación colectiva, huelga y conflicto colectivo de trabajo: Jornadas.* (pp. 71-122). Ed. Gobierno del Principado de Asturias.

Goerlich Peset, J. Mª (1994a). Ejercicio del derecho de huelga y poder directivo empresarial. En AA.VV., *Homenaje al profesor Juan García Abellán* (pp. 157-174). Murcia: Universidad de Murcia.

Goerlich Peset, J. Mª (1994b). *Los efectos de la huelga.* Valencia: Tirant lo Blanch.

Goerlich Peset, J. Mª. (2018). Ejercicio del derecho de huelga en el contexto de la descentralización productiva. *Descentralización productiva, nuevas formas de trabajo y organización empresarial. XXVIII Congreso de Derecho del Trabajo y de la Seguridad Social, Santiago de Compostela, 31 de mayo y 1 de junio de 2018 /coord. por Asociación Española de Derecho del Trabajo y de la Seguridad Social.* (1), pp. 175-201.

Goerlich Peset, J. Mª. (2020). Digitalización y Derecho de Huelga. *Temas Laborales: Revista Andaluza de Trabajo y Bienestar Social.* (155), pp. 93-108.

Grau Pineda, C. (2018). A nuevos tiempos, nuevas amenazas sobre el derecho de huelga: del absoluto desbordamiento de la prohibición de esquirolaje y del nuevo esquirolaje comercial o mercantil. *Estudios Latinoamericanos de relaciones laborales y de protección social.* 1 (5), pp. 103-119.

Grau Pineda, C. (2021). *Los difusos contornos de la prohibición de esquirolaje.* Valencia: Tirant lo Blanch.

Grau Pineda, C. (2022). Sobre el impacto de la huelga en las contratas o del por qué la regulación española del derecho de huelga no responde a las necesidades de las relaciones laborales del siglo XXI. *Revista de Estudios Jurídico Laborales y de seguridad social (REJLSS).* (4), pp. 208-230.

Keynes, J. M. (1956): *Teoría general de la ocupación, el interés y el dinero.* México: F.C.E.

LawBirdie. (2024, April 15). *Demanda y oferta de mano de obra en el mercado.* https://lawbirdie.com/es/demanda-y-oferta-de-mano-de-obra-en-el-mercado/

López Cumbre, L. (2016). «Esquirolaje» en la empresa principal. *Análisis GA&P.* (enero), pp. 1-4.

López Cumbre, L. (2017). «Esquirolaje técnico» o el derecho de la empresa a utilizar sus propios medios para producir con trabajadores no huelguistas. *Análisis GA&P.* (marzo), pp. 1-4.

Luján, N. (1994). *Boicot y esquirol. Cuento de cuentos. Origen y aventura de ciertas palabras y frases proverbiales.* Ediciones Folio.

Mcconnell, C., Brue, S., Macpherson, D. (2007). *Economía Laboral* (7 ed.). España: McGraw-Hill Interamericana de España S.L.

Martínez Moreno, C. (2017). El ser o no ser de la huelga: el fútbol y el esquirolaje. A propósito de la STC 17/2017, de 2 de febrero, caso Telemadrid. *Derecho de las relaciones laborales.* (9), pp. 894-902.

Mercader Uguina, J. R. (2021). Derechos fundamentales de los Trabajadores y nuevas tecnologías ¿Hacia una empresa panóptica? *Relaciones Laborales. Revista crítica de teoría y práctica.* (1), pp. 665-686.

Miñarro Yanini, M. (2018). Según el Tribunal Constitucional «si es tecnológico, no es esquirolaje»: retos del derecho de huelga en la sociedad del trabajo digitalizado y externalizado. Comentario a la Sentencia del Tribunal Constitucional 17/2017, de 2 de febrero. *Revista de Trabajo y Seguridad Social, CEF.* (429), pp. 211-220.

Monereo Pérez, J. L. (2008). El modelo normativo de huelga en la jurisprudencia del Tribunal Constitucional. En Cabeza Pereiro, J. y Martínez Girón, J. (coord.) *El conflicto colectivo y la huelga.* Ediciones Laborum.

Montoya Melgar, A (2004). Libertad de empresa y poder de dirección del empresario. *Revista del instituto de estudios económicos.* (4), pp. 109-158.

Nogueira Guastavino, M. (2021). El deber del empleador de prevención del esquirolaje interno espontáneo. *Revista de jurisprudencia laboral.* (6), pp. 1-5.

Palomeque López, M. C. (1992). La titularidad diferenciada del derecho de huelga. *Actualidad Laboral.* (2), pp. 357-364.

Pedrajas Moreno, A. y Sala Franco, T. (2008). Miscelánea jurisprudencial sobre el recurso al esquirolaje externo e interno por parte de la empresa durante la huelga. *Boletín Laboral Abdón Pedrajas.*

Pérez Rey, J. (2017). El Tribunal Constitucional ante el esquirolaje tecnológico (o que la huelga no impida ver el fútbol). Comentario a la STC 17/2017 (BOE 10 de marzo de 2017). *Revista de Derecho Social,* (77), pp. 151-168.

Polany, K. (1994). *El sustento del hombre.* Madrid: Mondadori.

Pons Carmena, M. (2022). *Manual de Derecho Administrativo Laboral.* Valencia: Tirant lo Blanch.

Preciado Doménech, C. H. (2017). El esquirolaje tecnológico: un paso más en la sumisión de la persona a la máquina. Jurisdicción social Blog de la Comisión de lo Social de Juezas y Jueces para la democracia, 23 de febrero de 2017, disponible en http://jpdsocial.blogspot.com/2017/02/el-esquirolaje-tecnologico-un-paso-mas.html [Recuperado: 26 de junio de 2022].

Ramírez Martínez, J. M. (2014). Sustitución de huelguistas en supuestos de contratas y de empresas de trabajo temporal. *Actualidad laboral* (6), p. 3.

Rojo Torrecilla, E. (19 de febrero de 2017). Tecnología y derecho de huelga. Paso atrás del Tribunal Constitucional en la protección de un derecho constitucional fundamental. *El Blog de Eduardo Rojo.* http://www.eduardorojotorrecilla.es/

Sala Franco, T. (1992). La libertad sindical y la jurisprudencia. En AA.VV. *Constitución y Derecho del Trabajo,* (pp. 1981-1991). Madrid. Marcial Pons.

Sala Franco, T., Albiol Montesinos, I. (1994). *Derecho Sindical* (Manual, 3ª ed.). Valencia. Tirant lo Blanch.

Sala Franco, T. (1997). *Derecho del Trabajo* (Manual, 11ª ed.). En AA.VV., Sala Franco, T. (dir.) Valencia. Tirant lo Blanch.

Sánchez-Girón Martínez, B. (2021). El derecho de huelga en la era digital: el esquirolaje tecnológico. *Estudios de Deusto: Revista de Derecho Público.* 69 (1), pp. 39-47.

Sanguineti Raymond, W. (2014). Esquirolaje. En AA.VV. *Diccionario Internacional de Derecho del Trabajo y de la Seguridad Social.* Valencia. Tirant lo Blanch.

Sanz Pérez, A. L., (2007). El poco conocido caso de las máquinas que impidieron hacer huelga. *Revista Aranzadi Doctrinal* (8).

Sempere Navarro, A. V. (1996). Comentario a la STSJ Baleares de 12 de diciembre de 1996, *Revista Aranzadi Social.* T IV.

Talens Visconti, E. (2013). Esquirolaje tecnológico: interrogantes abiertos. *Revista doctrinal Aranzadi social,* 6 (5), pp. 173-192.

Tascón López, R. y Fernández Domínguez, J.J. (2018a). *El esquirolaje tecnológico.* Pamplona: Aranzadi— Thompson Reuters.

Tascón López, R. (2018b). El esquirolaje automático inter-contratas a partir de algoritmos predeterminados (novísimas amenazas para el derecho de huelga). *Descentralización productiva, nuevas formas de trabajo y organización empresarial. XXVIII Congreso de Derecho del Trabajo y de la Seguridad Social, Santiago de Compostela, 31 de mayo y 1 de junio de 2018 /coord. por Asociación Española de Derecho del Trabajo y de la Seguridad Social.* (2), p. 73.

Tascón López, R. (2020). Propuesta de regulación para el esquirolaje tecnológico en el contexto de una hipotética Ley Orgánica de Huelga. *Documentación Laboral.* (121), pp. 91-103.

Todolí Signes, A. (2014). El esquirolaje tecnológico como método de defensa ante la huelga. *Actualidad Laboral.* (7-8), pp. 830 y ss.

Toscani Giménez, D. La prohibición del esquirolaje durante la huelga con especial mención al esquirolaje tecnológico. *Trabajo y Derecho: nueva revista de actualidad y relaciones laborales.* (30), pp. 82-86.

Torres López, J. y Montero Soler, A. (2005). Trabajo, empleo y desempleo en la teoría económica: la nueva ortodoxia. *Principios: estudios de economía política* (3), pp. 5-34.

Vicente Palacio, M. A. (2019). Esquirolaje en supuestos de externalización empresas pertenecientes al mismo grupo empresarial (STS, Sala Social, de 3 de octubre de 2018 (Rcud. núm. 1147/2017). *Revista de Jurisprudencia Laboral (RJL)* (2), pp. 1-10.

Vivero Serrano, J.B. (2002). La huelga como derecho fundamental. *Anales de la Facultad de Derecho,* (19), pp. 263-286.